Forschungen zum Alten Testament

herausgegeben von
Bernd Janowski und Hermann Spieckermann

3

Studien zu Opfer und Kult im Alten Testament

mit einer Bibliographie 1969–1991
zum Opfer in der Bibel

herausgegeben von

Adrian Schenker

J. C. B. Mohr (Paul Siebeck) Tübingen

Die Deutsche Bibliothek – CIP-Einheitsaufnahme

Studien zu Opfer und Kult im Alten Testament. Mit einer
»Bibliographie 1969–1991 zum Opfer in der Bibel« / [Vincent Rosset.
Gesamtw.] hrsg. von Adrian Schenker. – Tübingen:
Mohr, 1992
 (Forschungen zum Alten Testament; 3)
 ISBN 3-16-145967-9
NE: Schenker, Adrian [Hrsg.]; Rosset, Vincent: Bibliographie 1969–1991
 zum Opfer in der Bibel; GT

© 1992 J. C. B. Mohr (Paul Siebeck) Tübingen.

Das Buch wurde von Gulde-Druck in Tübingen aus der Times Antiqua belichtet, auf alte-
rungsbeständiges Werkdruckpapier der Papierfabrik Buhl in Ettlingen gedruckt und von der
Großbuchbinderei Heinr. Koch in Tübingen gebunden.

ISSN 0940-4155

Inhaltsverzeichnis

Einführung

Das theologische Interesse an rituellen Texten im Alten Testament scheint zu wachsen[1]. Es war eine erstaunliche Tatsache, daß die umfangreichen liturgischen Teile des Pentateuch in den letzten Jahrzehnten im Vergleich mit den erzählenden und rechtlichen Partien der Tora eine so stiefmütterliche Behandlung erfuhren. Die Theologien des Alten Testaments zeigen das deutlich. Ludwig KÖHLER konnte 1935 sagen: »Der Kult ist bis auf Ezechiel nicht Gegenstand der alttestamentlichen Offenbarung«[2]. Walther EICHRODT würdigte die Bedeutung des Kultes positiv[3], wurde aber nicht müde, auf seine Gefahren hinzuweisen. »Heidnische Elemente, orgiastische Bräuche, Selbstsicherheit, formale Pflichterfüllung, Leistung, rauschhafte Vereinigung mit der Gottheit, Verdienstgedanken, Sakramentsmystik« sind Qualifikationen, die bei ihm das Liturgische verdächtig machen[4]. EICHRODT stand zwischen dem neuen Verständnis für Kultisches, wie es etwa bei Sigmund MOWINCKEL entwickelt worden war[5], und der Abwertung des Kultischen allgemein und des priesterschriftlichen Werkes im besonderen bei WELLHAUSEN[6].

---

[1] Im französischen Raum steht der Name René GIRARD für dieses neuerwachte Interesse, vgl. die Hinweise auf seine Werke im Beitrag von A. MARX in diesem Band. In Deutschland haben Arbeiten wie die von H. GESE, Die Sühne, in: H. GESE, Zur biblischen Theologie. Alttestamentliche Vorträge, München 1977, S. 85–106; B. JANOWSKI, Sühne als Heilsgeschehen. Studien zur Sühnetheologie der Priesterschrift und zur Wurzel KPR im Alten Orient und im Alten Testament, WMANT 55, Neukirchen-Vluyn 1982, einmal mehr aufgewiesen, daß priesterschriftliche rituelle Texte eine kohärente und großartige Theologie enthalten. Jüdischerseits haben die zahlreichen Publikationen von Jacob MILGROM neue Aufmerksamkeit für die priesterschriftlichen Konzeptionen in den rituellen Texten geweckt, z. B. J. MILGROM, Cult and Conscience. The *Asham* and the Priestly Doctrine of Repentance, SJLA 18, Leiden 1976; ders., Studies in Cultic Theology and Terminology, SJLA 36, Leiden 1983. Diese Arbeiten stehen stellvertretend für manche andere, siehe die Bibliographie von Vincent ROSSET am Schluß dieses Bandes.

[2] L. KÖHLER, Theologie des Alten Testaments, Tübingen [4]1966 (1. Aufl. 1935), S. 186.

[3] W. EICHRODT, Theologie des Alten Testaments, Teil 1, Stuttgart-Göttingen [8]1968 (1. Auf. 1933), S. 83–109.

[4] Op. cit. S. 245.

[5] S. MOWINCKEL, Psalmenstudien II, III, V, Kristiania 1922–1924; DERS., Religion und Kultus, Göttingen 1953.

[6] Es sei gestattet, WELLHAUSEN hier wörtlich anzuführen: »Der Kultus war das heidnische Element in der Religion Jahves, größtenteils erst bei der Einwanderung in Palästina von den Kanaananiten entlehnt; und er blieb vor dem Exil immer das Band, welches Israel mit dem

Gerhard von RAD knüpft an einer andern zentralen Intuition WELLHAUSENS an: die priesterschriftlichen liturgischen Texte sind Endprodukt einer langen kultischen und literarischen Entwicklung. Sie sind »von aller kultischen Praxis abgelöst«. Sie hätten daher etwas »Museales« an sich[7]. »Bei dieser Lage der Dinge muß man bei P von vornherein darauf verzichten, hinter jeder Opferart eine ganz bestimmte und von anderen Opferarten genau unterschiedene Theorie von dem sakralen Geschehen vorauszusetzen«[8]. Die Deutungen wandeln sich, während die Riten bleiben. Überdies sind Riten naturgemäß vieldeutig[9]. Fazit: die priesterschriftlichen kultischen Texte sind ein Aggregat aus weithin nicht mehr rekonstruierbaren Entwicklungen von liturgischen und literarischen Überlieferungen. Es wäre vom Ansatz her verfehlt, darin Kohärenz und mehr als eine fragmentarische Ratio suchen zu wollen. Sie waren und bleiben für damalige und spätere Leser auf weite Strecken eine versiegelte Botschaft, deren Schlüssel verschollen ist.

Bei diesem *caveat* ist es geblieben. Die alttestamentlichen Theologien, soweit sie vom Kult sprechen, behandeln ihn im allgemeinen. Sie arbeiten die »Grundideen« heraus oder verweisen auf vergleichbare Phänomene in der Religionsgeschichte. Sie unterstreichen die Bedeutung des Liturgischen für das konkrete Leben Israels. Aber eine eingehende Darstellung der in der Priesterschrift und allgemein im Pentateuch enthaltenen liturgischen Vorstellungswelt fehlt.[10]

Manche Arbeiten auf diesem Gebiet nehmen die Tatsache des literarischen Wachstums, von dem von RAD sprach, ernst und widmen sich der literarischen Entstehungsgeschichte dieser Texte. Als repräsentatives Beispiel mag dafür der großangelegte Leviticuskommentar von Karl ELLIGER stehen[11]. Doch stellt sich hier die Frage mit großer Dringlichkeit, ob wir die Texte schon genügend verstehen, um sie literarkritisch einzuordnen. Spannungen, Brüche, Doppelungen, Ergänzungen und Erweiterungen im literarischen Gewebe können in

---

Heidentum verknüpfte, eine stete Gefahr für die Moral und den Monotheismus. Er wurde daher von den Propheten bekämpft, aber er ließ sich nicht abschaffen... Der Kultus wird hier (i. e. im Priestercodex) gesetzlich geregelt. Es wird ihm dadurch eine große Wichtigkeit gegeben, und das ist unleugbar ein Zugeständnis an die herrschende Richtung der Menge, ein Kompromiß von den Kompromissen, wie sie so häufig in der Religionsgeschichte vorkommen. Er wird jedoch zugleich dadurch auch ungefährlich gemacht. Die alten Bräuche werden entgiftet und entseelt; was übrig bleibt, sind leere Formen, tote Werke.« J. WELLHAUSEN, Israelitische und jüdische Geschichte, Berlin [9]1958, S. 174.

[7] G. von RAD, Theologie des Alten Testaments, Bd. 1. Die Theologie der geschichtlichen Überlieferungen, München [4]1962 (1. Aufl. 1957), S. 264.

[8] Op. cit. S. 264f.

[9] Op. cit. S. 265f.

[10] So bespricht C. WESTERMANN, Theologie des Alten Testaments in Grundzügen. Grundrisse zum Alten Testament, ATD Ergänzungsbände, 6, Göttingen 1978, S. 176–180, die reiche liturgische Symbolik in knappsten Strichen und nicht ohne Warnungen vor den Gefahren besonders des späten Kultes (z. B. S. 109).

[11] K. ELLIGER, Leviticus, HAT 4, Tübingen 1966.

dem Maße diagnostiziert werden, als der Text offen daliegt und von der Sache her verstanden werden kann. Liegt nicht da die Schwierigkeit? Verstehen wir die liturgischen Texte hinreichend? Bei erzählenden und gesetzlichen Texten setzen wir selbstverständlich voraus, daß wir die Logik des Textes und der Sache verstehen, und daraus leiten wir Folgerungen für die literarische Beschaffenheit der uns vorliegenden Texte ab. Bei kultischen Texten ist diese Voraussetzung sachlicher und sprachlicher Verständlichkeit viel fragwürdiger. Die nach wie vor bestehenden und für die Interpretation durchaus ins Gewicht fallenden Unterschiede in der Deutung von liturgischen Institutionen und Texten zeigen dies zur Genüge. Es bleibt daher die Aufgabe, Riten, Symbole, Begriffe und Formeln der liturgischen, besonders priesterschriftlichen Teile des A. T., weiter zu untersuchen und so adäquat wie möglich zu verstehen. Der im Erscheinen begriffene Leviticuskommentar von Rolf RENDTORFF beschreitet diesen Weg[12]. Seine langen Diskussionen z. B. zur Handaufstemmung[13] oder zur Differenz von חטת und אשם[14] zeigen, wie Sach- und Verständnisfragen vor Fragen der literarischen Komposition Vorrang haben. Von RADS Skepsis gegenüber der Möglichkeit solchen Verstehens darf nicht zum Verzicht auf die Anstrengung führen, den Texten das Maximum an Sinn abzuringen, das sie hergeben können.

Die in diesem Band vereinigten Beiträge gehen auf ein Symposium zurück, das vom 1.–3. September 1990 in Freiburg in der Schweiz zum hundertjährigen Bestehen der theologischen Fakultät stattgefunden hat. Ziel der Diskussionen war es, ganz bescheiden in einigen Sachfragen zu liturgischen Institutionen und Texten, insbesondere in bezug auf das Opfer im Alten Testament, womöglich ein kleines Stück weiter zu kommen. Dieser Absicht dienten die Beiträge von Mathias DELCOR, Paris (Päsach-Fest Hiskijas in 2 Chr 30), Carl-A. KELLER, Lausanne (Maleachis Kritik an der Opferpraxis in religionswissenschaftlicher Beleuchtung), Alfred MARX, Straßburg (Symbolik des Gastmahls), Norbert LOHFINK, Frankfurt a. M. (Diskussion der Säkularisierungsthese von Moshe WEINFELD und Untersuchung der Bedeutung der Wallfahrtsfeste für das Kultverständnis im Deuteronomium), René PÉTER-CONTESSE, Colombier/Neuchâtel (semantische Fragen zur Bezeichnung der Opfertiere), Adrian SCHENKER, Freiburg in der Schweiz (Überlegungen zu den Anlässen für das *Ascham*).

Es war eine Tagung mit französischen und deutschen Referaten sowie Diskussionen. Letztere wurden nicht in diesen Band aufgenommen. Leider konnten nicht alle Referate des Symposiums im vorliegenden Werk veröffentlicht werden. Es fehlt das Referat von Martin METZGER, Kiel (Altäre in den mittel- und spätbronzezeitlichen Tempelanlagen von Tel Kamid-el-Loz), das große Beachtung gefunden hatte. Es wird an anderer Stelle erscheinen. Umgekehrt

---

[12] R. RENDTORFF, Leviticus, BK III 1–2, Neukirchen-Vluyn 1985, 1990. Das sind erst zwei Faszikel dieses Werks, die Lev 1–5 behandeln.

[13] Op. cit. S. 32–48.

[14] Op. cit. S. 147–150. Die Beispiele ließen sich vermehren.

wurde das Referat von Adrian SCHENKER nicht mündlich vorgetragen. Die hier gesammelten Referate sind in ihrer Originalsprache belassen. Die französischen Beiträge sind für die Veröffentlichung mit einer ausführlichen deutschen Zusammenfassung versehen worden. Am Schluß des Bandes ist eine Bibliographie angefügt, von der wir hoffen, daß sie die Nützlichkeit des Buches erhöht. Sie wurde von Herrn lic. theol. Vincent ROSSET erstellt.

Das Symposium wurde von der Schweizerischen theologischen Gesellschaft und von der Universität Freiburg großzügig unterstützt. Ihnen sei an dieser Stelle herzlich gedankt. Den Herausgebern der Reihe *Forschungen zum Alten Testament*, Prof. Dr. B. JANOWSKI und Prof. Dr. H. SPIECKERMANN, gebührt ebenfalls Dank dafür, daß sie diesen Sammelband in ihre Reihe aufgenommen haben.

Freiburg in der Schweiz,   *Der Herausgeber*
Ende Juni 1991

Familiarité et transcendance

La fonction du sacrifice d'après l'Ancien Testament

par

ALFRED MARX

A Edmond Jacob
en hommage

L'étude du sacrifice n'a suscité qu'un intérêt très modéré parmi les spécialistes de la religion d'Israël qui lui ont généralement préféré le jaillissement de la parole prophétique. A la suite de Wellhausen on considérait en effet que le culte, et donc aussi le sacrifice, représentait »l'élément païen de la religion d'Israël«[1]. Cette conviction conduisait non seulement à s'intéresser par prédilection à ce que l'on croyait être spécifique à Israël, elle projetait aussi sur le sacrifice un jugement de valeur, le sacrifice apparaissant comme un élément marginal et surtout comme un corps étranger, une rémanence du paganisme que les prophètes ont combattue à juste titre.

Cet état d'esprit explique que, malgré leur écho considérable, les travaux de René Girard sur le sacrifice[2] soient restés largement ignorés des vétérotestamentaires. Et pourtant la théorie de Girard aurait dû pour le moins les intriguer, et ce à un double titre. D'abord parce que Girard voit dans le sacrifice le cœur même de la religion primitive et, plus généralement, le fondement de toute société primitive dont il assure le bon fonctionnement et garantit la pérennité. Ce qui, par rapport aux théories sur le sacrifice israélite, constitue une révolution copernicienne, et aurait dû provoquer cette réflexion sur la place du sacrifice dans la religion d'Israël dont on avait jusque là cru pouvoir faire l'économie. Ensuite parce qu'on retrouve dans sa théorie du sacrifice un certain nombre d'éléments familiers, qui sont à la base des interprétations classiques du sacrifice de l'ancien Israël.

Pour R. Girard, en effet, le sacrifice est fondamentalement un meurtre. Ce meurtre se distingue toutefois d'un meurtre ordinaire en ce qu'il est considéré

---

[1] *Geschichte Israels,* t. 1. Berlin, 1878, p. 439.

[2] Cf. surtout *La violence et le sacré.* Paris, 1972 (reproduit en 1981 et augmenté d'une revue de presse. C'est d'après cette édition que nous citons) et *Des choses cachées depuis la fondation du monde.* Paris, 1978, qui reprend et prolonge les thèses de l'ouvrage précédent.

comme légitime – la victime est censée être coupable des maux dont on l'accuse – et est perpétré par l'ensemble de la communauté ou du moins en son nom. Mais, afin que ce meurtre n'entraîne aucune représaille et n'engendre donc pas l'interminable cycle de la vengeance, on choisit une victime qui, tout en étant en contact avec la communauté, lui est étrangère, comme par ex. un immigré ou un animal d'élevage. Pourquoi ce meurtre? Parce qu'il permet à une communauté déchirée par la discorde qu'engendre le désir mimétique, de réguler ses conflits internes et d'éviter son autodestruction, et ce en canalisant cette violence et en la déchargeant sur une victime arbitraire. Le sacrifice permet ainsi à la communauté de trouver un exutoire à sa propre violence et de recréer son unité. Girard écrit: »le sacrifice polarise sur la victime des germes de dissension partout répandus et il les dissipe en leur proposant un assouvissement partiel« (*Violence*, p. 18). Cette fonction véritable du sacrifice est ignorée des fidèles et leur est cachée par une interprétation théologique, laquelle développe la fiction selon laquelle les victimes seraient offertes aux dieux. »Les fidèles ne savent pas et ne doivent pas savoir le rôle joué par la violence. Dans cette méconnaissance, la théologie du sacrifice est évidemment primordiale. C'est le dieu qui est censé réclamer les victimes; lui seul, en principe, se délecte de la fumée des holocaustes; c'est lui qui exige la chair amoncelée sur ses autels. C'est pour apaiser sa colère qu'on multiplie les sacrifices« (*Violence*, p. 17). Telle est d'ailleurs la raison pour laquelle Girard néglige les textes rituels et s'efforce de traquer la signification du sacrifice principalement dans les mythes et dans le théâtre grec[3].

Dans cette explication du sacrifice on aura reconnu les deux grandes thèses qui sous-tendent les théories classiques du sacrifice israélite: celle qui considère que l'immolation de la victime est l'acte central du sacrifice et celle qui insiste sur les liens unissant l'offrant à sa victime. Il est donc tentant de vérifier dans quelle mesure ces deux thèses correspondent aux données sacrificielles de l'Ancien Testament.

La première de ces affirmations fonde les différentes variantes de la théorie de la satisfaction vicaire[4]. Selon cette théorie, qui avait été jusqu'au début du XIXe siècle la théorie classique, la victime sacrificielle subit substitutivement, à

---

[3] Pour cette même raison Girard n'utilise dans la Bible hébraïque que le récit de Caïn et Abel de Gn. 4 (*Violence*, p. 14; *Choses cachées*, p. 168–172), celui de la bénédiction dérobée, Gn. 27 (*Violence*, p. 14–15), l'histoire de Joseph (*Choses cachées*, p. 173–176), le jugement de Salomon, 1 R. 3 (*ibid*, p. 260–268), l'histoire de Jonas (*Violence*, p. 469–471), enfin les chants du Serviteur (*Choses cachées*, p. 178–180).

[4] Pour une présentation critique de cette théorie, cf. A. METZINGER, *Die Substitutionstheorie und das alttestamentliche Opfer mit besonderer Berücksichtigung von Lev 17, 11*. Rome, 1940, p. 8–40. Parmi les défenseurs de cette théorie, au XXe s., on trouve W.P. PATERSON, »Sacrifice«, *A Dictionary of the Bible* (éd. J. Hastings). Edinbourg, t. 4, 1902, p. 340A–342A; S.I. CURTISS, *Primitive Semitic Religion To-day*. Londres, 1902; R. DUSSAUD, *Les origines cananéennes du sacrifice israélite*. Paris, 1921; A. MÉDEBIELLE, *L'expiation dans l'Ancien et le Nouveau Testament*. Rome, t. 1, 1924 (ce dernier ouvrage ayant exercé une très grande

la place de l'offrant, la peine de mort qui aurait dû frapper celui-ci en raison de son péché. Or, un examen des textes sacrificiels de la Bible hébraïque ne permet pas du tout de conclure que la mise à mort de la victime occupe effectivement dans la procédure sacrificielle la place centrale que les tenants de cette théorie ont cru devoir lui attribuer. Elle n'est d'ailleurs que rarement mentionnée en dehors des textes sacerdotaux (P, Ez. 40−48, Chroniste) et, alors que plusieurs dizaines de textes rapportent l'offrande d'un sacrifice, seuls Gn. 22, 10 et 1 S. 1, 25 en font explicitement état, ce qui est plutôt surprenant pour un rite supposé être le rite central[5]. En réalité, comme l'indique clairement P, ce rite fait partie, avec la présentation de la victime et l'imposition de la main, des rites préparatoires communs à tous les sacrifices sanglants et qui sont effectués par l'offrant, à côté de l'autel[6]. Ces rites se distinguent nettement des rites sacrificiels proprement dits, qui sont eux effectués par le prêtre, sur l'autel, et dont la nature varie selon le type de sacrifice. Au demeurant, de manière significative, jamais l'effet du sacrifice (*réaḥ niḥoaḥ, kappér*) n'est rattaché à l'abattage de la victime sacrificielle[7]. Un curieux passage d'Ezéchiel, auquel on n'a que rarement prêté attention, montre bien de quelle manière on considérait ce rite. Dans un discours qu'il adresse au prophète, Yhwh lui communique quel va être le châtiment des lévites, coupables de s'être détournés de lui (Ez. 44, 10−14): ceux-ci devront désormais égorger les victimes sacrificielles à la place du peuple et faire ainsi le service, *šārat*, du peuple (v. 11); le service, *šārat*, de Yhwh, lequel consiste en l'offrande de la graisse et du sang, étant dorénavant réservé aux seuls prêtres-lévites fils de Sadoq (v. 15). En opposant ainsi le service de Yhwh, et donc les rites effectués sur l'autel, au service du peuple, en présentant le fait de devoir abattre les victimes sacrificielles comme une sanction infligée aux lévites par Yhwh, ce texte manifeste explicitement que l'immolation de la victime n'est pas l'acte central du sacrifice, mais uniquement un préalable nécessaire. De fait, les verbes les plus souvent utilisés pour désigner l'action d'offrir un sacrifice à Yhwh font apparaître que le sacrifice est perçu comme la transmission d'un bien à Yhwh (*'ālā hi, qārab hi*), ce bien consistant plus précisément en un repas préparé à son intention (*zābaḥ* et, dans une moindre mesure, *'āśā*)[8]. C'est d'ailleurs aussi à ces mêmes conceptions que

---

influence sur l'exégèse catholique) et, plus récemment, G.J. WENHAM, *The Book of Leviticus*. Grand Rapids, 1979 (cf. p. 28).

[5] Autres attestations: Ex. 34, 25 (cf. *zābaḥ* dans le texte parallèle d'Ex. 23, 18), Es. 66, 3 et, à propos d'un sacrifice humain, Es. 57, 5; Ez. 16, 21; 23, 39.

[6] Plus précisément, sur le côté nord de l'autel, selon Lv. 1, 11. La distinction entre lieu d'abattage et autel est encore plus nette chez Ezéchiel qui prévoit à cet effet deux séries de tables disposées de part et d'autre de l'autel (Ez. 40, 39−41).

[7] Selon le type de sacrifice, l'effet est rattaché à la remise de la victime au prêtre (cas de l'*'āšām*), à l'imposition de la main (pour l'holocauste, mais uniquement en Lv. 1, 4), au rite du sang (pour le sacrifice de consécration des prêtres et surtout pour le *ḥaṭṭā't*), à la combustion sur l'autel (pour l'holocauste, l'offrande végétale et le sacrifice de communion).

[8] Si *zābaḥ* est parfois employé en parallèle à *šāḥat* (Ex. 23, 18 // 34, 25; Es. 66, 3; Ez. 16,

renvoient les noms *ʿolāh*, *zèbaḥ* et *minʿḥā* par lesquels sont désignées les différentes catégories de sacrifices d'odeur apaisante.

La seconde affirmation qui fonde la thèse de Girard et qui, comme il l'indique lui-même, correspond à une conviction largement répandue (*Violence*, p. 13), est que la victime sacrificielle sert en réalité de substitut à ceux qui la mettent à mort, et qu'elle doit de ce fait leur ressembler. Cette thèse est partagée non seulement par les partisans de la théorie de la satisfaction vicaire mais aussi par ceux qui pensent que le sacrifice représente le don de l'offrant à Dieu par l'intermédiaire d'une victime à laquelle l'offrant s'est identifié, une théorie élaborée au siècle dernier par Bähr et reprise récemment par Gese et Janowski[9]. Mais, si l'ancien Israël a bien évidemment conscience d'une parenté biologique entre l'être humain et l'animal – et on pourrait en citer maint exemple – cette analogie n'est pourtant jamais invoquée dans le cas du sacrifice. Sans doute, les défenseurs de cette théorie soutiennent-ils que l'identification de l'offrant à la victime s'exprime par le rite de l'imposition de la main. Mais même à supposer que tel est effectivement le sens de ce rite – ce qui est loin d'être admis – l'absence totale de référence à ce rite sacrificiel en dehors des textes sacerdotaux et sa rareté parmi ces derniers[10] s'expliquent difficilement s'agissant d'un rite censé donner la signification du sacrifice! P, nous l'avons vu, le considère comme un rite préliminaire. Surtout, cette théorie qui explique le choix de la victime par sa possibilité de jouer le rôle de substitut à l'offrant, ne rend pas compte d'un certain nombre d'éléments du rituel sacrificiel. En effet, on ne comprend pas pourquoi, si la victime devait représenter l'offrant, le rituel n'exige aucune corrélation entre le sexe de la victime et celui de l'offrant et

---

20–21) ou pour désigner l'immolation des prêtres des hauts-lieux (1 R. 13, 2; 2 R. 23, 20), il n'est jamais utilisé dans les rituels sacrificiels dans ce sens. Dans la plupart des textes où *zābaḥ* est utilisé au sens profane, il désigne la mise à mort de la victime et sa préparation en vue d'un repas (cf. Dt. 12, 15.21; 16, 4; 1 S. 28, 24–25; Ez. 34, 3; 2 Ch. 18, 2; cf. aussi Ez. 16, 20). Tel est parfois aussi le sens de *ʿāśā* (cf. par ex. Gn. 18, 7–8; 27, 4.7.9.14; Jg. 6, 19; 13, 15). On notera d'ailleurs que dans tous les cas où le verbe *šāḥaṭ* est utilisé, en contexte profane, pour désigner l'abattage d'un animal celui-ci est toujours fait (à l'exception de Gn. 37, 31) en vue d'un repas (Nb. 11, 22; 1 S. 14, 32.34; Es. 22, 13).

[9] Pour cette explication du sacrifice cf. C.H.G. Hasenkamp, »Ueber die Opfer. Resultate einer biblisch-philosophischen Untersuchung«, *Die Wahrheit zur Gottseligkeit* (Bremen). t. 1/1 (1827), p. 7–33, t. 1/3 (1829), p. 245–349; surtout K. Chr. W.F. Bähr, *Symbolik des mosaïschen Cultus*, t. 2, 1839 et, récemment, H. Gese, *Zur biblischen Theologie*. Munich, 1977, p. 91–106; B. Janowski, *Sühne als Heilsgeschehen*. Neukirchen-Vluyn, 1982, p. 190, 195–259.

[10] Plus de la moitié des références à ce rite se trouve en Lv. 1–4. Autres références: Ex. 29, 10.15.19 // Lv. 8, 14.18.22; Nb. 8, 12; 2 Ch. 29, 23. Pour le sens de ce rite cf. notamment le débat entre P. Voltz, »Die Handauflegung beim Opfer«, *ZAW* 21 (1901), p. 93–100 et J.C. Matthes, »Die Sühnegedanken bei den Sündopfern«, *ZAW* 23 (1903), p. 97–119. Parmi les nombreuses études consacrées à ce rite cf., pour ne citer que les plus récentes, M. Paran, »Two Types of ›Laying Hands Upon‹ in the Priestly Sources«, *Beer-Sheva* 2 (1985), p. 115–119 (hébreu); D.P. Wright, »The Gesture of Hand Placements in the Hebrew Bible and in Hittite Literature«, *JAOS* 106 (1986), p. 433–446.

pourquoi, sauf pour le *ḥaṭṭā't*, seul le type de sacrifice auquel elle est destinée – et non la nature de l'offrant – détermine le choix des victimes. Au demeurant, cette théorie n'explique pas non plus l'existence de différents types de sacrifices. De plus, on ne voit pas pourquoi la victime, une fois mise à mort, devrait encore être apprêtée. Enfin cette théorie, pas plus d'ailleurs que la théorie de la satisfaction vicaire, ne prend en compte l'offrande végétale qui constitue pourtant, à côté de l'holocauste et du sacrifice de communion, un type de sacrifice de plein droit. Il faut ajouter que cette interprétation, qui insiste sur l'identification de l'être humain à l'animal, va plutôt à l'encontre de P qui, au contraire, souligne ce qui les oppose, condamnant ce qui conduirait à nier les différences (cf. Lv 18, 23; 20, 15–16), soumettant l'animal à l'homme comme un esclave à son maître (Gn. 1, 28), le destinant à lui servir de nourriture (Gn. 9, 3–4). En réalité, lorsque l'on considère la matière du sacrifice, la seule chose qui soit commune à l'ensemble des matières sacrificielles est qu'il s'agit d'une nourriture.

Ces objections n'atteignent évidemment pas René Girard. Du fait même de son postulat selon lequel la théologie sacrificielle sert à masquer la véritable fonction du sacrifice dans laquelle Dieu ne joue aucun rôle, toute argumentation à partir du rituel sacrificiel ne saurait dès lors être qu'en porte-à-faux. Curieusement, cet examen a fait apparaître une autre convergence, tout à fait inattendue, entre Girard et les exégètes du sacrifice israélite. En effet, bien que ces derniers ne partagent pas la conviction de Girard selon laquelle les textes sacrificiels sont destinés à dissimuler la fonction du sacrifice, ils sont de fait convaincus comme lui que la signification véritable, profonde, du sacrifice est cachée, que le rite central n'est pas celui qui est mis en évidence dans la description du rituel, que la matière du sacrifice n'a pas de valeur en elle-même mais uniquement par ce qu'elle représente et que d'autres voies que la simple étude du rituel sacrificiel sont donc nécessaires à sa compréhension. Or, n'est-ce pas justement ce type de texte, le rituel sacrificiel, qui devrait être considéré comme la source principale pour l'étude de la fonction du sacrifice?

Il faut ici, avant de poursuivre, introduire à la suite de P une distinction. Dans sa description du rituel des différents types de sacrifices, en Lv. 1–5, P marque une coupure au début du ch. 4 qu'il introduit par la formule »Yhwh dit à Moïse: parle aux enfants d'Israël en ces termes«. Par cette formule qu'il utilise, avec des variantes, près de quarante fois dans le Lévitique pour séparer des unités thématiques, P distingue nettement les sacrifices décrits aux ch. 4 et 5, à savoir le *ḥaṭṭā't* et l'*'āšām* – et d'ailleurs aussi ces deux catégories entre elles, cf. 5, 14 – de ceux décrits aux ch. 1 à 3, qui sont l'holocauste, l'offrande végétale et le sacrifice de communion. P isole ainsi à l'intérieur de la catégorie du *qorᵉbān*[11]

---

[11] P utilise ce terme à propos de l'holocauste, de l'offrande végétale, du sacrifice de communion, du *ḥaṭṭā't* et du sacrifice de réparation. A cette liste Nb. 7 ajoute les chariots tirés

deux séries de rites sacrificiels: ceux qui sont offerts à Yhwh en odeur apaisante, *réaḥ niḥoaḥ*, et qui peuvent lui être apportés en geste spontané de piété, et ceux qui doivent obligatoirement être effectués dans un certain nombre de cas précis en vue du *kappér,* celui-ci n'ayant jamais Yhwh pour objet. Alors que ces derniers appartiennent fondamentalement à la catégorie des rites de passage (pour ce qui est du *ḥaṭṭā't*) et à celle des rites de levée de sanction (pour ce qui concerne l'*'āšām*)[12], seuls les premiers sont destinés à Yhwh et méritent ainsi le qualificatif de sacrifices. C'est à cette catégorie que P réserve le titre d'*'iššéh*[13].

Lorsque donc l'on examine de près ces différents sacrifices, ils ont toute l'apparence d'un repas offert à Yhwh[14]. En effet, comme nous l'avons noté, leur matière consiste exclusivement en produits comestibles et, plus précisément, en ceux des produits caractéristiques de l'économie israélite et qui sont représentatifs du pays (cf. par ex. Dt. 7, 13; 11, 14–15; 28, 51; Jr. 31, 12; 2 Ch. 32, 28), à savoir bovins, ovins et caprins (mais aussi colombes, chez P), de même que les principales productions agricoles, céréales, olives, raisins, le tout étant généralement de la meilleure qualité. Yhwh reçoit ainsi en sacrifice des produits qui servent de nourriture aux Israélites. Un texte comme Jug. 13, 15–19 montre clairement qu'il n'y a pas solution de continuité lorsque l'on passe de l'un à l'autre et que ce qui à l'origine était destiné à servir de repas à un hôte de passage peut tout aussi bien servir à un holocauste. On sait d'ailleurs que, jusqu'à la réforme deutéronomique, toute consommation d'une pièce de bétail avait le caractère d'un repas sacrificiel dont Yhwh recevait sa part. Il y a plus. Cette matière sacrificielle n'est pas transmise à Yhwh à l'état brut, mais fait l'objet d'une préparation. Après avoir été mise à mort – un abattage qui n'a rien d'un meurtre mais qui est le nécessaire préalable à une élaboration culinaire de la victime – la victime est écorchée (Lv. 1, 6; 2 Ch. 29, 34; 35, 11), puis dépecée (Lv. 1, 6.12; Ex. 29, 17 // Lv. 8, 20; cf. Lv. 1, 8; 9, 13; 1 R. 18, 23.33. Cf. aussi le

---

par les bœufs destinés aux sacrifices de communion (v. 3), les plats d'argent et les bassins d'argent contenant la matière de l'offrande végétale (v. 13–14, etc.), les gobelets d'or remplis des parfums destinés à l'offrande (v. 14, etc.), la notion de *qorbān* semblant ainsi étendue au contenant. En Nb. 31, 50 ce même terme est appliqué au butin de guerre.

[12] Cf. A. MARX, respectivement »Sacrifice pour les péchés ou rite de passage? Quelques réflexions sur la fonction du *ḥaṭṭā't«, RB* 96 (1989), p. 27–48, et »Sacrifice de réparation et rites de levée de sanction«, *ZAW 100 (1988), p. 183–198.*

[13] Jamais appliqué au *ḥaṭṭā't* (même si en Nb. 28, 24; 29, 6 celui-ci figure dans la série des sacrifices qui sont ainsi désignés), il ne l'est au sacrifice de réparation qu'en Lv. 7, 5. La distinction entre sacrifices qualifiés de *'iššéh* et autres rites sacrificiels est particulièrement marquée en Lv 23, 18–19; Nb. 15, 25; 28, 11–15. Sur ce terme, cf. J. HOFTIJZER, »Das sogenannte Feueropfer«, *Hebräische Wortforschung. Festschrift zum 80. Geburtstag von W. Baumgartner* (éd. B. HARTMANN e.a.). Leiden, 1967, p. 114–134; A. HURVITZ, *A Linguistic Study of the Relationship between the Priestly Source and the Book of Ezechiel.* Paris, 1982, p. 59–63.

[14] Cf. W. HERRMANN, »Götterspeise und Göttertrank in Ugarit und Israel«, *ZAW* 72 (1960), p. 205–216.

rituel du sacrifice de communion en Lv. 3 et 7, 30−34). Les abats sont lavés (Lv. 1, 9.13; Ex. 29, 18 // Lv. 8, 21; Lv. 9, 14; cf. Ez. 40, 38). La viande du sacrifice de communion, destinée aux prêtres et à l'offrant, est cuite à l'eau (Ex. 29, 31 // Lv. 8, 31; Nb. 6, 19; Dt. 16, 7; 1 S. 2, 13−16; Ez. 46, 23−24; Za. 14, 21; 2 Ch. 35, 13). Jg. 6, 17−19 connaît même une tradition où seules les parties comestibles, préalablement préparées − la viande cuite, avec son jus − sont offertes en sacrifice[15]. Quant aux céréales, elles sont offertes sous forme de farine, les olives comme huile, farine et huile pouvant également être offertes à Yhwh sous forme de pains; le raisin pour sa part est offert sous la forme de vin. Par ailleurs, les quantités de nourriture habituellement apportées à Yhwh − une pièce de petit bétail − correspondent à ce qu'il est d'usage d'apprêter lorsqu'on reçoit un invité (cf. par ex. Jg. 13, 15; 2 S. 12, 4). Non que l'on imagine que celui-ci pourrait en manger la totalité, mais parce que les lois de l'hospitalité exigent qu'on ne présente à son hôte qu'une victime spécialement accommodée à son intention. Et même si la pièce de gros bétail semble réservée à ceux des repas réunissant plusieurs personnes (au minimum trois? cf. Gn. 18, 7; 1 S. 28, 24), on peut très bien imaginer que l'on ait voulu offrir un mets plus raffiné et plus précieux à un hôte que l'on souhaitait honorer tout particulièrement. Enfin, on notera que les différents types de sacrifices reproduisent les deux formes que prend l'hospitalité israélite. Celle décrite par exemple en Gn. 18, 1−8 ou en 1 S. 28, 21−25, où l'on dispose le repas devant son invité, mais sans y prendre part, une forme d'hospitalité dont le correspondant au plan sacrificiel est l'holocauste et aussi l'offrande végétale, partagée entre Yhwh et les prêtres. C'est cette forme d'hospitalité particulièrement déférente qui sera offerte quotidiennement à Yhwh et que privilégiera P. Et puis, il y a ce type d'hospitalité, plus habituel, décrit par exemple en 1 S. 9, 22−24, où le convive est invité par son hôte à s'asseoir à sa table et à y occuper la place d'honneur. A ce type d'hospitalité correspond le sacrifice de communion, où on honore Yhwh en le servant en premier et en lui attribuant la meilleure part[16]. Ceci même si chez P les rôles sont confondus et si Yhwh est non seulement l'invité mais aussi celui qui invite et associe au repas qui lui est offert à la fois les prêtres, l'offrant et ses autres convives[17]. Cette forme de sacrifice aura la prédilection du Deutéronome, ceci en relation avec son projet de forger un Israël où toutes les catégories sociales soient unies[18]. Quant aux raisons d'offrir un repas à Yhwh, une

---

[15] On a peut-être une tradition analogue en Dt. 12, 27, où le terme de *baśar* semble désigner la partie comestible de la victime, consumée sur l'autel dans le cas d'un holocauste (v. 27a), mais mangée par l'offrant dans le cas d'un sacrifice de communion (v. 27b).

[16] A savoir la graisse, considérée comme ce qu'il y a de meilleur ainsi que le montrent les emplois métaphoriques de *ḥélèb*, par ex. Gn. 45, 18; Dt. 32, 14; Ez. 34, 3; Ps. 81, 17.

[17] La part qui revient aux prêtres lors d'un sacrifice de communion leur est donnée, *nātan*, par Yhwh (Lv. 7, 34; Nb. 18, 8.19). Quant à l'offrant, ceci résulte du fait que, bien qu'ayant renoncé, par l'imposition de la main, à la victime pour l'offrir à Yhwh, il n'en a pas moins l'usage du reste de la viande.

[18] Cf. infra N. LOHFINK, »Opfer und Säkularisierung im Deuteronomium«.

revue des occasions où l'on sacrifie montre qu'elles sont aussi diverses que celles que l'on peut avoir à inviter un hôte de marque et vont de l'hommage désintéressé ou de la marque de gratitude à l'espoir de bien le disposer en vue de l'amener à intervenir en sa faveur.

Ces observations, qui se fondent tant sur les données de P que sur celles des autres textes sacrificiels de la Bible hébraïque, sont corroborées par la terminologie. Nous avons déjà relevé que parmi les verbes habituellement utilisés pour désigner l'action d'offrir un sacrifice figurent les verbes *zābaḥ* et *ʿāśā*, lesquels renvoient à une conception du sacrifice comme repas offert à Yhwh. On peut ajouter que le sacrifice est explicitement qualifié de nourriture, *lèḥèm,* destinée à Yhwh (Lv. 3, 11.16; 21, 6.8.17.21.22; 22, 25; Nb. 28, 2.24; Ez. 44, 7; Ml. 1, 7) et que cette nourriture est pour lui d'odeur apaisante, *réaḥ niḥoaḥ.* On notera enfin que l'autel est considéré comme la table, *šoulᵉhān,* sur laquelle on dispose le repas de Yhwh (Ez. 41, 22; 44, 16; Ml. 1, 7.12).

L'interprétation souvent donnée du sacrifice comme don n'est donc pas inexacte: de fait, l'offrant renonce librement à un bien pour l'offrir à Dieu. Ce caractère de libre don distingue d'ailleurs le sacrifice de la remise des premiers-nés et des prémices, qui sont des redevances versées à Yhwh en tant que propriétaire du pays, dont les droits sont par là même reconnus. Mais cette notion de don est beaucoup trop large puisque, dans le cas d'un sacrifice, seul ce qui est comestible et qui a fait l'objet d'une élaboration culinaire est offert à Dieu.

La thèse selon laquelle le sacrifice est une nourriture apportée à la divinité est tout à fait familière aux historiens des religions. Elle n'en est pas moins radicalement rejetée par les exégètes du sacrifice israélite en ce qui concerne celui-ci et considérée quasi unanimement comme définitivement réfutée. Seul GASTER, en 1962, incluait encore ce motif de l'alimentation de Yhwh parmi les différents motifs rendant compte du sacrifice[19]. Car, même si on veut bien admettre que telle était à l'origine la fonction du sacrifice, que des relents de cette conception primitive se sont maintenus dans les milieux populaires, on estime que telle ne pouvait évidemment pas être la fonction du sacrifice, par exemple pour P. Et on considère que les termes qui font référence à une nourriture ne sont que des formules sclérosées ayant perdu leur signification première, et qui témoignent simplement de la persistance tenace de la terminologie religieuse, ou qu'il ne s'agit là que d'images et on loue le Yahwisme pour sa puissance d'assimilation qui lui a permis de les emprunter et de les adapter[20]. Et on fait valoir que pareille vue est totalement incompatible avec la haute idée qu'Israël se faisait de son Dieu, invoquant des textes comme Es. 1, 11; 40, 16; Ps. 50, 9–13, qui se moquent de la pensée que Yhwh puisse être nourri par ses

---

[19] T.H. GASTER, »Sacrifices and Offerings, OT«, *IDB* 4, 1962, col. 149B–151A. La plupart des arguments habituellement opposés à cette thèse se trouvent chez W. EICHRODT, *Theologie des Alten Testaments,* Leipzig, t. 1, 1933, p. 65–66.

[20] R. DE VAUX, *Les sacrifices de l'Ancien Testament.* Paris, 1964, p. 39.

fidèles. Mais que dire alors du Deutéronome qui, polémiquant contre les dieux des nations, les caractérise comme des dieux qui, contrairement à Yhwh, ne voient pas, n'entendent pas, mais aussi, ne mangent pas, *'ākal*, et ne sentent pas, *rouaḥ* (Dt. 4, 28)! C'est en définitive parce qu'on estimait que le sens obvie du sacrifice, tel qu'il résultait de son rituel, *ne pouvait être* son sens réel qu'on a cherché ailleurs la signification du sacrifice et qu'on a développé, selon les époques, des interprétations typologiques, symboliques ou psychologiques.

En réalité, il y a là un malentendu. Si on s'est à ce point acharné contre l'interprétation littérale c'est, en dernière analyse, en raison à la fois d'une double confusion entre acte de charité et invitation, entre nourriture et repas, et d'une vision très réductrice de la fonction du repas. Car l'hospitalité n'a de toute évidence pas le même sens si c'est un inférieur qui en bénéficie ou si elle est offerte à un supérieur. Partager son pain avec les indigents, comme le fait par exemple Job (Jb. 31, 17), admettre à sa table un courtisan (cf. par ex. 2 S. 9, 7; 19, 34) n'est pas la même chose que de recevoir un hôte de marque. Et si les premiers dépendent ainsi pour leur nourriture, et donc pour leur existence même, de la générosité de leur bienfaiteur, si pour le courtisan l'admission à la table royale est un signe de la faveur du roi, le repas offert à un supérieur, tout au contraire, honore autant, sinon plus, celui qui l'accueille, lequel sait fort bien que son hôte n'en devient pas pour autant son obligé. En acceptant le gîte et le couvert que lui offre la Sunamite, Elisée ne perd rien de sa qualité d'homme de Dieu saint, et en dépit de cette hospitalité réitérée, l'attitude de la femme envers lui reste pleine de déférence (2 R. 4, 8–17). Et puis on a méconnu la fonction du repas en la réduisant à sa seule fonction de nutrition. Or manger n'est pas seulement satisfaire un besoin physiologique. C'est aussi, par ce que l'on mange et par ce que l'on ne mange pas, affirmer une identité, manifester l'appartenance à un groupe, exprimer sa différence. C'est, lorsque l'on invite, grâce à l'étiquette de table, marquer l'importance que l'on accorde à un hôte, par le type d'hospitalité qu'on lui offre, par la place qu'on lui attribue à table, par le moment où on le sert, par la nature et la qualité des morceaux et l'importance des parts que l'on dispose devant lui. C'est une possibilité de tisser un ensemble de relations entre les différents convives. Ainsi, et pour ne prendre que quelques exemples tirés de la Bible hébraïque[21], on voit P faire de la nourriture l'un des éléments qui différencie humains et animaux, les premiers se voyant attribuer »toute herbe qui porte sa semence et tout arbre dont le fruit porte sa semence«, les seconds, »toute herbe mûrissante« (Gn. 1, 29–30 TOB). En mangeant l'herbe des champs comme le font les bœufs, Nebukadnetsar perd son humanité, et le texte ajoute d'ailleurs que »sa chevelure poussa comme les plumes des aigles, et ses ongles, comme ceux des oiseaux« (Dn. 4, 28–31). A

---

[21] Cf. R. SMEND, »Essen und Trinken – ein Stück Weltlichkeit des Alten Testaments«, *Beiträge zur alttestamentlichen Theologie. Festschrift für W. Zimmerli zum 70. Geburtstag* (éd. H. DONNER, R. HANHART, R. SMEND). Göttingen, 1977, p. 446–459.

l'inverse, pour souligner à quel point la brebis de la parabole était proche de son maître – elle était pour lui, nous dit-on, comme une fille – Nathan raconte qu'elle mangeait sa nourriture et qu'elle buvait de sa coupe (2 S. 12, 3)! Leur mode d'alimentation est aussi un des facteurs qui permet aux Israélites de se distinguer des autres peuples. Ils ne consomment pas certaines espèces animales (cf. Lv. 11; Dt. 14). Ils ne mangent pas de bêtes déchiquetées ou crevées (Ex. 22, 30; Lv. 11, 39–40; 17, 15; Dt. 14, 21; cf. Lv. 22, 8; Ez. 4, 14; 44, 31). Ils ne font pas cuire le chevreau dans le lait de sa mère (Ex. 23, 19 // 34, 26; Dt. 14, 21). Et ils manifestent leur commune qualité de fils de Jacob en ne mangeant jamais »le muscle de la cuisse qui est à la courbe du fémur« (Gn. 32, 33 TOB). Les invités à un repas sont traités selon leur importance. Ils sont placés conformément à leur rang: les frères de Joseph prennent place devant lui par ordre d'âge (Gn. 43, 33), Samuel fait asseoir Saül à la tête des convives (1 S. 9, 22). Certains morceaux sont destinés à l'hôte de marque: Samuel réserve à Saül le gigot et la queue (1 S. 9, 24). D'autres sont attribués aux prêtres: l'épaule, les joues et la panse, d'après Dt. 18, 3, le gigot droit et la poitrine, d'après Lv. 7, 30–34, ceci dans le cas d'un sacrifice de communion. La quantité de nourriture que Joseph fait porter à son jeune frère témoigne de l'affection qu'il lui porte (Gn. 43, 34). Inversement, et si on accepte l'interprétation donnée par A. Caquot d'Es. 25, 6, le banquet offert par Yhwh aux nations est un festin dérisoire »de parfums éventés et de lies de vin« qui manifeste sa colère[22]. Manger avec quelqu'un, c'est d'abord un signe de *šālôm* (cf. Ex. 18, 12; 2 S. 3, 20; Ps. 41, 10), c'est aussi un moyen de créer des liens. Aussi, pour marquer leur distance, les Egyptiens ne mangent-ils pas avec les Hébreux (Gn. 43, 32). C'est par un repas qu'est scellée une alliance (Gn. 26, 26–31; 31, 46–54; Ex. 24, 1–11). Et si les Israélites ne doivent pas accepter l'invitation des Cananéens, c'est parce que du repas en commun à l'intermariage et à l'adoption de leur religion il n'y a qu'un pas (Ex. 34, 15–16; cf. Nb. 25, 2–3). On le voit, cuisine et étiquette de table constituent une forme de langage fort complexe et la fonction du repas dépasse de beaucoup la seule fonction nutritionnelle.

Or, ce que l'étiquette de table est au repas des hommes, le rituel l'est au repas sacrificiel. En jouant sur le type de sacrifice, sur la nature des aliments, leur mode de préparation, la répartition des parts entre les différents convives, le moment et le lieu où ceux-ci les consomment, le rituel permet tout à la fois d'assimiler et de différencier. Et par là même il révèle la manière dont on se représente la divinité à laquelle ce repas est offert. Comme aussi les dieux des nations, Yhwh consomme la nourriture préparée à son intention. Mais il ne mange pas pour autant la même nourriture ni dans les mêmes conditions. De même que la nature de l'alimentation et les coutumes de table varient selon les peuples. Le rituel sacrificiel d'Israël permettra ainsi de connaître la manière

---

[22] »Remarques sur le ›banquet des nations‹ en Esaïe 25, 6–8«, *RHPhR* 69 (1989), p. 109–119.

dont Israël perçoit Yhwh et envisage ses relations avec lui. La méconnaissance de cette fonction du rituel a conduit à une méconnaissance de la fonction du sacrifice[23].

En offrant un repas à Yhwh, Israël manifeste que Yhwh est semblable aux humains. Comme eux, il mange de la nourriture et prend plaisir à un repas. Et, par là même, il se révèle comme un être vivant, une personne, et non une force anonyme, ou une valeur. Cette analogie entre Yhwh et les êtres humains permet de communiquer avec lui, d'exercer sur lui une influence et donc d'établir avec lui un dialogue. En lui apportant des mets préparés à partir des produits représentatifs du pays, Israël exprime plus précisément sa conviction que Yhwh appartient à la communauté des fils d'Israël et qu'il est lié à leur terre. Il est l'hôte invisible, du moins jusqu'à la centralisation, de tous les festins où s'exprime la joie de son peuple. Il réside en son sein comme un roi en son palais et est honoré quotidiennement comme tel. A travers le sacrifice, Yhwh apparaît ainsi comme le Dieu proche, familier, accessible à tout moment, un Dieu que chaque Israélite, quelle que soit sa condition sociale, a le privilège de pouvoir recevoir comme son hôte. En partageant le repas des hommes, Yhwh établit avec eux la relation la plus étroite possible, celle que crée la commensalité.

A cette communion résultant de la consommation ou du partage du même type de nourriture le rituel sacrificiel fixera néanmoins des limites en soulignant l'altérité de Yhwh. La viande de la victime n'est jamais partagée entre Yhwh et les offrants: dans le cas d'un holocauste, aucune part n'en revient à l'offrant; dans le cas d'un sacrifice de communion, aucune part n'en revient à Yhwh[24]. Et s'il arrive qu'holocauste et sacrifice de communion soient associés, et que donc Yhwh et les offrants consomment de la viande, celle que reçoit Yhwh provient d'une autre victime que celle que mangent les offrants, et lui est transmise avant que ceux-ci ne reçoivent leur part. Surtout, à l'occasion de chaque sacrifice, Yhwh reçoit une part qui lui est attribuée en propre et qu'il est rigoureusement interdit aux Israélites de consommer, à savoir le sang (Gn 9, 4; Lv. 3, 17; 7, 26−27; 17, 10−14; 19, 26; Dt. 12, 16; 15, 23; cf. 1 S. 14, 32−34)[25], mais aussi

---

[23] Ce type de réflexion est également esquissé par R.S. HENDEL, »Sacrifice as a Cultural System: The Ritual Symbolism of Exodus 24, 3−8«, *ZAW* 101 (1989), p. 366−390 (cf. p. 384−385).

[24] Ce n'est que dans le cadre du rituel de consécration des prêtres que Yhwh partagera avec ceux-ci la viande de la victime en recevant exceptionnellement, en plus du sang et de la graisse, le gigot droit (Ex. 29, 22−25 // Lv. 8, 25−28). Cette communion avec Dieu résultant de la commensalité atteint sa forme la plus parfaite à l'occasion de l'offrande de pains, où Dieu et prêtres partagent la totalité de la même matière sacrificielle, préparée en un même lieu.

[25] Le sang n'est pas simplement soustrait à la consommation humaine et versé à terre – tel est le cas lors d'un abattage profane (Lv. 17, 13; Dt. 12, 16.24; 15, 23) –, il est transmis à Yhwh et, de ce fait, mis en relation avec l'autel. Dans le rituel P, le sang est recueilli par les prêtres (Ex. 29, 16; Lv. 1, 5; 9, 18; cf. aussi Ex. 24, 6; 2 Ch. 29, 22) et répandu, *zāraq*, sur l'autel (Ex. 29, 16.20 // Lv. 8, 19.24; Lv. 1, 5.11; 3, 2.8.13; 7, 14; 9, 12.18; 17, 6; et, à propos des colombes,

chez P, la graisse (Lv 3, 17; 7, 23−25). De plus, et à la seule exception de
l'offrande de pains, la part de Yhwh ne fait pas l'objet d'une élaboration
culinaire et lui est présentée à l'état cru, alors que les Israélites consomment
leur part après cuisson. Enfin, le lieu où Yhwh consomme cette part est
différent de celui où les hommes mangent la leur. Et ce lieu est perçu comme
situé dans un autre monde, ce qui rend nécessaire, pour que la nourriture puisse
lui parvenir, à la fois la médiation d'un autel et la transmutation de la matière
sacrificielle par le feu. La prise de conscience de plus en plus aiguë de la sainteté
de Yhwh rendra indispensable l'intervention des prêtres, lesquels serviront
d'intermédiaires entre le monde profane et ce monde sacré.

A travers le sacrifice, Yhwh apparaît ainsi à Israël à la fois comme autre et
comme semblable, comme le Dieu transcendant mais qui en même temps est
proche et solidaire, comme le Dieu saint, sur lequel l'homme a pourtant la
possibilité d'influer. Yhwh est autre et il est semblable. Il n'est pas, selon les
circonstances ou les époques, l'un ou l'autre, tantôt l'un, tantôt l'autre. Il est à
la fois l'un et l'autre, et cette coïncidence des opposés marque toute la différence entre Yhwh et les humains. Le sacrifice révèle cette dualité en Yhwh. Il
maintient aussi le fragile équilibre entre ces deux pôles antagoniques et empêche la perversion de l'image de Dieu à laquelle conduirait inévitablement une
majoration unilatérale de l'un des aspects au détriment de l'autre. En manifes-
tant que Yhwh est semblable aux hommes, il évite une perception de Yhwh
comme celui qui est l'autre, le tout-autre, qui n'aurait rien de commun avec les
hommes, que la transcendance et la sainteté rendraient inaccessible aux
hommes et imperméable à leur préoccupation. Inversement, en soulignant
l'altérité de Yhwh, il interdit de réduire Yhwh à une idole qui serait livrée à la
manipulation de ses fidèles. Lorsqu'il situe l'institution du sacrifice au Sinaï, et
non à la création, et qu'il la met en relation avec la volonté de Yhwh de résider
au milieu de son peuple (Ex. 29, 38−46), P souligne que Dieu ne dépend pas
des sacrifices qui lui sont offerts: l'offrande des sacrifices est la condition de la
présence de Dieu (cf. 2 Ch. 29, 6−9), non de son existence; et sa solidarité avec
Israël ne l'empêche pas d'être aussi et d'abord le Dieu créateur de l'univers et
de l'humanité toute entière. Le sacrifice constitue ainsi une mise en forme de la
théologie. Il est le lieu où Israël apprend à connaître son Dieu, non pas d'une
manière intellectuelle, sous la forme d'un savoir, mais de façon concrète, par
l'hospitalité sacrificielle qu'il lui offre. Cette fonction confère au sacrifice une
place centrale dans la religion d'Israël.

Mais il ne s'agit pas seulement d'une leçon de théologie. Indépendamment
même des effets que les Israélites attribuent au sacrifice, celui-ci remplit une
double fonction. Il crée la cohésion d'Israël et des différents groupes qui le

---

māṣā, Lv. 1, 15; cf. aussi Ex. 24, 6; 2 R. 16, 13.15; Ez. 43, 18; 2 Ch. 29, 22). Cf. aussi Dt. 12, 27
(ʿāśā, šāpak ʿal mizᵉbéaḥ), Ez. 44, 15 (qārab hi). Ce sang est revendiqué par Yhwh en Ex. 23,
18 // 34, 25 comme »mon sang sacrificiel«.

constituent, les unissant par cette commune référence à un même Dieu, auquel tout Israël offre et avec lequel il partage le même type de nourriture, effaçant les différences entre les catégories sociales puisque chaque Israélite a la possibilité d'offrir l'hospitalité à son Dieu. Une cohésion qui se trouvera encore renforcée lorsque le sacrifice individuel, privé, reproduira strictement le sacrifice au sanctuaire central et lorsque le sanctuaire central sera devenu l'unique lieu de sacrifice. Surtout, le sacrifice apporte à Israël et à chacun de ses membres un sentiment de confiance. Grâce à cette certitude de pouvoir faire appel à une puissance, où plutôt, à un être extérieur à ce monde, mais qui est étroitement solidaire d'Israël, le sacrifice manifeste que l'univers du quotidien n'est pas un univers clos, et que toute crise peut être surmontée par le recours à celui qui est le créateur et le maître de l'histoire. Cette tranquille assurance permet de croire en un avenir. Le sacrifice, en créant la cohésion d'Israël et en lui apportant la foi en un avenir, joue ainsi un rôle fondamental pour l'existence même d'Israël.

Deutsche Zusammenfassung

René GIRARD nimmt zwei klassische Theorien des israelitischen Opfers in neuer Gestalt auf: die Tötung des Tieres ist sein wesentlicher Akt, und zwischen Opferdarbringer und Opfertier besteht eine enge Verbindung. Beide Erklärungen stossen sich an den Texten: die Tötung gehört zur Vorbereitung der Opferhandlung, nicht zu dieser selbst; die Identifikation von Opferdarbringer und Opfertier (GESE, JANOWSKI) lässt viele Einzelzüge des Opferrituals unerklärt. Für GIRARD taugen die Riten nicht zur Erklärung der wirklichen Natur der Opfer. Denn sie bilden einen ideologischen Überbau, dessen Zweck gerade in der Kaschierung des wahren Sachverhaltes besteht. Dieser ist die Ableitung von menschlicher, zerstörerischer Gewalt auf schwache, unschuldige Dritte, eben die Opfertiere.

Die Opfer zerfallen nach P in zwei Kategorien: jene die als ריח ניחוח und die andern, die zum Zweck der Sühne (כפר) (Lev 4f) dargebracht werden. Nur die erste Kategorie ist Opfer im vollen Sinn.

In ihr trägt das Opfer alle Merkmale eines JHWH dargebotenen Mahles. Dargebracht werden ausschliesslich die besten Nahrungsmittel, die im Land erzeugt werden und den Israeliten zur Nahrung dienen. Die dargebrachten Materien werden wie bei jedem Mahl durch Kochen, Backen, usw. zubereitet. In Israel gibt es zwei Formen der Gastfreundschaft: bei der einen nimmt der Gastgeber selber nicht teil (Gen 18), bei der andern sitzt er mit dabei (1 Sam 9). Der ersten entspricht das tägliche Opfer nach P, der zweiten das Gemeinschaftsopfer. Die Terminologie bestätigt diese Interpretation der Opfer.

Die Vorstellung eines Mahles für Gott ist religionsgeschichtlich belegt, aber für Israel meistens abgelehnt worden, weil sie als mit JHWH unvereinbar empfunden wurde (Ps 50). Aber ein Gastmahl ist über die Nahrungsaufnahme hinaus Zeichen der Ehrung, der Gunst, der Zusammengehörigkeit zwischen Mahlgenossen. Die mannigfaltigen Tischsitten eines Gastmahls bringen soziale Beziehungen zur Darstellung. Das Opferritual ist auf weite Strecken analog zu den Gepflogenheiten eines Gastmahls. Diese Tisch- und Opferbräuche erlauben es, Gemeinsamkeit und Verschiedenheit zwischen Gott und Menschen auszudrücken. JHWH erscheint in den Opferriten als menschlich, nahe, als hochgeehrter Gast und Gastgeber in Israel. Aber die Unterschiede treten dank dem Ritual ebenfalls hervor: Gott und Menschen essen nie gemeinsam von der gleichen Speise, und diese geht im Feuer aufsteigend in die unzugängliche Sphäre JHWHs über. JHWH hängt nicht vom Opfer ab. Dieses ist Bedingung seiner Präsenz. Im Opfer erscheint JHWH somit als den Menschen ähnlich und zugleich von ihnen verschieden. Das Opferritual enthält eine nicht-begriffliche, in Zeichen anschauliche Gottesvorstellung.

Es verleiht Israel, das bei gleichen Opfern zusammenkommt, Zusammengehörigkeitsbewusstsein und gleicht soziale Unterschiede aus. Es ist Grund des Glaubens und Vertrauens.

Opfer und Säkularisierung
im Deuteronomium

von

NORBERT LOHFINK

Das Thema »Opfer« ist für das Deuteronomium wichtiger, als man zunächst meinen möchte.

Man pflegt von der deuteronomischen »Kultzentralisation« zu sprechen. Dabei orientiert man sich automatisch an der Reform Joschijas (2 Kön 22f). Joschija hat alle Heiligtümer im Land außer dem Tempel von Jerusalem abgeschafft. Aber das deuteronomische Gesetz spricht nirgends von der Abschaffung von Heiligtümern. Seine sogenannten Zentralisationsgesetze, vor allem die Zentralisationsgesetze in Dtn 12, handeln nur von der Zentralisation bestimmter Akte, vor allem der Opfer[1]. Dtn 12 in seinem Hauptstück ist Opfer-, nicht Heiligtumsgesetzgebung[2].

Die obige Behauptung, das deuteronomische Gesetz spreche nirgends von einer Abschaffung von Heiligtümern, läßt sich auf drei Weisen in Frage stellen.

1. Man kann sagen, ohne Opferaltar verliere der Begriff des Heiligtums seinen Sinn. Im Deuteronomium sei also, wenn auch indirekt, doch nur von einem einzigen Heiligtum die Rede. Doch ist zu fragen, ob Altäre in unserem Sinne überhaupt zur Grundausstattung palästinensischer Tempel gehörten[2a]. Ferner belegen die Ausgrabungen von Arad, so schwer die Zerstörungsschichten absolut zu datieren sind, vor der endgültigen Profanüberbauung des Jahweheiligtums eine Zwischenphase, in der zwar noch das Heiligtum, aber nicht mehr der große »Altar« stand.

2. Man kann sagen, das Deuteronomium formuliere von einem Standpunkt aus, der vor der Landnahme liegt. Es sehe also die Errichtung verschiedener Heiligtümer gar nicht vor. So dürften die deuteronomistischen Geschichtsschreiber das Deuteronomium tatsächlich gelesen haben, obwohl selbst sie erst unter David und Salomo mit der

---

[1] Hinzu kommen die Hauptfeste, die Abgaben (»Zehnte«), das »Zentralgericht«, die Tora-Verlesung im siebten Jahr. Zu den Zentralisationsgesetzen vgl. N. LOHFINK, »Zur deuteronomischen Zentralisationsformel«, *Bib* 65 (1984) 297–329.

[2] Hier könnte man ein Argument dafür finden, daß der Grundbestand von Dtn 12 schon aus Hiskijas Zeit stammt und daß seine Kultreform nur eine Opferzentralisation gewesen sei. Aharoni kam zu einer solchen Annahme aufgrund seiner (inzwischen überholten) Interpretation der von ihm durchgeführten Ausgrabungen auf Tel Arad.

[2a] Vgl. W. ZWICKEL, Räucherkult und Räuchergeräte. Exegetische und archäologische Studien zum Räucheropfer im Alten Testament (OBO 97; Fribourg – Göttingen 1990) 110–128.

Errichtung des von Jahwe erwählten einen Heiligtums rechneten (Dtn 12,9f; 2 Sam 7,1.11; 1 Kön 5,18f; 8,56[3]). Vorher tat jeder, »was seinen Augen gerade zu sein schien« (Dtn 12,8b)[4]. Doch die Frage ist, ob die Grundschicht von Dtn 12 das schon so sah[5].

3. Man kann sagen, es sei durchaus von der joschijanischen Zerstörung aller Heiligtümer im Lande die Rede, wenn auch unter der Deckvorstellung der Kultstätten der Völker des Landes – vgl. vor allem Dtn 12,2f.29−31, und vorher schon 7,5. Das wird richtig sein.

Allerdings haben wir es hier mit exilischer deuteronomistischer Hand zu tun, die verdeckt und nachträglich auf Joschijas Heiligtümervernichtung anspielt und sie legitimiert[6]. Doch wird durch diese Texte nur umso deutlicher, daß die ältere Schicht noch nicht von Heiligtümern sprach und daß der Tempel von Jerusalem auch im definitiven Text für die Gestalt des Kultes Israels eher als einzige Opferstätte thematisiert wird, nicht als einziges Heiligtum.

Insofern ist das Prinzip, das man oft als das Grundprinzip des Deuteronomiums bezeichnet – »Ein Gott, ein Volk, ein Heiligtum« – nicht gerade sehr textgemäß.

Die Bedeutung des Themas »Opfer« im Deuteronomium zeigt sich auch daran, daß dieses Thema die deuteronomischen Gesetze rahmt. Am Anfang der Gesetzessammlung stehen in Dtn 12,2−28 die Gesetze über die Opferzentralisation. In 26,1−15 bilden zwei Rituale für Opfer und Abgaben den Abschluß[7].

Warum kann trotzdem der Eindruck entstehen, die Opfer seien im Deuteronomium eine sekundäre Sache? Vermutlich, weil das Thema »Opfer« in den priesterschriftlichen und den deuteronomischen Texten völlig verschieden auftritt. Wer von den priesterschriftlichen Texten her zu den Opfergesetzen des

---

[3] Vgl. G. BRAULIK, »Zur deuteronomistischen Konzeption von Freiheit und Frieden«, jetzt in: DERS., *Studien zur Theologie des Deuteronomiums* (SBAB 2; Stuttgart 1988) 219−230.

[4] Das ist zwar direkt auf die Israeliten vor dem Einzug ins Land bezogen (vgl. 12,8a). Aber 12,9 visiert als Beendigung dieses Zustands erst den Zeitpunkt an, wo Israel in die מנוחה gelangt, und das ist erst mit dem Tempelbau Salomos der Fall.

[5] Falls in 12,13 die Formulierung בכל־מקום אשר תראה nicht erst auf die Schlußbearbeitung zurückzuführen ist, könnte sie in einer Periode reiner Opferzentralisation durchaus gemeint haben: »in jedem Heiligtum, das du dir aussuchst«.

[6] Um meine literarkritische Analyse von Dtn 12 grob anzudeuten: Als exilisch-deuteronomistisch betrachte ich 12,2−6.29−31 – vgl. N. LOHFINK, »Kerygmata des deuteronomistischen Geschichtswerks«, in: *Die Botschaft und die Boten* (FS H.W. Wolff; hg. v. J. JEREMIAS u. L. PERLITT; Neukirchen-Vluyn 1981) 87−100, hier: 97; erster, wohl noch unter Joschija anzusetzender Querverweisarbeit am deuteronomistischen Geschichtswerk zuzuordnen ist 12,8−12 in der jetzigen Gestalt – vgl. BRAULIK, »Freiheit«; 12,20−28 könnte aus der Zeit stammen, als Joschija versuchte, seinen Herrschaftsbereich nach Norden auszudehnen; im Gesetzbuch von 621 stand schon 12,13−19 sowie vielleicht ein Kernstück aus 12,8−12. Doch muß in später, wohl schon nachexilischer Zeit noch mit glättender und systematisierender Bearbeitung des ganzen gerechnet werden.

[7] Dies entspricht der Rahmung des Bundesbuchs durch kultische Materien: Ex 20,23−26; 23,14−19. Es könnte also auch Traditionszwang vorgelegen haben. Doch das Heiligkeitsgesetz hätte ihn nicht empfunden. Das Ritual Dtn 26,12−15 war wohl ebenso wie das vorausgehende im Zentralheiligtum zu absolvieren (26,13: »vor Jahwe«), vermutlich beim Herbstfest (BRAULIK, NEB z.St.).

Deuteronomiums kommt, »wird sich immer wie in eine andere Welt versetzt fühlen«[8].

Dabei spielen sicher auch Einzelunterschiede des Rituals, etwa beim Paschafest, eine Rolle. Doch zuvor schon fällt jedem Leser der Unterschied von Ton, Interessenrichtung und impliziter wie expliziter Deutung auf. Im Banne der Priesterschrift kann man kaum den Eindruck vermeiden, das Deuteronomium sei an Opfer und Kult nur am Rande interessiert. Sucht man im Pentateuch nach Texten über das Opfer in Israel, dann wendet man sich fast automatisch an die Priesterschrift.

Dieser Eindruck hat sich vor nun schon einiger Zeit in einer These über das Deuteronomium verdichtet, die mit modernen Deutungskategorien arbeitet: mit den Kategorien der »Entmythologisierung« und der »Säkularisierung«. Ausgearbeitet hat sie Moshe WEINFELD in einem der gewichtigsten Bücher, die in den letzten Jahrzehnten zum Deuteronomium geschrieben worden sind[9]. Von Moshe WEINFELD wird in Kürze in der *Anchor Bible* ein großer Kommentar zum Deuteronomium erscheinen. Dadurch werden seine Auffassungen noch größeres Gewicht bekommen. Es lohnt sich daher, die These einmal zu überprüfen.

Sie ist zwar schon bald nach ihrer Formulierung von Jacob MILGROM deutlich und kompetent bestritten worden[10]. Doch MILGROM war vor allem an Fehldeutungen priesterschriftlicher Texte interessiert[11]. Auf das Thema »Opfer« geht er relativ wenig ein. Die kritische Auseinandersetzung müßte wohl auch dahin noch ausgreifen. Das soll im folgenden versucht werden.

1. Moshe Weinfelds Säkularisierungsthese

Moshe WEINFELD hat, wie gesagt, seine Anschauungen auf die Formel »Demythologization and Secularization« gebracht[12]. Die Vorstellungen von Gott und seinem Wohnort charakterisiert er gegenüber älteren Vorstellungen als »Entmythologisierung«[13]. Im Gesellschaftsentwurf sieht er eine »Säkularisierung«. Deren Behandlung eröffnet er mit einer Diskussion der deuteronomischen Gesetzgebung über Opfer und Abgaben[14].

---

[8] G. von RAD, *Das Gottesvolk im Deuteronomium* (BWANT 47; Stuttgart 1929) 31.

[9] *Deuteronomy and the Deuteronomic School* (Oxford 1972).

[10] J. MILGROM, »The Alleged ›Demythologization and Secularization‹ in Deuteronomy (Review Article)«, *IEJ* (23 (1973) 156—161.

[11] Er leitet seine Kritik mit folgendem Urteil ein: »›Demythologization‹ is too strong a term and the evidence adduced as a foil, mainly from P, is not rendered correctly and borders at times on the inaccurate« (157). Hinter dem Vorwurf, die Sachverhalte seien nicht korrekt dargestellt, steht vor allem die richtige Feststellung, daß Weinfeld sehr stark mit dem *argumentum e silentio* arbeitet. Ich werde auf diesem Punkt ebenfalls insistieren müssen.

[12] WEINFELD, *Deuteronomy* 191—243 (»Part Two: Demythologization and Secularization«).

[13] Ebd., 191—201.

[14] Ebd., 210—217. Dann folgen als weitere Themen: Feste, Rein und Unrein in der

Mit dem Wort »Entmythologisierung« benutzt Weinfeld einen großen her-
meneutischen Programmbegriff der Theologie unseres Jahrhunderts (Rudolf
BULTMANN), und mit dem Wort »Säkularisierung« führt er das vielleicht wich-
tigste religionssoziologische Erklärungsmuster der neueren Religionssoziolo-
gie zur Deutung des Verhältnisses von Kirchen und Gesellschaft in der Moderne ein, dessen Brauchbarkeit im übrigen heute recht umstritten ist.

WEINFELD selbst ist äußerst knapp, wenn er erklärt, was er meint. Wie er das
zu tun pflegt, breitet er recht bald sein Belegmaterial aus und diskutiert es.
Immerhin sagt er einleitend:

> »The reform revolutionized all aspects of Israelite religion. The centralization of the
> cult was in itself, of course, a sweeping innovation in the history of the Israelite cultus,
> but its consequences were, as we shall see, decisively more revolutionary in nature, in
> that they involved the collapse of an entire system of concepts which for centuries had
> been regarded as sacrosanct. With the elimination of the provincial cultus Israelite
> religious life was completely wrested from the control of priest and temple. It was freed
> from its ties to the cult and was transformed into an abstract religion which did not
> necessarily require any external expression. Indeed the very purpose of the book of
> Deuteronomy, as has been correctly observed, was to curtail and circumscribe the cultus
> and not to extend or enhance it.«[15]

Die beiden hier eingeführten Deutungsbegriffe sind: 1. »abstrakte«, also
riten- und ausdrucksarme »Religion«, 2. »Eingrenzung« des Kultischen zugunsten des Profanen, rein Weltlichen. Die dem entsprechende andere, »weltliche« Seite des Vorgangs formuliert er so:

> »On the abolition of the provincial sanctuaries many institutions and practices were
> divorced from their original ties to the sanctuary in a manner that rendered them
> completely secular.«[16]

Gerade diese Formulierung zeigt, daß WEINFELD tatsächlich mit einem Pro-
zeß rechnet, der analog zum Säkularisierungsprozeß der Moderne zu denken
wäre. In der europäischen Neuzeit haben immer mehr Institutionen und Hand-
lungsmuster einen ursprünglichen Zusammenhang mit Kult und Religion verloren und sind im vollen Sinne »weltlich« geworden. Es wäre natürlich höchst
bedeutsam, wenn es schon in der Bibel selbst einmal einen solchen »Säkulari-
sierungsvorgang« gegeben hätte. Insofern ist WEINFELDS These aufregend.

Sie verbindet sich bei ihm mit der von Yehezkiel KAUFMANN übernommenen

---

Konzeption der Heiligkeit, weltliche Tendenzen in der Gerichtsreform, im Asylrecht, in den
Kriegsgesetzen, in der Konzeption von Sünde und Strafe.

[15] Ebd., 190. Für den letzten Satz beruft er sich auf G. von RAD, *Gottesvolk* 14f. Dort steht,
verbindet man WEINFELDS Begriff der »abstrakten Religion« auch mit der Entwicklung eines
stärkeren religiösen Individualismus, allerdings eher das Gegenteil. Nämlich, das Deuteronomium habe durch die Kultzentralisation eine Aufhebung der individualistischen Religiosität
zugunsten der großen Gesamtheit des Gottesvolkes angestrebt. An anderer Stelle spricht
WEINFELD von einer »tendency to minimize the cult« (209).

[16] Ebd., 233.

These, die Priesterschrift sei älter als das Deuteronomium. Er setzt jeweils das jüngere, säkularisierte Deuteronomische vom älteren und kultischen Priesterschriftlichen ab. Dadurch erhält der Säkularisierungsgedanke auch noch eine evolutionistische Note. WEINFELD arbeitet sie nicht ausdrücklich heraus. Aber zweifellos verleiht die bei ihm implizit allgegenwärtige evolutionistische Denkfigur seiner These beim heutigen Leser noch eine zusätzliche Plausibilität.

Ich möchte auf diese Datierungsvoraussetzung im folgenden nur in Einzelfällen eingehen. Denn auch wenn die priesterschriftlichen Texte, die uns jetzt im Pentateuch vorliegen, das Deuteronomium doch wohl eher schon voraussetzen und sich vielleicht sogar bewußt darauf beziehen[17], enthalten sie oft alte Traditionen. Vor allem bringen sie auch gerade in jüngsten Schichten alte Gesamtvorstellungen wieder neu zum Zug. Zumindest in diesem Sinne läßt sich auch mit WEINFELDS Konzeption der Abfolge der beiden Korpora in vielen Fällen vertretbar arbeiten. Dem Deuteronomium waren mit Sicherheit festliegende Rituale in den offiziellen Kulten, vor allem im Kult von Jerusalem[18], und kultisch geprägtes Lebensgefühl im Bereich der Volksreligion vorgegeben[19].

Evolutionistische Vorstellungen sollte man dennoch eher vermeiden. Die neuere Theoriebildung für die Rechtsgeschichte Israels rechnet eher mit einer immer weitergehenden Theologisierung vorher getrennter und teilweise durchaus »profaner« Lebensbereiche, wobei gerade das älteste Recht die wenigste religiöse Färbung zeigt[20]. Eine sekundäre und späte *Re*sakralisierung, gerade auch durch das priesterschriftliche Recht, ist eher wahrscheinlich als unwahrscheinlich.

2. Die Opfergesetzgebung des Deuteronomiums

Ich möchte zunächst die Ausführungen von WEINFELD knapp nachzeichnen und an wichtigen Punkten kommentieren[21].

---

[17] Vgl. etwa die These von A. CHOLEWINSKI, *Heiligkeitsgesetz und Deuteronomium. Eine vergleichende Studie* (AnBib 66; Rom 1976).

[18] Genau auf das unabhängig von den Opfergaben des Volkes auf jeden Fall im Heiligtum ablaufende Ritual konzentriert sich das Interesse der Priesterschrift, während das Deuteronomium daran kaum interessiert ist.

[19] Schon G. von RAD hat mit solchen Annahmen gearbeitet. Vgl. *Gottesvolk* 30: »… daß wir die kultisch-priesterlichen Verhältnisse in der Königszeit und auch vorher schon als viel ausgebildeter und differenzierter voraussetzen müssen, als das Dt. sie in seinen Forderungen widerspiegelt.« 31: »Es muß als bestimmt angenommen werden, daß zur Zeit des Dt.'s und vorher an den einzelnen Heiligtümern genau detaillierte Kultgesetze vorlagen.«

[20] Vgl. vor allem die neueren Arbeiten von E. OTTO zum Bundesbuch, z.B. *Wandel der Rechtsbegründungen in der Gesellschaftsgeschichte des antiken Israel. Eine Rechtsgeschichte des »Bundesbuches« Ex XX 22 − XXIII 13* (Studia Biblica 3; Leiden 1988).

[21] Ich gehe WEINFELD, *Deuteronomy* 210−217, entlang. Vgl. auch die Analyse der deuteronomischen Opfergesetze bei G. BRAULIK, »Die Freude des Festes. Das Kultverständnis des Deuteronomiums – die älteste biblische Festtheorie«, jetzt in: DERS., *Studien zur Theologie des Deuteronomiums* (SBAB 2; Stuttgart 1988) 161−218, hier: 191−211.

Im Gegensatz zum Befund in nichtdeuteronomischen Texten wird im Deuteronomium nie gesagt, daß die Opfer Gott als Wohlgeruch oder als Speise dienen[22]. Sühn- und Schuldopfer kommen in der deuteronomischen Opferterminologie nicht vor[23].

Das einzige Gesetz, das den Begriff der Sühne einführt[24], zeigt gerade die Differenz. Es handelt sich um Dtn 21,1−9, das Gesetz über die Behandlung eines Mordes durch Unbekannt. Bei der Tötung der Kuh werden dort die bekannten Opferriten nicht erwähnt. Die präsenten Priester vollziehen keine rituelle Handlung. Die »Sühne« wird durch etwas anderes herbeigeführt, nämlich durch den Reinigungseid und das Bittgebet der Ältesten der nächstliegenden Stadt (21,6−9).

Die Kommentierung WEINFELDS ist zweifellos richtig. Die Probleme, welche ihm die geforderte Präsenz der levitischen Priester bereitet, könnte man ver-

---

[22] Nur selten wird außerdem gesagt, daß die Opfer *für* Jahwe geopfert (זבח) werden: Man gelobt Jahwe (ליהוה) auserlesene Gaben (12,11; 23,22.24). Die Erstlingstiere werden Jahwe (ליהוה) geheiligt und geopfert (15,19.21). Das Pascha-Opfer wird Jahwe (ליהוה) geopfert (16,2). In übertragenem Sinn ist noch die abgefallene und der Vernichtungsweihe überantwortete Stadt ein כליל ליהוה (13,17). Und in dem ein wenig außerhalb des typisch Deuteronomischen stehenden Kapitel 27 wird von עולת gesprochen, welche ליהוה verbrannt werden sollen (27,6). Das ist alles. Vielleicht geht BRAULIK, »Freude« 191 A. 121, in der Bewertung dieses Sachverhalts etwas zu weit. Aber sicher ist der Aspekt des »für Jahwe« dem Deuteronomium im Zusammenhang mit dem Opfer irrelevant. Daß er dennoch am Rande eindringt, zeigt nur, daß das Deuteronomium, wenn es bestimmte Seiten des Opferwesens nicht herausarbeitet, sie deshalb nicht ohne weiteres ablehnen will oder gar überhaupt nichts von ihnen weiß.

[23] Die für den Israeliten, der zum Heiligtum zieht, wohl als vollständig gedachte Opferliste (Siebenzahl!) steht sofort in 12,6. Zunächst werden die beiden Hauptarten der Tieropfer genannt: עלות »Brandopfer« und זבחים »Mahlopfer«. Dann folgen 5 Einzelarten, unterschieden nach Inhalt und Anlaß: מעשרות »Zehntopfer«, תרומת יד »Handerhebungsopfer« (wohl aus vegetabilischen Materialien), נדרים »Opfer aufgrund von Gelübden«, נדבות »ganz spontane Opfer« und בכרות »Erstlingsopfer (von Tieren)«. Später werden, je nach Zusammenhang, immer nur einzelne dieser Opferarten genannt. In 12,26 faßt קדשים wohl alle in sich verpflichtenden Opfer der Siebenerliste aus 12,6 zusammen. Das sind alle außer den נדרים, die gesondert genannt werden, weil nur aus persönlicher Selbstverpflichtung verpflichtend, und den נדבות, die bei dieser Aufzählung als in keiner Weise verpflichtend nicht in Frage kommen. Im Buch kommt noch der Opferterminus כליל »Ganzopfer« vor, doch er wird metaphorisch gebraucht (13,17). אשי יהוה »Opfer Jahwes« in 18,1 ist entweder als zusammenfassender Terminus für alle Opfer gedacht, oder es geht gerade um die Opfer des unabhängig vom Volk immer im Jerusalemer Tempel ablaufenden Normalrituals. An letzteres denkt MILGROM, »Demythologization« 160. Erstlinge von Pflanzen (vgl. 26,1−11) fehlen eigentümlicherweise in der Liste von 12,6. Ob sie mit zu den »Handerhebungsopfern« gehörten? Ob die מעשרות wirklich »Zehnte« waren oder ob der Terminus nicht eher so etwas wie »Auftischung« bedeutet, ist ein offenes Problem. Vgl. N. AIROLDI, »La cosidetta ›decima‹ israelitica antica«, *Bib.* 55 (1974) 179−210.

[24] Innerhalb der Gesetze des Deuteronomiums steht das Verbum כפר nur in 21,8. Der einzige weitere Beleg im Deuteronomium findet sich in 32,43, am Ende des Moselieds. Ihn zieht man hier besser nicht heran, da er sich in 32,43 nicht mit dem Gedanken eines Opfers verbindet. Zum folgenden vgl. auch MILGROM, »Demythologization« 159.

mutlich noch deutlicher ausräumen, als er es tut. Die Schilderung ihres Amts läuft darauf hinaus, Jahwe habe sie erwählt, daß »nach ihrem Spruch jeder Rechtsstreit und jeder Fall von Körperverletzung entschieden werden« soll (21,5). Das heißt doch wohl, daß das Ereignis eher als Rechtsfall ihre Präsenz verlangt, nicht als Sakralvorgang. Sie sollen »herantreten«, was ein deuteronomischer Terminus für das Auftreten in öffentlicher Versammlung, nicht aber vor dem Altar, ist[25].

So ist WEINFELD damit im Recht, daß in diesem Gesetz kein Sühnopfer angezielt ist. Doch ist dadurch nicht viel für seine Säkularisierungsthese gewonnen. Denn der ganze Vorgang ist völlig auf Jahwe bezogen, auch wenn nicht ein Opfer, sondern die Sorge um die Heiligkeit des Landes, das Jahwe Israel gegeben hat, und des Volkes Israel, das er aus Ägypten freigekauft hat, im Zentrum des Interesses steht (21,1.8). An die Stelle der Opfer-Sakralität tritt ein neuer Typ deuteronomischer Sakralität. Wie eine säkular-profane Behandlung eines Mordes durch Unbekannt aussehen kann, zeigt die Parallele aus dem viel älteren Kodex Hammurabi: Da werden nur die fälligen Zahlungen geregelt[26].

Die Opfer des Deuteronomiums – so WEINFELD nun weiter – bestehen hauptsächlich aus Opfern, die von den Opfernden im Heiligtum selbst verzehrt werden. Dabei ist es wichtig, daß die bedürftigen und armen Menschen aus Israel an den Mählern beteiligt werden. Opferrituale, die täglich oder periodisch im Tempel als Tempel ablaufen und nicht spezifisch personenverbunden sind, werden nicht einmal erwähnt[27]. Sie existierten, wie wir wissen, aber auch in vordeuteronomischer Zeit durchaus.

Die behandelten Opfer werden nur unter zwei Rücksichten gesehen: Teilnahme der Armen und Ausdruck der Dankbarkeit des einzelnen. An der einzigen Stelle, die auf das Opferritual selbst eingeht (12,27), bleibt das für Gott zu reservierende und auf dem Altar zu verbrennende Fett unerwähnt. Während die Opfer der Priesterschrift in absoluter Stille dargebracht werden, ist für das Deuteronomium offenbar das Gebet wichtiger als das Opfer.

Die Theorie von der absoluten Stille beim priesterschriftlichen Opfer übernimmt WEINFELD VON Y. KAUFMANN[28], der selbst auf jüdischer Auslegungstra-

---

[25] Vgl. 20,2; 25,1.9 und BRAULIK (NEB z.St.). Es wäre angesichts der deuteronomischen Opferzentralisation ja auch seltsam, wenn hier doch noch draußen auf dem Land ein Opfer dargebracht würde, und dort noch nicht einmal in einem Heiligtum, sondern in einem Bachbett.

[26] KH 22−24: »Wenn ein Bürger einen Raub verübt und erwischt wird, wird dieser Bürger getötet. Wenn der Räuber nicht erwischt wird, soll der beraubte Bürger das ihm abhanden gekommene Gut vor Gott angeben; die Stadt und der Vorsteher, in deren Land und Gebiet der Raub verübt worden ist, sollen ihm sein abhanden gekommenes Gut ersetzen. Wenn es sich um einen Raubmord handelt, sollen die Stadt und der Vorsteher eine Mine Silber seinen Angehörigen zahlen.« Zitiert nach *TUAT* I (R. BORGER).

[27] Es gibt möglicherweise eine Ausnahme: vgl. 18,1.

[28] *History of the Israelite Religion* (4 Bde; Ivrit) (Tel-Aviv 1937−1956) II 476.

dition aufbaut. Ob man sie wirklich beweisen kann, und ob die im Deuteronomium zitierten Gebete (21,7f; 26,3.5−10.13−15), insofern sie das Aussprechen von Gebeten bezeugen, Neuerungen einführen, unterliegt aber doch
großem Zweifel. Daß die konkreten Gebetstexte deuteronomistische Theologie verraten und deuteronomistische Sprachgestalt zeigen, bedeutet ja nicht,
daß das Aussprechen von Gebeten selbst erst durch das Deuteronomium
eingeführt worden wäre. Und immer wieder fragt man sich, ob das Deuteronomium bei dem, was es nicht nennt, wirklich etwas abschaffen will, oder ob es
nur in seinen Zusammenhängen kein Interesse an einer Erwähnung hat.

Typisch für das methodische Problem scheint mir ausserhalb des Zusammen-
hangs der Opfergesetzgebung die Behandlung des Brachjahres durch WEIN-
FELD zu sein. Er interpretiert − im übrigen durchaus in Übereinstimmung mit
vielen Kommentatoren − 15,1f so, daß die eigentliche Ackerbrache nicht mehr
gilt und durch den Schuldenerlaß ersetzt wird: »It is not the ›release of land‹
that the deuteronomic law speaks of, but the ›release of debts‹. The sabbatical
year in Deuteronomy has only a social significance.« Deuteronomium, »by
ignoring the provision for land release, has divested the law of what, according
to predeuteronomic sources, was its original import«[29].

Aber muß man den Text wirklich so lesen? Strebt das Deuteronomium,
streben altorientalische Gesetze überhaupt Vollständigkeit an? Ich halte es für
wahrscheinlicher, daß 15,1 vom Brachjahr redet, daß es dessen Realisierung in
der Gestalt der Ackerbrache als selbstverständlich voraussetzt und daß dann
15,2 das hinzufügt, worauf allein es hier ankommt: »Und so lautet *eine*[30]
Bestimmung für die Brache.«[31] Damit wäre die Ackerbrache keineswegs abgeschafft. Sie wäre kurz erwähnt, um in ihren Zusammenhang dann das einzufüh-
ren, was das Deuteronomium interessiert. So dürfte es auch bei manchen
Regelungen im Opferwesen sein, soweit nicht die Frage der Opferzentralisierung betroffen ist[32].

Nach den mehr allgemeinen Betrachtungen über das Opfer im Deuteronomium kommt WEINFELD zu den einzelnen Bestimmungen. Kapitel 12 muß als

---

[29] WEINFELD, *Deuteronomy* 223.

[30] Zur Möglichkeit, daß in einer Konstruktus-Absolutus-Gruppe, in der der Absolutus
durch Artikel determiniert ist, der Konstruktus nicht mitdeterminiert wird, vgl. P. JOÜON,
Grammaire de l'hébreu biblique (Rom 1947) 139 a−c.

[31] Für diese Auffassung vgl. F. HORST, *Das Privilegrecht Jahwes (Rechtsgeschichtliche
Untersuchungen zum Deuteronomium)* (FRLANT 45; Göttingen 1930), nachgedruckt in:
DERS., *Gottes Recht. Studien zum Recht im Alten Testament* (THB 12; München 1961) 17−154,
hier: 79f.

[32] Wie oben schon erwähnt, wirft MILGROM, »Demythologization«, WEINFELD mehrfach
vor, er arbeite zu viel mit Argumenten *e silentio*. Solange historisch gearbeitet werden soll, ist
WEINFELDS Weise, aus Nichtnennungen von Sachverhalten auf deren Abschaffung durch das
Deuteronomium zu schließen, nicht vertretbar. Eine andere Frage wäre es, wenn nach der im
Deuteronomium entworfenen »Welt« gefragt würde. Bei dieser Frage kann Schweigen über
vorhandene Realitäten beredt sein.

Folge der Opferzentralisierung die nicht-kultische Schlachtung von Tieren einführen. Die Zentralisierung »freed a significant aspect of Israelite daily life from its ties to the cultus«[33]. Auch der »Zehnte« verliert an Sakralität. Er ist nicht »Jahwe heilig«, sondern bleibt im Besitz des Gebers und kann sogar in Geld umgetauscht werden. Also hängt keine Heiligkeit durch ein Tabu an der Sache selbst[34].

Auch das ist für das Deuteronomium wohl im ganzen richtig beobachtet[35]. Doch ist die Frage wiederum die, ob alles auf Säkularisierung hinausläuft. Eher wird ein neuer Heiligkeitszusammenhang eingeführt. WEINFELD hätte hier auf das deutende Gebet in 26,13−15 eingehen müssen. In ihm wird der Zusammenhang zwischen der Versorgung von Leviten, Fremden, Waisen und Witwen durch den Zehnten einerseits und Jahwes Segen für das Volk Israel und sein Land andererseits herausgestellt.

Noch deutlicher als beim Zehnten ist nach WEINFELD bei den Erstlingsopfern die Loslösung vom vorgegebenen Heiligkeitstabu erkennbar. Er spricht von einem Widerspruch zwischen Lev 27,26 und Dtn 15,19. Nach Lev 27,26 darf jemand Erstlinge von Tieren nicht »weihen« (לֹא יַקְדִּישׁ), da sie sich schon heilig sind. Nach Dtn 15,19 dagegen soll man sie weihen (תַּקְדִּישׁ).

Aber hier scheint mir WEINFELD etwas zu schnell vorauszusetzen, daß im Deuteronomium, wo es sich in 15,19 um den einzigen deuteronomischen Beleg von קדשׁ Hifil handelt, die Fachterminologie der Priesterschrift vorliegt, wie sie gerade vor Lev 27,26 in 27,14−22 breit entfaltet worden ist. An sich muß, gerade in älterer Zeit, קדשׁ Hifil nicht notwendig kausativ »darbringen« oder faktitiv »weihen« bedeuten, es kann auch ästimativen Sinn »als heilig betrachten« haben, vgl. Jes 8,13; 29,23; Num 20,12[36]. Nimmt man hier hinzu, daß in Lev 27 diese Weiheterminologie gerade in einem Anhang zu dem offenbar schon abgeschlossenen und nicht mehr erweiterbaren Heiligkeitsgesetz entwikkelt wurde[37], also sehr spät in der Pentateuchgeschichte, dann muß man eher

---

[33] WEINFELD, *Deuteronomy* 214. Wenn WEINFELD dann glaubt, auch eine Abwertung der sakralen Bedeutung des Bluts feststellen zu können, so steht und fällt das mit seiner Datierung des Heiligkeitsgesetzes.

[34] Ebd. 214f. Hier bin ich erstaunt, daß WEINFELD das stärkste denkbare Argument für seine These nicht erwähnt: Dtn 14,28f, das Gesetz über die Ablieferung des »Zehnten« in jedem dritten Jahr in den Städten im Land zugunsten der Leviten, Fremden, Waisen und Witwen. Denn in diesem Fall ist ja nun jede direkte Darbringung in einem Heiligtum beseitigt. Nur die nachträgliche Hineinnahme in ein Gebet im Zentralheiligtum, die 26,12−15 vorschreibt, verbindet noch mit dem kultischen Zentrum. Dieses Gebet ist dann allerdings für die Deutung des ganzen Sachverhalts – ob im neuen Sinne des Deuteronomiums sakral, ob profan – von höchster Bedeutung. Dazu sofort.

[35] MILGROM, »Demythologization« 157, belegt allerdings, daß es nicht zutrifft, »that P's tithe is inherently sacred«.

[36] Vgl. H.-P. Müller, Art. קדשׁ, in: *ThHWAT* II 589−609, hier: 592.

[37] K. ELLIGER, *Leviticus* (HAT 1,4; Tübingen 1966) 384, kommt für Lev 27,1−25, zu dem 27,26f nochmals einen Nachtrag darstellt, zur Annahme einer »relativ späten Entstehung, als die Zeit der intensiven und immer erneuten Bearbeitung und Interpolierung der alten Rechts-

damit rechnen, daß die in diesem Anhang strikt durchgeführte Fachsprache für Weihung in einer Periode, in der sich auch das Deuteronomium schon im Pentateuch befunden haben dürfte oder doch zumindest geltendes Recht war, sekundär zu einem rein verbalen Widerspruch zu Dtn 15,19 geführt hat. Er wurde bemerkt, und deshalb schien eine Sachklärung angebracht. Sie geschah durch die Hinzufügung von Lev 27,26, also in einem Nachtrag zum Nachtrag.

Doch selbst wenn man den angeblichen Gegensatz zwischen Dtn 15,19 und Lev 27,26 beiseite läßt, dürfte WEINFELD natürlich damit recht haben, daß das Deuteronomium nicht mit einer den erstgeborenen Tieren inhärenten Tabu-Heiligkeit rechnet[38], wie ältere Vorstellungen das getan haben werden und die priesterliche Gesetzgebung es durchgehalten hat. Daß die Erstlinge einfach zwischenzeitlich in Geld umgesetzt werden können (14,24−26), zeigt das[39]. Ferner, daß sie ebenso wie die Zehnten in der Verfügung des Spenders bleiben und nur ihre Verwendung am Zentralheiligtum festgelegt ist. Aber genau hier kommt dann wieder die Frage, ob das so etwas wie Säkularisierung bedeutet, oder nicht doch nur eine Veränderung des Verständnisses des Sakralen.

WEINFELD hält es ebenfalls für ein Zeichen der Absage an alte Sakralvorstellungen, daß das Deuteronomium nicht von der Jahwe heiligen menschlichen Erstgeburt und von der Erstgeburt von unreinen Tieren handelt. Doch hier fragt sich wieder, ob das Deuteronomium es darauf anlegt, vollständig zu sein, oder nicht vielmehr nur das behandelt, was seinen Intentionen dient. WEINFELD deutet eine solche Möglichkeit selbst an, und in einer Anmerkung gibt er eine andere, überzeugendere Begründung für das Schweigen von der menschlichen Erstgeburt, als es die angebliche Säkularisierungstendenz wäre.[40]

Auch im Paschaopfer, wie das Deuteronomium es anordnet, sieht Weinfeld den Abschied von Mythus und Magie. Die Einzelheiten des alten Ritus sind aufgegeben, das Opfer ist den anderen Festopfern am Zentralheiligtum voll angeglichen.

Auch das stimmt und stimmt nicht zugleich. War der Pascha-Ritus überhaupt ein »Opfer« und nicht vielmehr etwas wie ein »Sakrament«, und erst das Deuteronomium hat ihn zu einem eigentlichen »Opfer« am Zentralheiligtum

---

korpora bereits vorbei war und man lieber etwas Neues aus einem Guß schuf, das als Ganzes an die alten Sammlungen angehängt wurde.«

[38] Man sollte allerdings auch hier wieder nicht meinen, das Deuteronomium kenne so etwas grundsätzlich nicht. Vgl. Dtn 22,9.

[39] Ob IBN EZRAS Auslegung, der Umtausch zu Geld beziehe sich nur auf den Zehnten von Korn, Wein und Öl, und nicht auf die Erstlinge der Tiere, wirklich »obviously a harmonistic one« ist (215, Anm. 4), scheint mir gar nicht so sicher zu sein. Es heißt in 14,24 immerhin שאתו, d.h. es handelt sich um Gegenstände, die getragen werden müssen (die Tiere wurden ja wohl getrieben), und das Suffix ist maskulin.

[40] WEINFELD, *Deuteronomy* 216 Anm. 1: Er denkt an die Kinderopfer, die für das Deuteronomium ein echtes Problem darstellen.

gemacht? Dann läge hier eher so etwas wie stärkere »Sakralisierung« vor[41]. G.
BRAULIK hat überdies den deuteronomischen Unterschied der Pascha-Leidens-
gedächtnisfeier von den beiden durch hohe Freude gezeichneten Erntefesten
herausgearbeitet[42]. Es wird also keineswegs einfach zwischen den Festen nivel-
liert. Das ist eher beim späteren Heiligkeitsgesetz der Fall. Ob die nicht
genannten Einzelheiten des alten Pascharituals, soweit sie sich am Zentralheiligtum realisieren ließen, wirklich alle abgeschafft sein sollen, würde ich wieder
bezweifeln. Und wieder folgt aus allen Umbauten der Tradition nicht, daß
deshalb der Weg ins Weltliche, Unsakrale führt. Wohin führt er?

3. Das »Wallfahrtsschema« als neues Ritualgerüst

Ich möchte mich der Frage von der textlich-sprachlichen Seite her nähern. Das
Sakrale kann sich sprachlich in bestimmten Formen zeigen: in Ritualtexten. Sie
zeichnen sich durch feste Ablaufschemata mit oft ähnlichen Formulierungen
aus, in denen nur an bestimmten Stellen die jeweils nötigen Varianten eingesetzt sind. Mir scheint nun auf dieser sprachlichen Ebene ein Zeichen dafür
vorhanden zu sein, daß es dem Deuteronomium weiterhin um Sakralität geht.
Es kreiert nämlich gewissermaßen ein neues Ritual. Es handelt sich nicht um
das Ritual einzelner Opfer oder Zeremonien, sondern um das für das Deuteronomium entscheidende, alles überwölbende Ritual: die Wallfahrt zum Zentralheiligtum. Sie wird als ganze gewissermaßen im Stil eines Ritus präsentiert, in
ihrer Darstellung tritt so etwas wie Typik von Ritualsprache auf[43].

Ich möchte das Phänomen, das ich meine, als das »Wallfahrtsschema« bezeichnen. Es durchformt die Gesamtheit der deuteronomischen Zentralisationsgesetze und besitzt insofern für das deuteronomische Gesetz ein hohes
Gewicht. Es entwirft hier gewissermaßen das »neue Ritual«. Es ist ein umfas-
senderer Zusammenhang als einfach der Zusammenhang eines Opfers. Doch
da das Opfer im Zentrum steht, muß man, wenn man im Deuteronomium nach
dem Opfer fragt, notwendig darauf ausgreifen.

---

[41] Es werden alle opferbaren Tiere zugelassen, und die Tiere werden, wie es sich für ein
Mahlopfer gehört, nicht gebraten, sondern gekocht. Hinweis von A. MARX in der Diskussion.

[42] »Leidensgedächtnisfeier und Freudenfest. ›Volksliturgie‹ nach dem deuteronomischen
Festkalender (Dtn 16,1−7)«, jetzt in: DERS., *Studien zur Theologie des Deuteronomiums*
(SBAB 2; Stuttgart 1988) 95−121.

[43] Ich meine nicht, es handle sich um ein eigentliches »Festritual« und um Ritualtexte im
strengen Sinn. Es werden nur auf der Textebene Analogien zu Ritualtexten erzeugt, und das
mit großer Freiheit. Insofern fühle ich keinen Widerspruch zu BRAULIK, »Freude« 180 Anm.
78. Er spricht von einem redaktionellen »Textsystem«, in dem sich die deuteronomische
»Festtheorie« niederschlage. Es gebe auch viele »Gemeinsamkeiten im formelhaften Gebrauch und auch im Aufbau von Einzelelementen«. Doch lasse sich daraus kein »Festritual«
erschließen. Dem stimme ich zu. Trotzdem liegt eine textliche Realität vor, die Analogien zu
Ritualtexten hat. Auf sie möchte ich aufmerksam machen.

Es verbindet sich fest mit dem System der sogenannten Zentralisationsgesetze[44]. Sie lassen sich am leichtesten identifizieren durch die »Zentralisationsformel« (»die Stätte, die Jahwe, euer Gott, auswählt, indem er dort seinen Namen anbringt« o.ä.). Sie ist in Dtn 12−26 und Dtn 31, das man wegen 31,10−13 hinzunehmen muß, in 14 (= 2 x 7) Gesetzen insgesamt 21 mal (= 3 x 7) belegt. Ein Überblick:

Nr.	Formel	Nr.	Gesetz
1.	12,5	1. 12,4−7	Eine einzige Kultstätte
2.	12,11	2. 12,8−12	Zeitpunkt des Inkrafttretens
3.	12,14		
4.	18	3. 12,13−19	Opfer und Schlachtung
5.	12,21		
6.	26	4. 12,20−28	Blut bei Opfer und Schlachtung
7.	14,23		
8.	24		
9.	25	5. 14,22−27	Jährliche Abgaben am Heiligtum
10.	15,20	6. 15,19−23	Erstlinge des Viehs
11.	16,2		
12.	6		
13.	7	7. 16,1−8	Frühlingsfest
14.	16,11	8. 16,9−12	Wochenfest
15.	16,15	9. 16,13−15	Laubhüttenfest
16.	16,16	10. 16,16f	Die drei Wallfahrten
17.	17,8		
18.	10	11. 17,8−13	Gericht am Zentralort
19.	18,6	12. 18,1−8	Einkünfte der Priester
20.	26,2	13. 26,1−11	Darbringung der Erstlingsfrüchte
21.	31,11	14. 31,10−13	Gesetzesverlesung im Sabbatjahr

Die Zentralisationsformel ist in den meisten Fällen der Kristallisationspunkt, um den herum das »Wallfahrtsschema« sich mehr oder weniger sichtbar entfaltet. Es ist eine semantisch identifizierbare, zum Teil auch in identischen Verben oder Verbalphrasen hervortretende feste Handlungsabfolge, aus der die betreffenden Gesetze oder Teile derselben konstruiert sind, wobei eine mehr oder weniger große Zahl von Elementen aufgenommen wird. Auch hier scheint die Zahl 21 als Gesamtzahl der Vorkommen intendiert zu sein, wenn der Sachverhalt auch nicht ganz sicher ist. Ich gebe zunächst eine Übersicht über die Verbalreihen, geordnet nach den in der obigen Übersicht durchnumerierten Zentralisationsgesetzen:

1.	דרשׁ	fragen, suchen, aufsuchen
	בוא	ankommen
	בוא Hif	bringen, darbieten
	אכל	essen, Festmahlzeit halten

---

[44] Vgl. zum folgenden Lohfink, »Zentralisationsformel«.

	שׂמח	fröhlich sein
2.	בוא Hif	bringen, darbringen
	שׂמח	fröhlich sein
3. I	עלה עלת	Brandopfer verbrennen
	עשׂה	(nach allen Vorschriften) handeln
II	אכל	essen, Festmahlzeit halten
	שׂמח	fröhlich sein
	פן + עזב	nicht im Stich lassen
4.	נשׂא	aufladen
	בוא	ankommen
	עשׂה + עלת	Brandopfer darbringen
	שפך (הדם)	(Blut) ausgießen
	אכל	essen, Festmahlzeit halten
5. I	עשׂר	verzehnten/auftischen
	אכל	essen, Festmahlzeit halten
	למד ליראה	lernen, zu fürchten
II	נתן בכסף	für Silber/Geld verkaufen
	צור ביד	eingewickelt in der Hand tragen[45]
	הלך	gehen, ziehen
	נתן הכסף ב	für Silber/Geld kaufen
	אכל	essen, Festmahlzeit halten
	שׂמח	fröhlich sein
	לא עזב	nicht im Stich lassen
6.	אכל לפני יהוה	essen, Festmahlzeit halten vor Jahwe
7. I	עשׂה פסח	das Pascha begehen
	זבח פסח	als Paschaopfer schlachten
	לא אכל	nicht essen
	אכל	essen
	זכר	gedenken
	לא לין	nicht über Nacht bleiben
II	זבח פסח	das Paschaopfer schlachten
III	בשׁל Piel	kochen
	אכל	essen
	הלך לאהלים	in die Zelte/nach Hause zurückkehren
8.	עשׂה חג	Fest feiern
	נתן נדבת יד)	freiwillige Gabe darbringen)
	שׂמח	fröhlich sein
	זכר	gedenken
	שׁמר	darauf achten
	עשׂה חקים	Gesetze halten
9.	עשׂה חג	Fest feiern
	שׂמח	fröhlich sein
	חגג	Fest feiern
	היה שׂמח	fröhlich sein
10.	ראה פני יהוה	das Angesicht Jahwes schauen

---

[45] Oder: als Besitz zusammenbinden.

11.		קום	sich erheben, sich aufmachen
		עלה	hinaufziehen
		בוא	ankommen, vor jemand treten
		דרש	ermitteln
		יגד Hif	verkünden
		עשׂה	sich daran halten, tun
		שׁמר	darauf achten
		עשׂה	halten, tun
		עשׂה על־פי	handeln gemäß
		לא סור מן	nicht abweichen
12.		בוא	kommen, ankommen
		בוא	kommen, ankommen
		שׁרת Piel	Dienst tun
		אכל	essen, sich ernähren
13.	I	לקח	nehmen
		שׂים בתנא	in einen Korb legen
		הלך	gehen, ziehen
		בוא	vor jemand treten
		אמר	sagen
		לקח	nehmen
		נוח Hif	hinstellen
	II	ענה	anheben, bekennen
		אמר	sagen
		נוח Hif	hinstellen
		חוה Hišt	sich niederwerfen
		שׂמח	fröhlich sein
14.	I	בוא	kommen, zusammenkommen
		ראה פני יהוה	das Angesicht Jahwes schauen
		קרא באזן	feierlich, drängend verkünden
	II	קהל Hif	versammeln
		שׁמע	hören
		למד	lernen
		ירא	fürchten
		שׁמר	darauf achten
		עשׂה	halten, tun
	III	שׁמע	hören
		למד	lernen
		ירא	fürchten

Die Übersicht[46] zeigt wohl, daß immer mehr oder weniger ausführlich aus

---

[46] Zu dem hier bearbeiteten Material könnte man eventuell noch Dtn 27,1–8 stellen (»Brandopfer verbrennen«, »essen«, »vor Jahwe fröhlich sein«). Das Schema ist an dieser Stelle jedoch nicht auf das deuteronomische Zentralheiligtum bezogen. Es geht um den Altar auf dem Garizim, der für eine einmalige Handlung nach der Landnahme errichtet wird und auch nur wegen der in der Nähe stehenden Gesetzesstele wichtig sein soll. Die Formulierungen setzen natürlich das Wallfahrts- und Festschema des Deuteronomiums voraus. Es handelt sich um eine späte, gar nicht mehr recht in die Buchstruktur eingepaßte Erweiterung.

dem Fundus eines zugrundeliegenden Schemas geschöpft wird. Die Aktionen zu Hause vor der Wallfahrt und der Zug zum Heiligtum selbst werden nur in einem Teil der Texte ausdrücklich gemacht. Die Tätigkeiten am Heiligtum wechseln entsprechend dem Thema des jeweiligen Gesetzes. Insofern ist auch nicht immer von Opfern und Mahlfeiern die Rede. Doch um des Gesamteindrucks willen wäre es falsch gewesen, nur die dafür in Frage kommenden Texte auszuwählen. Alles mündet fast immer in »essen« und/oder »fröhlich sein«. Die Heimkehr wird nicht explizit gemacht. Doch werden einigemale paränetische Ausblicke auf das Verhalten in der Folgezeit unmittelbar mit den Handlungen am Heiligtum verbunden.

Der Befund läßt sich vielleicht noch weiter auswerten, wenn man eine von den konkreten Einzelformulierungen abstrahierende Übersicht macht. Dabei läßt sich einiges nicht von den Verben allein her Erfaßbare noch mit einbeziehen, vor allem, ob bei der Festfeier Israeliten, die nicht über Grundbesitz verfügen, durch die feiernden Familien miteingeladen sind. In Frage kommen Sklaven, Leviten, Fremde, Waisen und Witwen[46a].

Nr.	Thema	A	B	C	D	E	F	G
1	*Einzige Kultstätte*		+	+	+	+		
2	*Inkrafttreten*			+		+	+	
3	*Opfer-Schlachtung*			+				
					+	+	+	
4	*Blut*	+	+	+	+			
5	*Jährliche Abgaben*			+	+			+
					+	+	+	
6	*Erstlinge des Viehs*			+				
7	*Frühlingsfest*			+	+			+
				+				
				+	+			
8	*Wochenfest*			+		+	+	+
9	*Laubhüttenfest*			+		+	+	+
10	*Drei Wallfahrten*			+				
11	*Zentralgericht*	+	+	+				+
12	*Priestereinkünfte*		+	+	+			
13	*Erstlingsfrüchte*	+	+	+				
				+		+	+	
14	*Gesetzesverlesung*		+	+				
				+				+
								+

[46a] Schlüssel:

A Daheim   E Fröhlichsein
B Auf dem Hinzug   F Teilnahme verschiedener Personengruppen
C Tun am Heiligtum   G Paränese
D Essen

Die verschiedenen Handlungen am Zentralheiligtum habe ich als »Tun« zusammengefaßt. Nur das Essen, die Freude, die Gegenwart von Mitisraeliten ohne Grundbesitz und das Vorhandensein von paränetischen Elementen habe ich eigenen Spalten zugeordnet.

Die Gesetze, in denen die Opferthematik vorkommt, sind bei der Inhaltsangabe kursiv gedruckt. Das Opfer fehlt – von der Thematik her notwendigerweise – bei zwei Gesetzen: dem über das Zentralgericht und dem über die Gesetzesverlesung im Sabbatjahr. Hier fehlen natürlich auch die Themen »Festmahl«, »Fröhlichkeit« und »Teilnahme von grundbesitzlosen Nichtisraeliten«.

Unerwähnt bleibt das Opfer eigentümlicherweise aber auch beim Laubhüttenfest. Irgendwie ist es dort sicher beim Thema »Fröhlichkeit« impliziert. Die Freude gehört ja innerhalb des hier untersuchten Schemas zum Festmahl, das sich aus dem Opfer entwickelt. Doch könnten noch andere Gründe vorliegen.

Bei den Festen des 16. Kapitels tritt nämlich deutlich der Unterschied zwischen dem Frühlingsfest und den beiden Erntefesten hervor. Beim Frühlingsfest ist zwar vom Essen, nicht aber von Fröhlichkeit und Teilhabe der Mitisraeliten ohne Grundbesitz an den Mahlzeiten die Rede. Bei den beiden Erntefesten wird das Essen nicht erwähnt, beim Laubhüttenfest nicht einmal ein Opfer, doch wird die Fröhlichkeit und die Teilnahme der Mitisraeliten ohne Grundbesitz unterstrichen. Die Nullaussagen bei den Erntefesten können daher nicht so erklärt werden, als solle es bei den beiden Erntefesten keine Festmähler geben, ja beim Laubhüttenfest nicht einmal Opfer. Viele zeitlich nicht festgesetzte Opfer aus anderen Gesetzen werden sogar faktisch beim Laubhüttenfest anzusetzen sein, und die Fröhlichkeit und Teilnahme aller setzt zweifellos große Festmähler voraus. Vermutlich soll einfach auf der sprachlichen Ebene der Unterschied zwischen der Paschafeier und den Erntefesten möglichst deutlich herausgearbeitet werden. G. BRAULIK, der diesen ganzen Sachverhalt am gründlichsten untersucht hat, rechnet auch noch mit einer sprachlichen Absetzung von orgiastischen kanaanäischen Festformen[47].

Freude und Teilnahme grundbesitzloser Mitisraeliten fehlen dann nur noch im Gesetz über die Priestereinkünfte. Auch das ist sachgemäß. Hier werden nicht die Opferfeiern als solche ins Auge gefaßt, sondern nur der priesterliche Opferanteil. Das ist natürlich der Anteil, der gerade nicht beim Festmahl gemeinsam verzehrt wird.

Nach dieser Klärung der Sonderfälle ist wohl deutlich: Die Übersicht erweist die Elemente »Festmahl«, »Festfreude« und »Teilnahme aller, auch der Mitisraeliten ohne Grundbesitz, an den Mahlgemeinschaften« als die typischen und entscheidenden des ganzen Wallfahrtsschemas. Hier gipfeln die meisten dieser Gesetze. Wenn die 14 Gesetze auch jeweils irgendeine Einzelregelung bringen, so haben sie insgesamt doch eine durch die Rhetorik des Wallfahrtsschemas ausgedrückte gemeinsame Botschaft: Israel soll an seinem Zentralheiligtum als

---

[47] Vgl. hierzu BRAULIK, »Leidensgedächtnisfeier«, und DERS., »Freude«.

ganzes bei festlichem Opfermahl zur reinen Freude vor seinem Gott gelangen. Das scheint für das Deuteronomium das Wesen des Opfers zu sein.

Ich nehme das als eine in sich stehende, objektiv gemeinte Aussage. Doch schließt das nicht aus, daß zumindest in der Ursprungssituation des Deuteronomiums zugleich eine andere, fast apologetische Absicht mitspielte.

Es muß ja Widerstand gegen eine solche revolutionäre Aktion gegeben haben, wie die Opferzentralisation sie darstellte. Wenn man den Menschen ihre lokalen und regionalen Opferfeiern nahm, bei denen sie bisher die Höhepunkte ihres Lebens und den Gipfel ihrer Freude erlebt hatten, dann müssen sie das zunächst als Beraubung und Beeinträchtigung empfunden haben. Demgegenüber stellte das Deuteronomium gerade mit den Mitteln des Wallfahrtsschemas heraus: Nein, umgekehrt, jetzt wird Israel in Jerusalem erst die volle Freude geschenkt. Denn dort ist jetzt ganz Israel zur Freude des Festes an einem einzigen Ort beisammen.

Vielleicht hat man deshalb in den meisten Gesetzen das Element des Weges und des Zuges nicht besonders erwähnt – es wäre ein Hinweis auf eine Mühe und Last gewesen, die die neue Regelung mit sich brachte. Jedenfalls dürften auch aus anderen, literarkritischen Gründen diejenigen Gesetze, in denen Weg und Zug erwähnt werden, eher späteren Schichten zuzuordnen sein.

Der Sachverhalt wird noch durch ein weiteres sprachliches Phänomen deutlich: den Gebrauch von לפני יהוה (אלהיך). Der Ausdruck bezeichnet in P bekanntlich vor allem das Innere des Heiligtums im Zusammenhang mit kultischen Handlungen. Im Deuteronomium begegnet er insgesamt 23 mal, und zwar zunächst 3 mal in Erscheinungszusammenhang (4,10; 9,18.25), dann vermutlich 6 mal im gewohnten Sinn für das Heiligtum, die Lade oder zumindest die sakrale Versammlung (1,45; 10,8; 18,7; 19,17; 29,9.14 – im einzelnen wäre gerade hier viel zu diskutieren), und 3 mal in eher übertragen-vergeistigtem Sinn (6,25; 24,4.13). Entscheidend sind aber die 14 Belege, die sich in unserer Gesetzesgruppe finden. Hier »hält man Festmahl vor Jahwe« (12,7.18; 14,23.26; 15,20; auch 27,7), »ist fröhlich vor Jahwe« (12,12.18; 16,11; auch 27,7) oder vollzieht, Gebete sprechend und niederfallend, die Riten von Dtn 26 »vor Jahwe« (26,5.10.13).

Dieser Sprachgebrauch ist im Deuteronomium entwickelt worden[48]. Die Gegenwart Jahwes ist durchaus mit dem Heiligtum – jetzt also allein dem Zentralheiligtum – verbunden. Aber verdichtet wird sie jetzt nicht mehr erfahren, wenn die Opferriten am Altar vollzogen werden, sondern in der Aufrichtigkeit der nach der Darbringung zu sprechenden Gebete und in der Freude des sich aus dem Opfer erst ergebenden gemeinsamen Festmahls[49].

---

[48] Vgl. BRAULIK, »Freude« 212.

[49] J. REINDL, *Das Angesicht Gottes im Sprachgebrauch des Alten Testaments* (EThSt 25; Leipzig 1970) 33, bietet eine Tabelle, nach der im Deuteronomium der Ausdruck 22 mal vorkäme, und zwar 8 mal als kultischer *terminus technicus*, 12 mal als von daher übertragener Ausdruck für religiöse Handlung oder Haltung, und 2 mal als übertragener Ausdruck für Urteil oder Ratschluß Gottes. Den Zahlen sind keine Belegangaben beigegeben, erst recht

Angesichts dieses Ergebnisses wird nun aber ein Sachverhalt wichtig, der bisher nur immer wie beiläufig mitgeführt wurde: die Angaben über die Personengruppen, die an den festlichen und fröhlichen Opfermählern vor Jahwe teilnehmen.

4. Die symbolische Realisierung der Einheit Israels im Fest

In den untersuchten Opfergesetzen werden immer wieder Personengruppen aufgezählt, die an den Festmählern der israelitischen Familien im Zentralheiligtum teilnehmen sollen. Gewöhnlich spricht man in der Literatur von den »Armen«, die eingeladen werden sollen. An diesen Sprachgebrauch habe ich mich gehalten, solange ich über Weinfeld referierte und mich mit ihm auseinandersetzte. Im letzten Abschnitt, wo ich eigene Untersuchungen vorlegte, habe ich diese Sprachregelung nicht weitergeführt, sondern von jenen Mitisraeliten gesprochen, die nicht über eigenen Grundbesitz verfügen. Das scheint mir die korrekte Ausdrucksweise zu sein. Doch ich muß sie zunächst, wenn auch äußerst knapp[50], rechtfertigen.

Das Deuteronomium hat einen genau durchdachten Gebrauch der hebräischen Armentermini. Es benutzt sie nur in Gesetzen, die den Verschuldungsprozeß und seine Folgen regeln. Die Verschuldung konnte vor allem einen Bauern ergreifen und brachte ihn unter Umständen bis in den Zustand der Schuldsklaverei. In diesem Zusammenhang kennt das Deuteronomium die Armut, und es ist unglaublich energisch in der Anweisung, ihr entgegenzuarbeiten.

Dagegen werden die Personengruppen, die zum Fest geladen werden, niemals mit einem der Wörter für »Arme« charakerisiert. Sie sind für das Deuteronomium offenbar keine »Armen«. Sie sind Menschen, die aus diesem oder jenem Grunde nicht aus eigenem Acker und Boden leben können und deshalb in Israel auf eine andere Weise normal versorgt werden müssen.

Die bisherige Deuteronomiumsauslegung hat diese Gruppen wohl vor allem deshalb spontan und ohne nähere Prüfung als Gruppen von »Armen« interpretiert, weil die »Witwen und Waisen« im ganzen alten Orient und auch sonst in der Bibel die typischen *personae miserae* sind und der Fremde (גר) sich schon im Bundesbuch zu ihnen gesellt hatte.

Am folgenreichsten war die Tatsache, daß man konsequenterweise dann für die deuteronomische Zeit auch die Leviten als heruntergekommene und verarmte Bevölkerungsgruppe betrachten mußte. Es gibt dafür jedoch meines Wissens kein anderes Zeugnis. Das Deuteronomium rechnet einfach damit, daß ein normaler Bürger von

---

nicht Begründungen für die Zuordnung der Stellen. Ich kann diesen Zahlenangaben, ja schon der Klassifizierung, von meiner Analyse der Texte her nicht zustimmen.

[50] Ausführlicher vgl. N. Lohfink, »Das deuteronomische Gesetz in der Endgestalt – Entwurf einer Gesellschaft ohne marginale Gruppen«, *BN* 51 (1990) 25–40.

seinem Grundbesitz lebt. Das ist den Leviten aus kultischen, in Israel äußerst ehrenhaften Gründen verwehrt, und deshalb muß für ihre normale Versorgung Vorsorge getroffen werden. Das ist alles.

Für diese Gruppen konstruiert das deuteronomische Gesetz ein vollausgebautes Versorgungssystem. Es wird in einer Gruppe von 14 (= 2 x 7) Gesetzen geregelt, die sich zum Teil mit den Gesetzen, die wir bisher analysiert haben, überschneiden. Ich nenne sie jetzt die »Gesetze über das Versorgungssystem«.

Zunächst ein Überblick, der die Gesetze auflistet und zugleich angibt, welche Gruppen jeweils berücksichtigt sind. Ein »Z« in der ersten Spalte weist darauf hin, daß es sich um eines der bisher behandelten Zentralisationsgesetze handelt.

			Sklave	Levit	Fremder	Waise	Witwe
	5,14	Sabbat	x		x		
Z	12,7	Opfer	(Haus)				
Z	12	Opfer	x	x			
Z	18	Z., E.-T.	x	x			
Z	14,26f	Zehnter	(Haus)	x			
	29	Z., 3.J.		x	x	x	x
Z	15,20	Erst.-T.	(Haus)				
Z	16,11	Wochenf.	x	x	x	x	x
Z	14	Herbstf.	x	x	x	x	x
	24,19	Ernte			x	x	x
	20	Ernte			x	x	x
	21	Ernte			x	x	x
Z	26,11	E.-Frü.	(Haus)	x	x		
Z	12f	Z., 3.J.		x	x	x	x

Nicht alle Zentralisationsgesetze gehören also zu den Gesetzen über das Versorgungssystem. Umgekehrt gibt es 5 Versorgungsgesetze, die nichts mit dem Zentralheiligtum und dortigen Opfern zu tun haben.

Da ist das Sabbatgesetz. Der Sabbat wurde natürlich zu Hause gefeiert. Im übrigen aber kommt an ihm in engerer zeitlicher Folge, als sie die drei Jahresfeste herstellen können, am Wohnort eine analoge Realität wie bei den Wallfahrtsfesten selbst zustande: das in Aufhebung aller sozialer Schranken gemeinsam feiernde Gottesvolk.

Dann sind da die drei Gesetze über die Ernte in Kap. 24. Von der Natur der Sache her spielen auch sie am Wohnort.

Am interessantesten ist das Gesetz von 14,28f. Es behandelt den Zehnten, der in jedem dritten Jahr nicht ans Zentralheiligtum gebracht werden darf, sondern in den Ortschaften für die zu versorgenden Gruppen abgeliefert werden muß. Ich hatte oben schon erwähnt, daß WEINFELD dieses Gesetz, das vielleicht noch am ehesten seine Säkularisierungsthese hätte stützen können, offenbar übersehen hat. Es kann seine These allerdings letztlich doch nicht stützen. Denn die anderen Gesetze über das Versorgungssystem zeigen, daß die »Versorgung« dieser Gruppen, also der Leviten, Fremden, Waisen und Witwen[51], keineswegs nur in der adäquaten Beschaffung ihres materiellen Lebensunterhalts bestand, sondern vor allem auch in ihrer vollen und gleichberechtigten Teilnahme an der Freude Israels.

Wenn sich das Zentrum der Jahwenähe auf das Opfermahl und seine Freude verlagert, und wenn andererseits diese Vollzüge an die zum Zentralheiligtum gezogenen, aus ihrem Grundbesitz lebenden und gesegneten Familien gebunden sind, dann will das Deuteronomium, daß im Augenblick des Festes die anderen, nicht mit und aus eigenem Grundbesitz gesegneten Gruppen Israels voll in diese Freude integriert sind. Deshalb die Überschneidung der Zentralisationsgesetze und der Versorgungsgesetze – wobei die Teilnehmer durchaus nach den jeweiligen Umständen differenziert bestimmt werden.

Worauf es in diesem Zusammenhang allein ankommt, ist: Das deuteronomische Israel wird als eine Gesellschaft definiert, in der es keine Armen gibt (15,4) und alle letztlich gleichberechtigt sind[52]. Und das drückt sich vor allem dann aus, wenn sich die Höhepunkte des Lebens Israels ereignen: bei den Opfermahlen an Israels Festen. In jeder der fröhlichen Mahlgemeinschaften im Zentralheiligtum ist Israel gewissermaßen in seinem Wesen dargestellt. Alle Glieder Israels sind beisammen, ohne daß es einen sozialen Unterschied gäbe. Alle sind voller Freude. Genau in diesem Augenblick sind sie »vor Jahwe, deinem Gott«. Nirgendwann und nirgendwo kann Israel dichter es selbst sein.

Dazu ist es berufen. Wenn es hier versagt, trifft es der Fluch. In 28,47f wird die Abfolge der Feste »essen – fröhlich sein (שׂמח – אכל)« nochmals um ein Glied gesteigert: Weil du dieses Ideal des festlichen Israel nicht verwirklicht hast, weil du nämlich »Jahwe, deinem Gott, nicht gedient hast (לא־עבדת) – in Fröhlichkeit und hochgestimmtem Geist (בשׂמחה ובטוב לבב), aus der Fülle von allem (מרב כל) –, deshalb wirst du deinen Feinden dienen, die Jahwe immer wieder[53] gegen dich ausschickt – in Hunger und Durst und Nacktheit und Mangel an allem (ובחסר כל).« In einer zweifellos mit diesem Vers zusammenhängenden Bemerkung in 1 Kön 8,66 wird ein Augenblick in der Geschichte Israels markiert, wo dieses Wunder Wirklichkeit geworden war. Nach der zweimal sieben Tage dauernden, von riesigen Festmählern durchzogenen Tempeleinweihung kehrten die Israeliten nach Hause zurück: »fröhlich und hochgestimmten Geistes (שׂמחים וטובי לב) wegen all des Glücks (על כל־

---

[51] Dazu unter gewisser Rücksicht noch der Sklaven.

[52] Vgl. die Bruder-Terminologie. Dazu L. PERLITT, »›Ein einzig Volk von Brüdern‹. Zur deuteronomischen Herkunft der biblischen Bezeichnung ›Bruder‹«, in: *Kirche* (FS G. BORNKAMM; hg. v. D. LÜHRMANN und G. STRECKER; Tübingen 1980) 27–52.

[53] Das singularische enklitische Personalpronomen in ישלחנו muß nach dem pluralischen איביך distributiv verstanden werden, und das löst man dann am besten in der Zeitdimension, also iterativ, auf.

הטובה), das Jahwe an David, seinem Diener (עבדו), und Israel, seinem Volk, gewirkt hatte.«

Diese Wirklichkeit ist für das Deuteronomium das eigentliche Sacrum. Vom bisherigen, gewissermaßen archaisch-kultischen Verständnis des Sacrum her gesehen mag das, was das Deuteronomium entwickelt, wie eine Auflösung des Sakralen erscheinen. Für das Deuteronomium selbst ist es die Überführung der gesamten Welt-Wirklichkeit der Gesellschaft »Israel« ins Sakrale hinein.

5. Israel gegenüber den Völkern als das neue Sacrum

Der Umdeutungsvorgang spiegelt sich in der deuteronomischen Theologie darin, daß Israel selbst, und zwar ganz Israel, als »heilig« bezeichnet wird. Nicht mehr die Priester sind heilig, das ganze Volk ist es.

Die Aussagen sind bekannt. Sie umrahmen das Gesetz. In 7,6 und in 26,19 wird Israel als »Jahwe, deinem Gott heiliges Volk« bezeichnet[54]. Nun heißt »Heiligkeit« immer Ausgrenzung eines Teilbereichs aus einem größeren Bereich, der dadurch zum »Profanen« wird. Dies ist auch hier so gemeint. Israel als ganzes ist »heilig« in Abhebung von den Völkern der Erde. Deshalb folgt in 7,6 die Parallelaussage über das heilige Volk Israel als עם סגלה מכל העמים אשר על־פני האדמה. In 26,18f ist diese Ergänzungsformulierung aufgespalten in zwei Aussagen: לתתך עליון על כל־הגוים אשר עשה und להיות לו לעם סגלה. In den beiden Texten wird also ein Gesamtsystem von Heilig-Profan entworfen, das sich über alle Völker auf der Erde erstreckt und innerhalb dessen das im Fest zu seiner vollen Wirklichkeit kommende Israel das Sacrum konstituiert.

Nun ist wichtig, daß diese Doppelaussage über Israel als »Jahwe heiliges Volk« innerhalb der gesamten Völkerwelt bald nach Dtn 12 und kompositorisch fest mit Dtn 12 verbunden[55] auch noch einmal auf der Ebene kleinerer Einheiten einen Abschnitt des Gesetzes rahmt: 14,1−21, die Bestimmungen über Trauer-, Speise- und Speisezubereitungsdifferenzen. In 14,2 steht die volle Doppelaussage aus 7,6, in 14,21 kehrt rahmend das erste Glied wieder (»Jahwe heiliges Volk«). Durch die Bestimmungen von 14,1−21 wird das

---

[54] 28,9 macht diese nach den beiden anderen Stellen von Jahwe ohne jede Vorleistung gesetzte und feierlich beschworene Wirklichkeit unter der Rücksicht der Dauer zugleich noch einmal zur Segenszusage, die unter der Bedingung des Gehorsams steht. Das widerspricht sich im deuteronomischen Denken nicht.

[55] G. BRAULIK, *Die deuteronomischen Gesetze und der Dekalog. Studien zum Aufbau von Deuteronomium 12−26* (SBS 145; Stuttgart 1991) 34: »Wie die drei Gesetze 13,2−19, so hängen auch die drei Gesetze 14,1−21 an 12,29−31, dem Verbot von Riten, mit denen die Völker Kanaans ihre Götter verehren. 13,2−19 hat zunächst das Motiv ›Götter der Völker‹ aufgenommen und von der ausschließlichen Bindung Israels an seinen Gott gehandelt. 14,1−21 greift das Motiv ›Riten anderer Völker‹ auf und behandelt Israels Ablehnung der rituellen Muster der Völker und der in ihnen steckenden Symbolik.« BRAULIK zeigt dann im einzelnen die Stichwortbeziehungen auf.

Sacrum, das durch die Opfergesetzgebung von Dtn 12 gewissermaßen in Kno-
tenpunkten der Zeit und an einem einzigen Ort zusammengezogen war, nun
doch in einer mit dem Essen am Heiligtum durchaus zusammenhängenden
Dimension auf die gesamte Zeit und auf das ganze Land ausgedehnt. Der
Ansatz dazu war schon in 12,13—28 gegeben: in der Unterscheidung der
Schlachtung am Heiligtum und der ebenso erlaubten Schlachtung in den Ortschaften. Im Blick auf diese werden besondere Bestimmungen für die Behandlung des Blutes gegeben. Dabei fällt zweimal das Wort »unrein« (טמא:
12,15.22). Es ist dann in 14,1—21 Leitwort (14,7.8.10.19). Für das Deutero-
mium ist es in diesem Zusammenhang typisch, daß es das Thema der Reinheit
für das Gesamtvolk ausführt, dagegen keine besonderen Reinheitsvorschriften
für die Priester entfaltet[56]. Die »Reinheit« ist Darstellung der »Heiligkeit«, und
diese zieht nicht eine Grenzmauer innerhalb Israels, sondern scheidet zwischen
Israel und dem Rest der Völker.

Man spricht im Blick auf die Opfergesetzgebung von Dtn 12 oft von der
Einführung der »Profanschlachtung«. Dies ist aus der Sicht der vordeuterono-
mischen Auffassung des Sakralen formuliert. Im Sinne des Deuteroniums wird
nichts ins Profane entlassen[57]. Der Schwerpunkt des Sakralen ist nur verlagert.
Es konzentriert sich im festlich sich selbst als Jahwevolk vollziehenden Israel.
Doch das bedeutet zugleich eher noch eine Ausweitung des Bereichs des
Sakralen. Irgendwie gibt es in Israel nun nichts mehr, was nicht heilig wäre.

Das läßt sich von sprachlichen Hinweisen her entfalten. Ich möchte diese
Entfaltungsmöglichkeiten zumindest andeuten. Das Vokabular des Sakralen
ist im Deuteronomium auch noch durch andere Lexeme als קדוש repräsentiert.
Untersucht man ihr Vorkommen, dann zeigt sich: Einerseits haftet Israels
Gesamtheiligkeit auch an Israels ganzem »Land«, andererseits kann sich die
Sakralität Israels auch noch an anderen Stellen als beim Fest im Zentralheilig-
tum verdichten, nämlich in der »Jahweversammlung« und im »Heerlager«.

Daß das Land, das Jahwe Israel in Erfüllung seines Schwurs an die Patriar-
chen schenkt, ein »heiliges« Land ist, wird schon in Dtn 7 deutlich, wo Israel als
»Jahwe heiliges Volk« bezeichnet wird. Denn dieses Kapitel steht als ganzes

---

[56] In 24,8 wird deutlich, daß es mit einem Fachwissen der levitischen Priester bezüglich
Rein und Unrein rechnet. Es verweist sogar darauf. Aber auch hier geht es um Rein und
Unrein bezüglich aller, nicht bezüglich einer noch einmal in Israel gegenüber dem Rest Israels
als speziell sakral zu betrachtenden priesterlichen Gruppe.

[57] J. MILGROM, »Profane Slaughter and a Formulaic Key to the Composition of Deuteronomy« *HUCA* 47 (1976) 1—17, hat gezeigt, wie schwierig eine Annahme schon von verwende-
ten Lexem זבח her wäre. Die Belege in Dtn 12,15.21 wären die einzigen Fälle, in denen זבח
nicht »a cultic term« wäre (2). MILGROM bietet eine ingeniöse Lösung des Problems an:
Deuteronomisches זבח entspreche dem שחט der priesterlichen Sprache, weil dort זבח auf die
Darbringung des זבח-Opfers eingegrenzt sei. Von שחט her aber sei klar, was זבח in Dtn
12,15.21 meine. Es schreibe Tötung des Tieres durch »Schächten« vor. Das wäre aber
durchaus noch eine Einschränkung mit sakralisierendem Charakter. MILGROMS Lösung deckt
sich mit der jüdischen Auslegungstradition. Ich muß auf die Frage hier nicht weiter eingehen.

unter dem Einleitungssatz: »Wenn Jahwe, dein Gott, dich in das Land geführt hat, in das du jetzt hineinziehst, um es in Besitz zu nehmen« (7,1). Die Heiligkeitsaussage selbst ist die Begründung für die Anordnung, in dem Land alle heidnischen Altäre, Kultpfähle und Götterbilder zu vernichten (7,5). Dieses Thema wird zum Abschluß des Kapitels nochmals und radikalisierend aufgegriffen, wobei der Begriff der תועבת יהוה אלהיך eingeführt wird (7,25f). Dieser Begriff ist, wie sich hier klar zeigt, im Deuteronomium ein negativer Sakral-Begriff[58]. Er meint mehr als Unziemlichkeit, Durchbrechung der Etikette, Ekelerregendes. Das Gebot zur Reinigung des Landes von falschen Kultstätten aus 7,5 kehrt wieder in 12,2f[59] und löst dort die Gesetze über die Opferzentralisation aus. Diese steht also in einem engen Sinnzusammenhang mit einem von jedem heidnischen Kult gereinigten Land.

Wieder ist das Land der Raum, in dem das Gesetz über Mord durch Unbekannt wichtig wird (21,1–9, vgl. den Anfang in 21,1). Ich habe schon erwähnt, daß das Wort כפר »entsühnen« im ganzen deuteronomischen Gesetz allein in 21,8 vorkommt. Sein Gebrauch hier zeigt an, daß es um Sakralität geht – doch zugleich schlägt in diesem Gesetz, das die Entsühnung ohne »Opfer« im eigentlichen Sinn vollzieht, die neue, deuteronomische Konzeption der Heiligkeit durch.

Im Gesetz über die Bestattung Hingerichteter am Tag der Hinrichtung selbst (21,22f) geht es wieder um die Reinheit des Landes (21,23 ולא תטמא את־האדמה אשר יהוה אלהיך נתן לך נחלה).

Instruktiv ist in dem Verbot der Wiederheirat einer durch Initiative des Mannes entlassenen Frau durch den gleichen Mann zunächst einmal die Einordnung einer solchen Handlungsweise als תועבה לפני יהוה (24,4). Noch eigentümlicher aber ist der hergestellte Begründungszusammenhang: »... sodaß sie ihm zur Gattin würde, nachdem sie für ihn zur טמאה geworden war – denn das wäre תועבה לפני יהוה, und du sollst doch nicht in Sündenzustand bringen (ולא תחטיא) das Land, das Jahwe, dein Gott, dir als Erbbesitz zu geben im Begriffe ist« (24,4). Hier ist durch Ehescheidung eine Rein-Unrein-Grenzscheide zwischen zwei Menschen entstanden – doch wenn sie durchbrochen wird, wird die Sakralität des ganzen Landes affiziert.

Auch das Gesetz über falsches Maß und Gewicht (25,13–16) stellt »Land« und תועבת יהוה אלהיך zusammen – hier so, daß der Segen über das rechte Verhalten sich auf das lange Leben in dem von Gott gegebenen Land bezieht (25,15), während die, welche sich falsch verhalten, als תועבת יהוה אלהיך gelten (25,16).

---

[58] Daran partizipiert auch das in 7,26 emphatisch eingeführte Verbum תעב.

[59] 12,2f selbst folgt unmittelbar auf die Festlegung des Geltungsbereichs der nun folgenden Gesetze, und das ist das den Vätern verheißene Land. Vgl. N. LOHFINK, »Die *ḥuqqîm ûmišpāṭîm* im Buch Deuteronomium und ihre Neubegrenzung durch Dtn 12,1«, *Biblica* 70 (1989) 1–30; DERS., »Zum rabbinischen Verständnis von Dtn 12,1«, in: J. ZMIJEWSKI (Hrsg.), *Die alttestamentliche Botschaft als Wegweisung. Festschrift für Heinz Reinelt* (Stuttgart 1990) 157–162.

In 26,15, dem letzten Satz der eigentlichen Gesetzessammlung, blickt Jahwe vom Himmel, dem eigentlichen Wohnort der Heiligkeit (מְעוֹן קָדְשְׁךָ) herab nicht nur auf das Volk Israel, sondern zugleich auf die אֲדָמָה אֲשֶׁר נָתַתָּה לָנוּ כַּאֲשֶׁר נִשְׁבַּעְתָּ לַאֲבֹתֵינוּ. Dem schließt sich unmittelbar jenes feierliche Bundesschluß-protokoll an, in dem sich die am breitesten entfaltete Aussage über Israel als »Jahwes heiliges Volk« findet (26,16—19). Das Land als der Lebensraum dieses heiligen Volkes muß, wenn auf diese Aussage hingeleitet wird, offensichtlich feierlich mitgenannt werden.

Neben den festlichen Mählern am Zentralheiligtum gibt es noch zwei andere »Orte«, an denen die Heiligkeit Israels sich gewissermaßen zusammenzieht. Der eine ist der קְהַל יהוה, von dessen Zulassungsbedingungen das Gesetz in 23,2—9 spricht. Worum es sich genau handelt, ist umstritten. Meist wird an die kultische Versammlung Israels oder überhaupt an die Summe der volkszugehö-rigen Israeliten gedacht. Doch ist der קְהַל יהוה nicht automatisch identisch mit dem קְהַל, der am Horeb den Dekalog vernahm, oder demjenigen, welchem Mose sein Lied vortrug (vgl. 31,30). Die Position des Gesetzes direkt vor dem Lagergesetz (23,10—15) spricht eher dafür, daß die »Jahweversammlung« mit dem Heerbann zusammenhängt[60]. Das »Heerlager« ist der weitere Ort, an dem sich die Heiligkeit Israels manifestiert. So handelt es sich vielleicht bei der heiligen »Jahweversammlung« und beim heiligen »Heerlager« um eine und dieselbe Sache. Auf jeden Fall begegnet im Gesetz von der »Jahweversamm-lung« das Verbum תעב (23,8), und im Gesetz über das »Heerlager« wird dieses, weil Jahwe selbst in ihm einhergeht, als קָדוֹשׁ bezeichnet (23,15).

Die damit gegebene Nähe des Sacrum zum Militärischen führt nun aber zu einem letzten Zusammenhang, der, will man der deuteronomischen Sicht des Opfers und des Heiligen gerecht werden, nicht übergangen werden darf.

6. Die Heiligkeit Israels und der חרם

Das für die Heiligkeitsaussage des Deuteronomiums so wichtige Kapitel 7 ist auch vom Stichwort חרם »Vernichtungsweihe, der Vernichtung Geweihtes« gerahmt[61]. Im »Land«, in das Israel einziehen wird, befinden sich die »sieben Völker«. Ihre Namen werden aufgezählt (7,1). Jahwe gibt sie Israel preis, Israel kann sie militärisch schlagen. Ist das geschehen, dann darf Israel keine friedliche Regelung mit ihnen eingehen, sondern muß sie der Vernichtung weihen (7,2: הַחֲרֵם תַּחֲרִים אֹתָם).

Das Wort חרם hat im Deuteronomium nicht mehr die kultische Bedeutung

---

[60] Vgl. BRAULIK, *NEB* z.St.,; DERS., *Gesetze* 88f.
[61] Die Wurzel steht im Deuteronomium an folgenden Stellen: 2,34; 3,6; 7,2.26; 13,16.18; 20,17.

älterer Zeiten, sondern ist eines der vielen Wörter für völlige Vernichtung geworden[62]. Aber zusammen mit diesen anderen Wörtern befindet es sich im Deuteronomium dennoch im Wortfeld des Sacrum, nun auf dessen neuer Definitionsebene. Mag Israel sich von den anderen Völkern abheben wie Heilig von Profan – von diesen sieben Völkern, die dem heiligen Land zugeordnet sind, hebt es sich ab wie positiv Heiliges von negativ Heiligem. Um der Erhaltung des positiv Heiligen willen muß das negativ Heilige beseitigt werden. Der Zusammenhang wird in 7,3f höchst rationalisiert dargestellt – als Gefahr der Versuchung zur Abgötterei durch angeheiratete Verwandtschaft. Aber es ist dieser Zusammenhang. Am Ende des Kapitels stellt sich im Blick auf sakrales Beutegut ein Assoziationszusammenhang zwischen חרם und תועבה her (7,26).

Die gleiche Assoziation und die gleiche Rationalisierung bestimmt auch in 20,17f das Kriegsgesetz (20,10–18). Hier ist zudem deutlich zwischen der Behandlung der Städte, die »nicht zu den Städten dieser Völker hier gehören«, und der Behandlung »der Städte dieser Völker, die Jahwe, dein Gott, dir als Erbbesitz gibt«, unterschieden (20,15f). Nur die Menschen des heiligen Landes[63] also trifft der חרם. Die anderen Völker sind profane Wirklichkeiten. In ihrem Bereich gibt es Kriegsführung, aber keinen חרם, und es sind sogar so ökologisch-humane Gesetze wie das über die Schonung des Baumbestands denkbar (20,19f).

An einer Stelle wird allerdings der Kreis derer, die der חרם trifft, über die sieben Völker Kanaans hinaus erweitert: in dem Gesetz über den Abfall einer israelitischen Stadt zum Kult anderer Götter (13,13–19). In diesem Fall soll die Vernichtungsweihe an dieser Stadt vollzogen werden, und zwar nicht nur – wie bei den sieben Völkern – an den Menschen, sondern auch an allen Gegenständen, auch am Vieh (13,16–18). Der Rückfall einer Gemeinschaft in Israel in den Status der sieben Völker vor dem Kommen Israels ist also gewissermaßen noch mehr von negativer Sakralität geladen als damals die sieben Völker, und muß noch härter angegangen werden.

Das Kapitel 13 scheint im ganzen eigentlich eine abmildernde Reform des חרם-Gesetzes aus dem Bundesbuch darzustellen. Denn nach Ex 22,19 ist jedes Opfer zu Ehren einer anderen Gottheit mit der חרם-Strafe zu ahnden[64]. Hier fällt dieses Stichwort nur noch im dritten Gesetz, bei der Apostasie einer ganzen Stadt.

---

[62] Im Gegensatz zum ursprünglichen Gebrauch, wo Kriegs-חרם Beuteverzicht und Weihung aller Sachgüter an die Gottheit bedeutete, meint es im Deuteronomium die Vernichtung der Menschen, während – von den Kultobjekten abgesehen – der Sachbesitz unversehrt durch die Eroberer übernommen werden sollte. Näheres bei N. Lohfink, Art. חָרַם, in: *ThWAT* III 192–213, bes. 209–212. Dort auch schichtenmäßige Einordnung der einzelnen חרם-Belege.

[63] Ich nehme an, daß der Relativsatz (»die Jahwe, dein Gott, dir als Erbbesitz gibt«) analog zum sonstigen Gebrauch im Deuteronomium auf die Städte, nicht auf die Völker, zu beziehen ist.

[64] Zur Textkritik vgl. Lohfink, Art. חָרַם 193f.

Der genaue Sachverhalt ist jedoch komplizierter. Einerseits scheint in der deuterono-mischen Sprache חרם mit anderen Wörtern für »töten, vernichten« fast austauschbar zu sein. Insofern sind eigentlich, obwohl hier das Verbum חרם fehlt, die beiden Gesetze von 13,2−6 und 13,7−13, in denen im Zusammenhang mit Apostasie Todesstrafe über einzelne Israeliten verhängt wird, auch schon mit der Vernichtung der sieben Völker zu verbinden. Auch bei ihnen soll etwas geschehen, was über diese Völker verhängt war.

Anderseits wissen wir nicht genau, wodurch die חרם-Strafe des Bundesbuches sich von einer gewöhnlichen Todesstrafe unterschied. Vermutlich wurde nicht nur die schuldige Person, sondern ihre ganze Familie mitsamt der Habe der Vernichtung geweiht. Das wäre nun genau das, was nach Dtn 13,16−18 mit der abgefallenen Stadt geschehen soll. In diesem Sinne wäre die Strafe des Bundesbuches tatsächlich auf diesen Sonderfall eingeschränkt worden. Und deshalb würde nur hier das Wort חרם benutzt, und zwar hier im alten Sinn.

Auf der Ebene der Formulierung bleibt es aber aufschlußreich, daß das Wort תועבה, das Stichwort aus dem Wortfeld des Sakralen, nur in 13,15 und nicht in den beiden vorangehenden Gesetzen steht. Das läßt wieder vermuten, daß erst da, wo es sich um eine Stadt handelt, die Realität des »heiligen Landes« gefährdet ist, und deshalb da erst die Verbindungslinien zu Dtn 7 deutlicher und strenger werden.

Ganz überraschend ist es aber, daß das Niederbrennen der Stadt in diesem Gesetz als כליל ליהוה אלהיך bezeichnet wird (13,17). כליל ist ein Opferbegriff, vgl. im Deuteronomium selbst den Gebrauch des Wortes im Segen über Levi (33,10). Wie ich weiter vorn schon sagte, wird das Wort in 13,17 wohl metapho-risch gebraucht. Insofern müssen wir nicht das Niederbrennen abgefallener Städte in das im Deuteronomium entwickelte Opfersystem einordnen. Doch auf anderer Ebene kann auch die Verwendung einer bestimmten Metapher noch einmal sprechend sein. Das ist wichtig für die nun folgende Abschluß-überlegung.

7. Abschlußüberlegung

Die letzten Abschnitte haben, ganz unabhängig von der Frage nach Opferzen-tralisation und Profanschlachtung, im Deuteronomium wohl ein solches Maß an Denken in den Kategorien des Sacrum bloßgelegt, daß allein von daher schon die These einer im Deuteronomium geschehenen »Säkularisierung« fraglich wird. Das Sacrum wird nicht entfernt oder begrenzt. Es tritt nur in einer neuen Sinnkonstellation auf. Es breitet sich dabei aus über ganz Israel.

Wenn man WEINFELDs Säkularisierungsthese in diesem Sinne versteht[65], ist sie natürlich richtig. Es wird durchaus etwas umgebaut. Doch auch dem Neuen gebührt die Qualität des »Heiligen«.

---

[65] In der Diskussion des Referats wurde diese Interpretation der Säkularisierungsthese WEINFELDs mehrfach als das bezeichnet, was er wohl eigentlich gemeint habe.

Heiligkeit bedeutet Gottesnähe. Gottesnähe vollzieht sich für das Deuteronomium sichtbar. Die Abgrenzung zu den Bereichen, die nicht heilig sind, ist benennbar. Die vollste Sichtbarkeit erreicht Israels Heiligkeit in seinen Festen. Aber diese Feste sind selbst nicht vom wirtschaftlichen und gesellschaftlichen Leben abgetrennte Handlungsabläufe, sondern die Höhepunkte und symbolischen Konzentrationen dieses Lebens. So kann Israel nur heilig sein, wenn es in all seinen normalen Lebensvollzügen dem entspricht. Der Umbau, der stattgefunden hat, dient nicht dazu, immer mehr menschliche Lebensbereiche aus der Nähe Gottes zu entlassen, sondern umgekehrt, alle Lebensbereiche Israels in diese Nähe Gottes hineinzuholen.

Das Deuteronomium drückt das Neue begrifflich so aus, daß es Israel selbst als »heiliges Volk« bezeichnet, dem als Profanes die Vielheit der Völker gegenübersteht. Greifbar wird die Heiligkeit des ganzen Lebens Israels an der sakralen Qualität des ihm von seinem Gott geschenkten Landes. Diese wird hergestellt durch die Befreiung des Landes von den Völkern, die es früher bewohnten – sofort bei der Landeroberung, und in späteren Epochen durch die Beseitigung von israelitischen Städten, die zu anderen Göttern abfallen. Hier wird im neuen deuteronomischen System der Heiligkeit etwas wie negative Sakralität ansichtig.

Zweifellos hat die deuteronomische Theorie, daß Israel auf Geheiß Gottes alle Völker des Landes vernichten mußte, nicht nur derartige sakralsystematische Funktionen. Sie hatte vor allem einen pragmatischen Sinn. Der unglaublich eindrucksvollen selbstrühmenden Terrorpropaganda Assurs gegenüber sollte, wohl unter Joschija, ein Selbstbewußtsein aufgebaut werden, das dem eigenen Gott und der eigenen Nation gleiche kriegerische Härte und Durchsetzungskraft zuschreiben konnte wie dem Gott Assur und den Assyrern und die judäische Bevölkerung damit von der andrängenden Angst vor Assur befreite. Zugleich wurde alles sogar in die ferne Vergangenheit verlagert, so daß niemand auf den Gedanken kommen konnte, Israel dürfte auch jetzt noch derartige Vernichtungsaktionen gegen andere Völker vornehmen[66].

Aber die Frage ist, ob die deuteronomische חרם-Theorie, vielleicht sogar den deuteronomischen Autoren selbst nicht ganz reflex bewußt, innerhalb des deuteronomischen Systems der Heiligkeit nicht noch eine andere, tiefergreifende Funktion hat. Ich komme damit abschließend wieder auf die Frage nach dem »Opfer« im strengen Sinn zurück.

Das Deuteronomium hat die Freude des Festmahls zum Zentrum des »Opfers« gemacht und das Schlachten der Tiere, wenngleich ihm ein sakraler Charakter blieb, durch die Einführung nicht mehr ans Opfer gebundener

---

[66] Vgl. zuletzt N. Lohfink, »Der ›heilige Krieg‹ und der ›Bann‹ in der Bibel«, *IKZC* 18 (1989) 104–112.

Schlachtung aus dem Zusammenhang des Opfers gelöst. Dadurch hat es das
Opfer weit von dessen archaischer Urgestalt entfernt, wo sein eigentliches
Zentrum die Tötung und Vernichtung von Tieren oder gar Menschen gewesen
zu sein scheint[67]. Die Menschenopfer der Völker Kanaans sind im Deuteronomium feierlich zurückgewiesene תועבה (12,31; 18,10). Nichts mehr scheint in
der deuteronomischen Opferkonzeption übrig zu sein von jener rituellen Neu-
stiftung menschlicher Verträglichkeit durch periodische Vernichtung eines
»Sündenbocks« im Sinne der Theorien von René GIRARD[68] – wobei das Wort
»Sündenbock« in dieser Terminologie selbstverständlich nichts mehr mit dem
Ritual von Lev 16 zu tun hat. Hier scheint Israel schon einen weiten Weg zu
einem Sacrum ohne Gewalt zurückgelegt zu haben.

Doch die Verbindung der Heiligkeitstheorie mit dem Völker-חרם, ja die
wenn auch nur metaphorische Bezeichnung des חרם für eine abgefallene Stadt
als כליל, zeigt vielleicht zugleich, daß letztlich noch keine Loslösung von der
archaischen Sakralität vollzogen ist. Die Tötung der Tiere ist zwar aus dem
Sündenbock-Zusammenhang herausgenommen. Im Fest selbst hat Tötung
oder Vernichtung keine Funktion mehr. Tötung und Vernichtung haben sich
gewissermaßen auf einen einmaligen Stiftungsakt in der die Heiligkeit des
Landes begründenden Landeroberungszeit zurückgezogen. Da handelt es sich
aber um massive Vernichtung von Menschen. Die mordende Gewalt wieder-
holt sich nicht mehr im Ritus. Doch sie bleibt in der diesen Ritus mittragenden
Erinnerung. Für den Fall der Apostasie einer Stadt ist sie sogar, nicht als Ritus,
wohl aber als historisch zu vollziehender Rechtsakt, von neuem vorgesehen.
Zumindest auf der Vorstellungsebene ist die archaische Konzeption des Sakralen also versteckt noch da. Im Sinne der Theorie GIRARDs bleibt auch das
Deuteronomium noch ein »Mischtext«, wie es Raymund SCHWAGER immer
wieder für das ganze Alte Testament formuliert hat[69].

So sehr das Deuteronomium in seiner Konzeption des »Opfers« etwas Neues
und Zukunftsweisendes bringt – es bleibt eine Frage, ob es uns erlaubt ist, das,
was wir hier vorfinden, unter die Kategorie der »Säkularisierung« zu subsumie-
ren. Auf versteckte Weise sind noch höchst archaische Sakralkonzeptionen
erhalten, und selbst die neue Sicht des »Heiligen«, die entwickelt wird, weist
keineswegs in jene Aushöhlung des Weltgehalts der Religion, den wir »Säkula-

---

[67] Wie der Beitrag von Alfred MARX in diesem Bande zeigt, steht das Deuteronomium
damit im Alten Testament keineswegs allein. Auch das priesterschriftliche Opferritual ist,
wieder auf eine andere Weise, weit von einer solchen archaischen Konzeption entfernt.

[68] Vgl. R. GIRARD, *Das Heilige und die Gewalt* (Zürich 1987); DERS., *Der Sündenbock*
(Zürich 1988).

[69] Für seine Deutung des Alten Testaments im Sinne von R. GIRARD vgl. vor allem R.
SCHWAGER, *Brauchen wir einen Sündenbock? Gewalt und Erlösung in den biblischen Schriften*
(München 1978). GIRARDs beeindruckendste Analyse eines alttestamentlichen Textes findet
sich in R. GIRARD, *Hiob. Ein Weg aus der Gewalt* (Zürich 1990).

risierung« nennen. Es ist eher ein Schritt auf neue Weltsakralisierung hin. Begreift man, was da vor sich geht, dann wünscht man vielleicht, daß dieser Schritt denkbar wäre, ohne daß es selbst auf der Ebene der Theorie noch die Notwendigkeit eines חרם am Anfang geben müßte[70].

[70] Ich möchte Adrian SCHENKER, dem Initiator des bibeltheologischen Seminars über Opfer und Kult im Alten Testament, dann aber vor allem auch Georg BRAULIK, Hans-Winfried JÜNGLING, Raymund SCHWAGER und Wolfgang ZWICKEL herzlich danken. Sie haben mir im Gespräch eine Reihe wichtiger Anregungen gegeben, erste Fassungen des Textes kritisch gelesen und mich zu weiteren Differenzierungen gebracht.

Die Anlässe zum Schuldopfer Ascham

von

ADRIAN SCHENKER

1. Vorgehen und Ziel

Zwei Arbeitshypothesen liegen dieser Untersuchung zugrunde: die liturgischen priesterschriftlichen Texte bilden ein kohärentes System, in dem die Teile aufeinander bezogen sind, und ihr liturgisch-theologisches Denken ist rational und einsichtig.[1] Daraus folgen zwei hermeneutische Regeln: Unvereinbarkeit zwischen verschiedenen Texten ist stets als letzte Erklärungsmöglichkeit anzusehen, und Vorstellungen, die für uns verständlich und plausibel sind, sind auch für die Priesterschrift wahrscheinlicher als für uns unverständliche »archaische« Konzeptionen.[2]

Damit ist das Programm dieser kleinen Studie skizziert. Sie stellt die Frage: gibt es eine einsichtige Konzeption für die Anlässe, die in den Pentateuchtexten ein *Ascham* erfordern? Wie sieht sie aus? Von der Antwort auf diese Fragen aus läßt sich dann sinnvoll nach der Geschichte und Entwicklung, die zu dieser Konzeption geführt haben, zurückfragen.

Riten und liturgische Vollzugsanweisungen für das *Ascham* sollen hier nicht

---

[1] Damit soll nicht gesagt werden, daß die Gesetze in P und H keine Entwicklung und Redaktion erfahren hätten, sondern daß Ergänzungen und Novellierungen in der Regel Älterem nicht einfach widersprechen, sondern es voraussetzen. So ist z. B. Lev 5.17–19 kein Widerspruch zu Lev 4.27–35, sondern setzt es voraus.

[2] So vertritt J. MILGROM die Idee, Sünde wäre ein Miasma, das am Heiligtum kleben bleibt und es entweiht, bis dieses ungeeignet wird, Gottes Wohnung zu sein, und die *Chattat* wäre die Reinigung des Heiligtums, siehe J. MILGROM, Art. Atonement, in: IDB Suppl., 78–82, Art. Sacrifices and Offerings, op. cit. 763–771, bes. 766f. M. E. ist das nicht die rational einsichtigste Interpretation von Sünde und Sündenvergebung durch *Chattat* in P. Denn Sünde und Unreinheit sind zwei verschiedene Wirklichkeiten trotz zahlreichen Berührungen und Überschneidungen. Sünde scheint immer Verletzung göttlichen Rechtes, göttlicher Hoheit, Unreinheit immer Unvereinbarkeit mit göttlicher Präsenz zu sein. Es gibt Unreinheit ohne Sünde, wie es Sünde gibt, die nicht in Unreinheit besteht (z. B. Verbotsübertretungen, Lev 4, od. die Unterschlagung von Heiligem, Lev 5.15).

dargestellt, sondern nur soweit berücksichtigt werden, als sie für das Verständnis der Anlässe notwendig sind, die ein solches Opfer erfordern.[3]

2. Unterschlagung von Heiligem (Lev 5.14–16)

Lev 5.14–16 zeigt, daß das *Ascham* zur Vergebung unabsichtlicher Unterschlagungen oder Zweckentfremdungen von heiligem Gut erheischt ist.[4]

Zu dieser Bestimmung paßt das *Ascham* des Nasiräers, Nu 6.12. Auch hier ist die Entweihung unabsichtlich, und das heilige Gut ist die geweihte Person, die ihrem geweihten Zustand entfremdet wird.

3. Notwendige Auflösung von Fluch und Eid (Lev 5.1,4)[5]

Verwandt mit der Zweckentfremdung von heiligem Gut ist die Aufhebung von Eiden. Denn ein Eid bezieht Gott in eine menschliche Sache als Garanten ein. Diese ist daher nicht mehr nur menschlich und profan, sondern unterliegt nun direkt dem durch den Eid beigezogenen Gott und ist deshalb heilig. Aus diesem Grund können Menschen eidlich beschworene Sachen nicht unter sich allein wieder rückgängig machen, sondern sind genötigt, Gottes Ermächtigung einzu-

---

[3] Lit. zum *Ascham* bei A. MARX, Sacrifice de Réparation et Rites de Levée de Sanction, in: ZAW 100 (1988) 183–198; DERS., Formes et fonctions du sacrifice d'après l'Ancien Testament. Thèse de Strasbourg (microfiches) (Strasbourg 1985) 90–116, bes. S. 96–110 zu den Anlässen für das *Ascham* ; D. SCHÖTZ, Schuld- und Sündopfer im Alten Testament (Breslauer Studien zur hist. Theol., 18) (Breslau 1930); L. MORALDI, Espiazione sacrificale e riti espiatori nell'ambiente biblico e nell'Antico Testamento, AnBib 5 (Roma 1956) 159–181; R. de VAUX, Les sacrifices de l'Ancien Testament (Cahiers de la Revue biblique,1) (Paris 1964) 88–91; D. KELLERMANN, אָשָׁם, in: TWAT 1, Sp. 463–472; A. SCHENKER, Der Unterschied zwischen Sündopfer *CHATTAT* und Schuldopfer *ASCHAM* im Licht von Lv 5,17–19 und 5,1–6, in: Pentateuchal and Deuteronomic Studies. Papers read at the XIIIth IOSOT Congress Leuven 1989, ed. C. BREKELMANS – J. LUST, BETL XCIV (Leuven 1990) 115–123. – G. B. WINER, Biblisches Realwörterbuch, 2. Bd., 3. sehr verbesserte und vermehrte Aufl. (Leipzig 1848) 432–435, und P. SCHOLZ, Die heiligen Alterthümer des Volkes Israel. Zweite Abt. Die Cultuszeiten und Cultushandlungen des Volkes Israel, 4. Buch Die Cultushandlungen des Volkes Israel (Regensburg1868) 157–159 geben einen guten Überblick über die ältere Forschung.

[4] Mobile oder immobile Güter des Heiligtums, MARX, Sacrifice de Réparation (A. 2) 184; J. MILGROM, Cult and Conscience. The *ASHAM and the Priestly Doctrine of Repentance*, SJLA 18 (Leiden 1976) 37–39 (rabbinische und karäische Abgrenzung der heiligen Güter, die entweiht werden können), jedoch nicht die eßbaren Opfergaben, weil Lev 22.14 für unerlaubten versehentlichen Genuß von Heiligem, d. h. von Priestern vorbehaltenen Speisen kein *Ascham* fordert.

[5] Die Einordnung von Lev 5.1–4, bzw. 1–13 in die Kategorie des *Ascham* wird unter Abschnitt 4 begründet werden. Diese Einordnung wird von J. Chr. K. von HOFMANN, Der Schriftbeweis. Ein theologischer Versuch, 2. Hälfte, 1. Abtheilung, 2. Aufl. (Nördlingen 1859) 263f (mit älterer Lit.) vertreten.

holen, die ihm durch den Eid in die Hand gelegte Bindung wieder auflösen zu dürfen. Diesem Zweck dient das *Ascham* nach Lev 5.1 und 5.4.

Lev 5.1 lautet: »Eine Person sündigt, indem sie die Proklamation eines Fluches hört, während sie Zeuge ist, sei es, daß sie selbst das Vorgefallene sah, sei es, daß sie das Vorgefallene kennt: wenn sie es nicht meldet, so belastet sie sich mit ihrem Vergehen.«

Es handelt sich um verweigerte Zeugenaussage. Das ist eine absichtliche Unterlassung. Um die Zeugenaussage zu erzwingen, legt die Gemeinde oder der vom Delikt eines unbekannten Täters Betroffene einen Fluch auf alle, die als Zeugen den Täter identifizieren und dadurch Recht schaffen können. Verweigerung der Zeugenaussage zieht diesen Fluch auf den sein Zeugnis verhehlenden Zeugen. Um der Auswirkung des Fluches zu entrinnen, befreit er sich von diesem durch die Darbringung eines *Ascham*.

Der Fluch bezieht wie ein Eid Gott als Ahnder in die Prozedur der Aufbringung von Zeugen ein. Es kann jemand aber Gründe haben, ein Zeugnis zu verschweigen, z.B. um nicht gegen eigene Angehörige aussagen zu müssen, oder um sich nicht sicherer Gefahr auszusetzen in einem Fall, da ein Zeugnis soviel wie die Unterzeichnung des eigenen Todesurteils bedeuten würde.[6]

In Lev 5.4 ist es ein Eid, der sich als unausführbar herausstellt, oder dessen Erfüllung sogar verboten wäre. Ein Beispiel wäre Jiftachs Eid (Ri 11.35), vorausgesetzt, der Erzähler rechnete mit der Möglichkeit des Ersatzes der Eiderfüllung durch eine Ersatzleistung (*Ascham*) wie in 1 Sam 14.45.

In beiden Situationen ist die Auflösung des Eides natürlich absichtlich. Aber die Absicht ist nicht verwerflich. (Die Erfüllung wäre verwerflich!) Es ist notwendig, den Fluch eines andern (Lev 5.1) oder den eigenen Eid (Lev 5.4) um seine Wirkung zu bringen. Aber da der Eid die Sache Gott übergeben hat, muß die Änderung des Eides von ihm erlaubt werden. Ohne seine Ermächtigung würde seine Autorität, die als göttliche Autorität heilig ist, beeinträchtigt. Daher die Notwendigkeit eines Ritus, der diese Ermächtigung in gewissermaßen sakramentaler Weise zum Ausdruck bringt und für Israel gewiß macht.

Daß die Absicht weder in Lev 5.1 noch in 5.4 verwerflich sein kann, ergibt sich daraus, daß eine in verwerflicher Absicht veränderte eidliche Verpflichtung niemals Gottes Ermächtigung erhalten würde, weil sich sonst der Eid selbst aufheben und Gott sich selber widersprechen würde. Denn es liegt in der Natur des Eides als göttlicher Bürgschaft, daß Gott eben die Erfüllung des Beschworenen gewährleistet. Daher ist ein Eid nur für Sachen möglich, die in guter Absicht beschworen werden, so daß Gott für sie die Garantie übernehmen kann.

---

6 Es darf verwiesen werden auf A. SCHENKER, Zeuge, Bürge, Garant des Rechts. Die drei Funktionen des »Zeugen« im Alten Testament, in: BZ (1990) 87−90, hier 89f (Pflicht zum Zeugnis und Dispens vom Zeugnis im Recht des alten Israel).

4. Nachträglich erkannte Unreinheit (Lev 5.2f)

Die aufgelösten Eide als Anlaß für ein *Ascham* rahmen die unbemerkte Zuzie-hung von Unreinheit als weiteren Anlaß ein (Lev 5.2f). Die Struktur A – B – A' hebt wohl eine Analogie zwischen A / A' (aufgelöste Eide) und B (unbemerkte Unreinheiten) hervor.[7]

Unreinheiten werden in Lev 11–15 aufgezählt, wo auch ihre Behebung bestimmt ist. In Lev 5.2f handelt es sich um Unreinheiten, die der Aufmerk-samkeit der unrein gewordenen Person zunächst entgingen (»es war ihm ver-borgen«, V. 2f), so daß sie zwangsläufig im Zustand der Unreinheit Dinge tat, die Reinheit erforderten, bevor sie ihrer Unreinheit inne wurde (»und sie erfuhr es«, V. 3). Es geht somit um den Fall nicht sogleich behobener Unrein-heit, die zu Handlungen führen konnte, die dem Reinen vorbehalten sind.

Reinheit muß ja sogleich wieder hergestellt werden (Nu 19.20), andernfalls befleckt der Unreine möglicherweise sogar das Heiligtum JHWHs. Der Zu-stand unbemerkter Befleckung bedroht die Reinheit des Heiligtums und des Heiligen oder befleckt diese effektiv (Lev 15.31).

In Lev 5.1–4 besteht ein Unterschied hinsichtlich Absichtlichkeit und Unab-sichtlichkeit. Befleckung in V. 2f ist unabsichtlich, denn sie wird erst einige Zeit, nachdem sie geschehen ist, bekannt. Es ist somit eine unabsichtlich zugezogene, eine zeitlang verborgen gebliebene Unreinheit.

Auflösung von Fluch und Eid setzt Absicht voraus. Weil es jedoch keine verwerfliche Absicht ist, wird sie der Unabsichtlichkeit gleichgestellt, und das *Ascham* macht die Sache gut.

---

[7] MILGROM, Cult and Conscience (A. 3) 109 mit A. 408 betrachtet diese Unreinheit als absichtlich und aus diesem Grund von den unabsichtlichen Verfehlungen in Lev 4 verschie-den. N. KIUCHI, The Purification Offering in the Priestly Literature. Its Meaning and Function, JSOT.SS 56 (Sheffield 1987) 27–31 diskutiert die Interpretation von Lev 5.1–4 in der Forschung. Er selbst betrachtet V. 1 als absichtliche, V. 2–4 als unabsichtliche Verfehlun-gen und schließt daraus, daß Absichtlichkeit und Unabsichtlichkeit bei der Gruppierung der vier Fälle keine Rolle spielen. Nach ihm wären es bewußte Akte, die später vergessen wurden (»und es war vor ihnen verborgen«, V. 2 u. 3), nachdem sie im Moment, da sie gesetzt wurden (»obschon er ihrer bewußt gewesen war«, V. 3 u. 4), durchaus bewußt gewesen waren. Das Gemeinsame an den vier Fällen ist m. E., 1. daß sie entweder unabsichtlich (V. 2f) oder doch ohne verwerfliche Absicht (VV. 1 u. 4) getan wurden, 2. daß sie *direkt Gottes Bereich* betreffen (Fluch, Eid, Reinheit), 3. daß sie einen *negativen Zustand* schaffen (V. 1 das Unrecht dauert an, weil die verweigerte Zeugenaussage verhindert, daß Recht geschaffen wird, V. 2f Unreinheit währt unerkannt fort und führt zu fortgesetzten Befleckungen, insbes. auch von Heiligem, V. 4 ein Gott gemachtes Versprechen wird fortgesetzt nicht eingelöst). Um »Versehentliches«, *schegaga,* handelt es sich nicht, weil VV. 1, 4 eine nicht verwerfliche Absichtlichkeit implizieren, während die Befleckung von V. 2f kein Tun, sondern ein *passiv erlittenes* (und hier auch unbemerktes) Zustoßen von Unreinheit ist. Aus diesem Grund finden wir die Erwähnung der *schegaga* ja auch nie bei Zuziehung von Befleckungen, z. B. Nu 6.9 oder Lev 22.3–7. Unabsichtliche Befleckungen sind nie *schegaga,* unvermeidliche Befleckun-gen, z. B. das Wegtragen eines verstorbenen Menschen oder eines unreinen oder toten Tieres, sind absichtlich und daher *per definitionem* weder Sünde noch *schegaga.*

Bisher ist stets angenommen worden, daß die Anlässe von Lev 5.1−4 als Reparation ein *Ascham* verlangen. Das ist nicht unbestritten. Ja, meistens wird im Gegenteil angenommen, es werde ein *Chattat*-Opfer vorgeschrieben (Lev 5.5f).[8]

Lev 5.5−7 lautet:

»Dann wird er (also) in einem dieser Punkte schuldig (oder: verantwortlich, haftbar) sein. Er wird ein Bekenntnis ablegen, worin er gesündigt hat, und er wird sein *Ascham* JHWH darbringen für die Sünde, durch die er gesündigt hat: und zwar ein weibliches Haupt von kleinem Vieh, ein Lamm oder eine Ziege als *Chattat* (als *Sündopfer*). So wird der Priester über ihn die Versöhnung für seine Sünde vollziehen. Wenn seine Hand jedoch nicht genug für ein Schaf zusammenbringt (wörtlich: berührt), dann bringt er *JHWH* als sein *Ascham* (als sein *Schuldopfer*) zwei Tauben oder zwei Turteltauben, eine als *Chattat* und eine als Brandopfer dar.«

Die Frage, die diese Formulierung notwendigerweise aufwirft, ist in der Tat, ob es sich um ein Schuldopfer *Ascham* oder um ein Sündopfer *Chattat* handelt, das der Schuldige darbringen muß. Auf ein Sündopfer weist das weibliche Opfertier hin, das eher zum Sündopfer als zum Schuldopfer paßt, für das in der Regel ein Widder erforderlich ist (Lev 4.28,32 und 5.15,18).[9] Auch der Kontext, der vorausgeht (Lev 4) und folgt (Lev 5.8−13), handelt vom *Sündopfer*. Anderseits fällt zweimal der Name *Ascham*, Schuldopfer, als Bezeichnung des darzubringenden Opfers.[10] Wie sind diese widersprüchlich scheinenden Bezeichnungen miteinander in Einklang zu bringen?

Den Schlüssel zur Antwort bietet das Ende von V. 7: eine Turteltaube wird

---

[8] Dies ist die vorherrschende Ansicht. Sie beruht u. a. auf dem neuen Einsatz V. 14 »und JHWH sprach zu Mose wie folgt«, der Lev 4.1 entspricht. Dieses formale Kriterium allein genügt nicht. Denn Lev 5.1−13 ist zwar ein *Ascham* seiner Funktion nach, der Opferkategorie nach ist es dagegen eine *Chattat*, siehe unten, und so kann der Redaktor die Trennungslinie zwischen den beiden Sektionen unter dem Gesichtspunkt der Kategorie ziehen. Kiuchi, Purification Offering (A. 6) 24 zeigt, gestützt auf J. Milgrom, Art. Sacrifices and Offerings (A. 2) 768, daß mit Lev 5.1 ein neues Gesetz beginnt, das terminologisch von Lev 4 abgehoben ist. Ferner finden wir in der von niemand in Frage gestellten thematischen (nicht redaktionellen) Einheit über das *Ascham* Lev 5.14−26 in der Mitte den gleichen Neueinsatz: »und JHWH sprach zu Mose wie folgt«, V. 20, der beweist, daß dieser Neueinsatz nicht den Anfang einer neuen Sektion zu markieren braucht, sondern eine Sektion in ihrem Innern gliedern kann.

[9] In Nu 6.12 besteht das vom Nasiräer geforderte *Ascham* aus einem Lamm, nicht aus einem Widder, das *Ascham* für die Reinigung vom Aussatz ist ebenfalls ein Lamm. Das *Ascham* ist ein Widder, wenn es allein dargebracht, ein Lamm, wenn es zusammen mit einem andern Opfer dargebracht wird, Marx, Formes et fonctions (A. 3) 95.

[10] *Ascham* bedeutet Haftung, Reparation, »Schuldableistung«, wie B. Janowski, Sühne als Heilsgeschehen. Studien zur Sühnetheologie der Priesterschrift und zur Wurzel KPR im Alten Orient und im Alten Testament, WMANT 55 (Neukirchen-Vluyn 1982) 256f zeigt. Doch in Lev 5.6−10 macht es der Kontext klar, daß *Ascham* hier *Bezeichnung* der Opfergabe ist, wie die genaue Parallele von Nu 15.25 erweist: »und sie bringen (b o ' h i f) ihre Gabe (ä t - q o r b a n a m), das Feueropfer für JHWH (l - J H W H) ... wegen ihrer versehentlichen Sünde (' a l - s c h i g e g a t a m) dar«, in der ä t - q o r b a n a m dem ä t - a s c h a m o in Lev 5.6 entspricht.

als *Sündopfer (Chaṭṭat)*, die andere als *Brandopfer* dargebracht, obgleich beide zusammengenommen die in V. 1−4 aufgezählten Vergehen sühnen müssen. Man muß also zwischen *Zweck* oder *Funktion* des Opfers und der *Kategorie* der Opfergabe unterscheiden. *Zweck* ist hier Vergebung einer *Ascham* genannten Schuld, *Kategorie* ist ein Sündopfer und − im besonderen Fall des Vogelopfers − das *Sünd-* und das *Brandopfer* zusammen. Der *Zweck* ist der eines *Schuldopfers*, weil etwas Heiliges, nämlich der Name Gottes im Eid (V. 1 und 4), oder Heiliges durch Unreinheit (V. 2f) beeinträchtigt worden ist. *Klasse* der Opfergabe ist das leichtere *Sündopfer*, die ohne die für das *Ascham* spezifische Reparationsforderung von zwanzig Prozent ist, und die im Unterschied zum *Ascham* auch aus einem weiblichen Opfertier bestehen kann. Warum? Die Verletzung der Heiligkeit JHWH's hat in diesen Fällen zu *keinem materiellen Verlust weder für ihn* (Lev 5.14−16) *noch für einen Menschen* (Lev 5.20−22) geführt! Gott ist vielmehr in seiner Ehre, d.h. in seinem Namen (Lev 5.1 und 4) und in seinem Anspruch unangetasteter Heiligkeit (ebd. V. 2f) gekränkt worden, und zwar ohne negative Absicht.[11]

Diese Art von Schuld ist mit der durch Sündopfer zu sühnenden Schuld eng verwandt: denn das Sündopfer löscht unabsichtliche Verletzungen der Autorität Gottes (unabsichtliche Verbotsübertretungen), die Gott kein Eigentum entwenden oder vorenthalten. Das *Ascham* sühnt hier Unabsichtliches (V. 2f) oder Absichtliches ohne Verwerflichkeit (V. 1,4).

In Lev 5.5−10 handelt es sich somit sowohl um ein Schuldopfer als auch um ein Sündopfer! Es kommt auf den Standpunkt der Beurteilung an: betrachtet man die Art der Schuld unter der Hinsicht des geschädigten Gutes, so ist dieses der Name Gottes und die Makellosigkeit des Reinen, das durch eine unbemerkte und infolgedessen nicht beseitigte Befleckung verunreinigt wird. Das kann das rein zu bewahrende Heiligtum sein, das können die Priester und die am Kult beteiligten Personen oder die Gegenstände und Gaben der Liturgie sein, die alle rein sein müssen.

Hinsichtlich der befleckten Personen und Dinge ist Gott indessen kein Sachwert genommen worden. Aber die Bedingung der Trennung von Beflecktem und Reinem ist unabsichtlich mißachtet worden. Eine solche Mißachtung gleicht der unabsichtlichen Übertretung eines Verbotes, die nach Lev 4 durch das Sündopfer *Chaṭṭat* gutgemacht wird.

Zusammenfassend noch drei Bemerkungen. Erstens: Lev 5.1−10 gebietet nach alledem dem Schuldigen, als Schuldopfer ein Sündopfer *Chaṭṭat* darzubringen, weil das zu versöhnende Vergehen von der besonderen Art ist, die

---

[11] Diese Unterscheidung zwischen *Funktion* und *Kategorie* des Opfers wird durch Lev 5.7−10 bestätigt. Auch unter der hier nicht angenommenen Voraussetzung, es handle sich in Lev 5.1−13 um die *Chaṭṭat*, tritt im Falle eines Armen an Stelle dieser *Chaṭṭat* ein doppeltes Vogelopfer, nämlich eine *Chaṭṭat* und ein Brandopfer, die beide gemeinsam die eine Funktion einer *Chaṭṭat* erfüllen.

mit einer Verbotsübertretung verwandt ist, zu deren Vergebung ein Sündopfer erforderlich ist.

Zweitens: der umgekehrte Fall ist in Lev 5.17−19 ins Auge gefaßt: das Vergehen, eine unabsichtliche Verbotsübertretung, wäre an und für sich sündopferpflichtig, nicht schuldopferpflichtig. Dennoch wandelt es sich wegen eines besonderen Umstandes zum schuldopferpflichtigen Vergehen. Denn es blieb *lange* ungesühnt!

Sündopfer können somit zu Schuldopfern werden (Lev 5.17−19), während umgekehrt Schuldopfer als Sündopfer dargebracht werden können, wenn bestimmte Bedingungen gegeben sind (Lev 5.1−10).

Drittens: die Bestimmungen für das Sündopfer für Arme in Lev 5.7−13 gelten für alle Sündopfer, ob sie als reine Sündopfer wie in Lev 4 oder als Ersatz für Schuldopfer wie in den Fällen von Lev 5.1−4 dargebracht werden. So erklärt sich der Neueinsatz von V. 14: »und JHWH sprach zu Mose wie folgt«. Lev 5.7−13 gilt wohl für die Sektion des Sündopfers von Lev 4 wie für die Schuldopfer von Lev 5.1−6.

6. Freiwilliges Bekenntnis von Meineiden in Veruntreuungssachen (Lev 5.20−26)

MILGROM hat gezeigt, wie Meineide, die zum Zweck der definitiven Aneigung geliehener, verhehlter, gestohlener, geraubter, erpreßter oder gefundener Gegenstände geleistet werden (Lev 5.21f), und die natürlich absichtliche Falscheide sind, durch das freiwillige Geständnis (Nu 5.7) einem unabsichtlichen Delikt gleichgestellt werden, die durch das *Ascham* Vergebung finden.[12] Im Vergleich mit Lev 5.4 müßte man sagen, daß sie mit absichtlich, aber ohne verwerfliche Gesinnung, aufgelösten Eiden auf eine Ebene gestellt werden (oben Punkt 3). Diese Gleichsetzung geschieht nach MILGROMS einleuchtender Interpretation zum Zwecke der Ermutigung des Bekenntnisses solcher Meineide, denn das Bekenntnis mit dem aus ihm folgenden *Ascham* schafft das Vergehen aus der Welt und versöhnt den Täter mit den Opfern (Nu 5.7f).

Wichtig ist die Feststellung, daß es sich um Meineide bei Veruntreuungen, nicht um Veruntreuungen an und für sich handelt.[13] Bei Veruntreuungsklagen

---

[12] MILGROM, Cult and Conscience (A. 3) 106−118.

[13] MARX, Sacrifice de réparation (A. 2) 184f bezweifelt, daß der Eid in V. 22 und 24 ein Leugnungseid sei, der die widerrechtliche Aneignung der Güter abstreitet, die nach V. 21f jemand durch Pfandveruntreuung, Zurückbehaltung von geliehenem Eigentum, Raub, Gewalt, Zurückbehaltung von Gefundenem an sich gebracht hat. Denn Raub und Gewalt könnten nicht durch Eid bestritten werden, und der Akzent läge nicht auf dem Eid, sondern auf dem Nächsten und der Verletzung seines Eigentums. Aber es gibt durchaus Beispiele von Raub und Gewalt, die ohne Zeugen verübt werden, sodaß dem Gericht im Tor zur Abklärung kein anderes Mittel als der Reinigungseid bleibt, um die Wahrheit der gegen jemand gerichteten Anklage auf Raub und gewalttätige Aneignung von fremdem Eigentum zu ermitteln, wie

wird nach dem Bundesbuch zur Feststellung des Tatbestandes ein Unschuldseid verlangt (Ex 22.7f,10). Die priesterschriftliche Frage ist die nach der
Vergebbarkeit eines Meineides, der in einem derartigen Veruntreuungsverfah-
ren geschworen wird.[14] Weil der Schwur ein Meineid ist, berührt er Gott
direkt. Weil er geheim ist, kann er bei freiwilligem Geständnis vergeben
werden. Das freiwillige Geständnis ist Ausdruck von Umkehr und Reue,
während der geheime, verborgene Charakter des Delikts ein mildernder Umstand ist. Denn in priesterschriftlichem Verständnis ist nur das öffentliche,
demonstrative Vergehen unvergebbar, weil im Demonstrativen etwas Scham-
loses und Herausforderndes liegt (Nu 15.30).[15]

Lev 5.20–26 stellt nach alledem eine Analogie mit Lev 5.4 her, weil freiwillig
eingestandener Meineid die vorhergehende verwerfliche Gesinnung des Meineides durch die Gesinnung der Umkehr ersetzt, so daß die verwerfliche
Absicht einer guten Gesinnung gewichen ist. Diese gute Gesinnung hebt zusammen mit dem *Ascham* (und der Rückerstattung und Buße von 20 Prozent)
das Vergehen in Gottes Augen auf.

Ex 22.8 vorsieht. V. 22 und 24 formulieren die Reichweite des Eides umfassend (»in irgend
einem Punkt von allem, was jemand tun kann, um zu sündigen in diesen erwähnten wider-
rechtlichen Besitzerwerbungen«, V. 22, »oder unter allem, worin einer falsch schwören
kann«, sc. um es nicht restituieren zu müssen).

[14] MARX, op. cit. 188f betrachtet Lev 5.20–26 als eine neue Konzeption der Eigentumsde-
likte, die P der zivilen Konzeption des Bundesbuches entgegensetze. Im Bb, Ex 21.37–22.12,
müssen die Schuldigen das Gestohlene oder Verhehlte je nach Natur des gestohlenen Gutes
zwei-, vier- oder fünffach erstatten, während sie es nach P, Lev 5.20–26, einfach rückerstat-
ten, eine Entschädigung von 20% dazulegen und ein *Ascham*-Opfer mit einem Widder
darbringen müssen. M. E. ändert hier P die Gesetzgebung des Bb nicht, sondern setzt sie als
weiterhin gültig voraus, fügt aber den neuen, vom Bb nicht betrachteten Fall des Meineides
hinzu, den jemand leistet, der nach Ex 22.7f,10 zu einem Unschuldseid aufgerufen worden ist.
In diesem Fall *konkurrieren zwei Delikte*: rechtswidrige Aneignung von fremdem Gut und
unwahrer Reinigungseid. Der Fall dieses *Doppeldeliktes* ist Gegenstand von Lev 5.20–26. Im
Bb kommt er nicht vor. (Der Meineidige ist übrigens der einzige, der weiß, daß er gelogen hat.
Daher kommt sein Meineid nur an den Tag, wenn er ihn selbst bekennt!)
Die mildere Regelung in P erklärt sich wohl als Anreiz zum freiwilligen Bekenntnis.
Vielleicht ist es aber überhaupt keine mildere Regelung, wenn der Preis für den darzubringenden Widder vom Priester *in Funktion des unrecht angeeigneten Gutes* geschätzt wird, Lev 5.25,
sodaß der Preis für den Widder je nach der Natur des unrecht erworbenen Gutes dem 1-, 3-
oder 4-fachen Wert dieses Gutes entspricht, sodaß die vom Schuldigen zu leistende Wiedergutmachung 2-, 4- und 5-fach wie im Bb wäre. Dies ist die plausible Vermutung von MARX,
Formes et fonctions (A. 3) 100f, 102.
[15] MILGROM, Cult and Conscience (A. 3) 109f zeigte von neuem, daß die idiomatische
Wendung »mit hocherhobener Hand« (*be-yad rama*), Nu 15.30; Ex 14.8; Nu 33.3, »öffentlich,
demonstrativ, herausfordernd«, in Nu 15.30: »mit frecher Stirne« bedeutet. Dies hat schon
von HOFMANN, Schriftbeweis (A. 4) 252 (mit älterer Lit.) gesehen: »Sünde der Empörung«.
Nach Luther 1545: »aus frevel«, Zürcher Bibel von 1531: »aus hoffart oder fräfel«, King James
(hier nach einer Ausgabe von 1722 zitiert): »presumptuously«.

7. Erschwerte Chaṭṭat (Lev 5.17–19)

Die umstrittene, schwer zu deutende Stelle von Lev 5.17–19 lautet:

»Wenn aber eine Person sündigt und etwas tut aus allen Geboten JHWH's, die etwas verbieten, ohne sich dessen bewußt zu werden (*w-lo yada'*) und dadurch schuldig (haftpflichtig, verantwortlich) wird und mit ihrem Vergehen beladen ist, dann wird sie einen fehlerfreien Widder aus der Herde nach deiner Schätzung als *Ascham* zum Priester bringen. Der Priester wird ihr Versöhnung verschaffen für ihr unabsichtliches Versehen, das sie *unabsichtlich* begangen hatte, ohne daß es ihr bewußt geworden war (*w-hu lo yada'*). So wird ihr vergeben werden.«

Schwierigkeiten bietet der wiederholte Ausdruck:»ohne sich dessen bewußt zu werden«,»ohne daß es ihr bewußt geworden war«. Ist es ein synonymer Ausdruck für»(unabsichtliches) Versehen«? Das ist in einem sorgfältig formulierten Rechtstext wie diesem von vornherein unwahrscheinlich. Ferner verwendet Lev 4.13; 5.2,3,4 für das»Nicht-Wissen«,»Nicht-Bemerken« einer Sünde einen anderen Ausdruck:»es ist ihren Augen/es ist ihm verborgen«. Oder bedeutet es:»ein vermutetes (unabsichtliches) Versehen«? So deutet es traditionellerweise die rabbinische Auslegung. Diese Interpretation ist rein sprachlich gesehen möglich. Aber sie hat keine Analogie im ganzen Alten Testament. Nirgends sonst ist von einer Reparation für eine bloß vermutete Schuld die Rede. Sehr häufig ist dagegen von einer unbekannt gebliebenen, erst nachträglich durch Unglück und Plagen an den Tag gekommenen Schuld die Rede, die dann nach der Entdeckung durch eine besondere Schuldanerkennungsleistung aufgewogen werden muß (Jos 7; 1 Sam 6.1–3; 14.37; 2 Sam 21.1).

So erklärt sich auch leicht die ausdrücklich erwähnte spezielle Kategorie der »Schuld« in Lev 5.17: es handelt sich um Verbotsübertretungen, d.h. um die gleichen Fehler, die nach Lev 4 mit einem Sündopfer-*Chaṭṭat* versöhnt werden! Warum werden diese unabsichtlichen Versehen hier jedoch in Lev 5.17–19 mit einem Schuldopfer-*Ascham* ausgeglichen? Der Unterschied besteht darin, daß sie in den Fällen von Lev 4 sogleich erkannt und versöhnt werden können, während es sich hier in Lev 5.17–19 um Fälle handelt, wo die Schuld unerkannt geblieben ist.[16]

Vergleichen wir die beiden Texte:

Und wenn die ganze Gemeinschaft Israel ein Versehen begeht, wobei die Sache den Augen der Versammlung verborgen bleibt, so daß sie etwas tun aus allen Geboten JHWH's, die etwas verbieten, dann werden sie haftbar (oder verantwortlich, schuldig) (*w-aschemu*), und die Sünde, durch die sie sündigten, wird dann bekannt, und die Versammlung wird ein Rind als Sündopfer darbringen.   Lev 4.13f.

---

16 Von Hofmann, *Schriftbeweis* (A. 5) 259f; Schenker, *Unterschied* (A. 3) 117.

Sobald die versehentliche Verbotsübertretung der ganzen Gemeinschaft Israels geschehen ist, haftet diese Gemeinschaft, auch wenn sie sich der Übertretung zuerst nicht bewußt ist (V. 13). Sobald sie ihrer bewußt wird, bringt sie ein Sündopfer dar (V. 14).

»Ist es der Fürst, der sündigt, so daß er etwas tut aus allen Geboten JHWH's, seines Gottes, die etwas verbieten, und zwar aus Versehen, so wird er haftbar (oder verantwortlich, schuldig) (*w-aschem*). Oder seine Sünde wird ihm bewußt, durch die er gesündigt hat. Dann bringt er als seine Opfergabe einen fehlerlosen männlichen Ziegenbock dar. Lev 4.22

Im Falle einer unerkannten versehentlichen Verbotsübertretung wird der Fürst dennoch verantwortlich und muß für die daraus entstehenden Folgen einstehen (V. 22), es sei denn, er werde sich seines Vergehens bewußt: dann kann er das Sündopfer darbringen, das die versehentliche Mißachtung eines Verbotes aufwiegt (V. 23), und Schuld und Verantwortung erlöschen! Dasselbe gilt für die versehentliche Verbotsübertretung des Privatmannes in Israel (V. 27f).

Lev 5.17f lautet dagegen anders, wie wir oben sahen. Zweimal wird betont, daß der Übertreter des Verbotes sich seiner Übertretung nicht bewußt wurde, während Lev 4 im Gegenteil betont, daß es ihm bewußt wurde! Der Gegensatz ist demgemäß zwischen erkannter und unerkannter Verbotsübertretung, nicht jedoch zwischen gewisser und nur mutmaßlicher Übertretung! Der Abschnitt Lev 5.17–19 antwortet auf die von Lev 4 unausgesprochen aufgeworfene Frage: was, wenn die Schuld der versehentlichen Verbotsübertretung mit ihrer Haftung unaufgedeckt bleibt? Antwort: Unglück wird auf die unversöhnte, nicht aufgewogene Verletzung von Gottes Autorität folgen, und daraus wird man auf die verborgene Schuld zurückschließen, wie das in 1 Sam 6 von der Schuld der Philister hinsichtlich der Bundeslade erzählt wird. Nach der Entdeckung dieser Schuld muß das *Ascham* gemäß Lev 5.17–19 dargebracht werden!

Zusammenfassend läßt sich demgemäß zum Schuldopfer von Lev 5.17–19 folgendes festhalten: die versehentliche Übertretung eines Verbotes Gottes schafft eine »Schuld«, einen *Ascham*, d.h. eine Haftung. Das objektiv entstandene Defizit, der Einbruch in Gottes Hoheitsrecht muß aufgewogen werden. Wenn die Schuld bekannt ist, kann dies sogleich durch das Sündopfer (*Chattat*) geschehen. Wenn sie unerkannt bleibt, schwärt sie weiter und bringt unheilvolle Folgen hervor, aus denen sie verspätet erschlossen und dann mit einem *Ascham* versöhnt werden kann.

Das Sündopfer versöhnt somit sofort erkannte versehentliche Verbotsübertretungen, während das Schuldopfer diese aufwiegt, nachdem sie lange unerkannt geblieben sind. So erklärt es sich, daß das schwerere Schuldopfer *Ascham* eine versehentliche Verbotsübertretung sühnt, die sonst durch das leichtere Sündopfer (*Chattat*) aufgewogen zu werden pflegt. Der Grund liegt in dem erschwerenden Umstand, daß die Uebertretung *lange unerkannt* und daher *lange unversöhnt* geblieben war.

Faßt man das Schuldopfer von Lev 5.17−19 als Versöhnung einer nur vermuteten Übertretung auf, so versteht man die *erschwerende Ersetzung* eines Sünd- durch ein Schuldopfer nicht. Denn eine *tatsächliche* Verbotsübertretung (Lev 4) müßte doch schwerer wiegen als eine *bloß vermutete,* ungewisse Übertretung (Lev 5.17−19)!

Das *Ascham* erfüllt hier den Zweck einer *Chattat,* zu der ein erschwerender Umstand hinzutritt, wie in Lev 5.1−7 die *Chattat* den Zweck eines *Ascham* erfüllt, weil da ein mildernder Umstand obwaltete (oben Punkt 3).

8. *Verwandtschaft und Differenz von Ascham und Chattat in der liturgischen Gesetzgebung von P*

Zwischen *Ascham* und *Chattat* besteht in P eine offenkundige Verwandtschaft.[17] Sie macht es möglich, daß sie einander vertreten. Das hängt mit ihren Zweckbestimmungen zusammen, die einander berühren.

Das *Ascham* heilt drei Arten von Ordnungsstörungen: unabsichtliche Zweckentfremdung heiligen Gutes oder heiliger Personen von ihrer heiligen Bestimmung (Lev 5.14−16; Nu 6.12), Nicht-Erfüllung von mit Fluch belegten Forderungen (Lev 5.1) und von Eiden, entweder ohne vorhergehende verwerfliche Absicht (Lev 5.4) oder mindestens mit nachfolgender Reue über den verwerflichen Meineid (Lev 5.20−26), und endlich die im Stande einer unerkannt gebliebenen Befleckung eventuell vorgenommenen, Reinheit erheischenden Handlungen (Lev 5.2f).

Lev 4 zeigt, wofür die *Chattat* dargebracht werden muß: für unabsichtliche, bekannte Verbotsübertretungen, aus denen eine »Schuld«, d.h. eine Haftung entsteht. Schuld als Verantwortung und Haftung, die der Urheber einer Verbotsübertretung auf sich nehmen muß, ist die erste Bedeutung des Begriffs *ascham.* Ihm entspricht das Verbum *aschem:* haften, Verantwortung tragen. Charakteristisch für diese »Haftung« − wie übrigens für unsere zivile Haftung heute − ist die Tatsache, daß sie von der subjektiven Absicht unabhängig ist.[18]

Die Unabsichtlichkeit der Verbotsübertretung ist in Lev 4.3,13,22,27 vorausgesetzt. Dennoch bleibt die »Schuld«, d.h. die Haftung. Es handelt sich um so etwas wie »zivile« Haftpflicht, die keine moralische Schuld einschließt, aber die Reparation des angestifteten Schadens auferlegt.

---

[17] Diese Verwandtschaft folgt auch aus der Ähnlichkeit des Rituals der beiden Opferarten, vgl. das Axiom in Lev 7.7 »wie die *Chattat,* so das *Ascham,* eine *Tora* gilt für sie« (dies ist in Bezug auf den Schlachtort, die Blutsprengung, die Fett-Teile, die Eßberechtigten, den Ort des Verzehrens und den Grad der Heiligkeit: beide sind hochheilig, bestimmt), ferner Lev 14.13.

[18] Lev 4 handelt von *versehentlicher* Sünde (*schegaga*), in der ein Stück Irrtum enthalten ist, denn ohne Irrtum gibt es keine unabsichtliche Verfehlung, kein Versehen.

Die unabsichtliche Übertretung eines *Verbotes* JHWH's wird hier als Beeinträchtigung eines Rechtes Gottes betrachtet, die repariert werden muß. Der unabsichtliche Übertreter des Verbotes haftet dafür. Diese Reparation ist das Sündopfer der *Chaṭṭat*.

Nach Lev 4 liegt der *Chaṭṭat* also folgende Notwendigkeit zugrunde: Übertretungen eines Verbotes JHWH's schaffen ein Defizit, auch wenn keine Absicht hinter der Verbotsübertretung steht. Woher kommt das Defizit? Übertretung eines Verbots ist die Nicht-Anerkennung einer Autorität. Was also beschädigt wurde, als jemand das Verbot übertrat, das war die Autorität Gottes. Diese muß durch einen entsprechenden Anerkennungsakt wieder in ihr Recht eingesetzt werden! So können wir das Sündopfer *Chaṭṭat* in Lev 4 wie folgt verstehen: Es ist die ausdrückliche Anerkennung der Hoheit JHWH's, nachdem diese unabsichtlich mißachtet worden war. Die ideelle Voraussetzung des Sündopfers im Lichte von Lev 4 liegt somit in der Konzeption, daß Gottes Hoheit ungebrochene und ganze Anerkennung verdient. Wo ihr diese Anerkennung objektiv versagt wurde, da muß diese Lücke durch einen zusätzlichen, besonderen Anerkennungsakt ausgefüllt werden. Dieser Anerkennungsakt ist das Sündopfer-*Chaṭṭat*.

Menschen können sich dergestalt auf zwei Weisen, und nur auf diese zwei Weisen, unabsichtlich eine »Haftpflicht« Gott gegenüber zuziehen: entweder übertreten sie ein von ihm erlassenes Verbot oder sie nehmen göttliches Eigentum an sich (Entweihung).

Diesen beiden »Vergehen« entsprechen das Sündopfer der *Chaṭṭat* und das Schuldopfer des *Ascham*. Warum müssen sie dargebracht werden? Sie sind gleichsam die Entschuldigung für den geschehenen Übergriff! Die Hoheitsrechte Gottes dürfen nicht verletzt und gemindert bleiben. Sie beanspruchen Ganzheit. Das liegt in der Natur der Würde Gottes. Menschen können ihm nicht etwas nehmen, und wäre es unabsichtlich, ohne es ihm mit ihrer Entschuldigung zurückzugeben, sobald sie sich bewußt werden, Gott etwas genommen zu haben.

Beide Verletzungen der Hoheitsrechte Gottes gehen ineinander über. Der nicht-eingelöste Eid ist gleichzeitig auch Übertretung des Verbotes, falsch zu schwören, usw. Von daher rührt die Verwandtschaft zwischen den beiden kultischen Reparationen von *Ascham* und *Chaṭṭat*. Trotzdem können sie unterschieden werden, weil die Heiligkeit aus sich selbst Achtung verlangt, selbst wenn kein Verbot formuliert wäre, das ihre Mißachtung formell untersagen würde. Umgekehrt sind Verbote nur dort gegeben, wo sie formuliert sind.

Diese Verwandtschaft zwischen beiden Opfern erklärt es wohl, warum bei der Reinigung des befleckten Nasiräers und des Aussätzigen sowohl eine *Chaṭṭat* als auch ein *Ascham* vorgeschrieben sind (Lev 14,12f,21,25; Nu 6.11f).

9. Reinigung von Aussätzigen (Lev 14)

Aussatz ist eine bleibende Unreinheit. Das macht diese Hautkrankheiten und Flechten an Kleidern (Lev 13.47–59) und Häusern (Lev 14.33–53) so schlimm. Die Träger solcher Befleckungen werden sie kaum los. Sie werden unrein für lange Zeit.

Daher werden bei der Reinigung von Aussätzigen drei Opfer, ein Brandopfer ('ola), eine *Chattat* und ein *Ascham* (Lev 14.10,19f) und ein Speiseopfer (*mincha*) (V. 20) dargebracht. Das *Ascham* scheint im Mittelpunkt zu stehen (V. 12–18), denn der Arme braucht bloß das Lamm für das *Ascham* aufzubringen, während er als Brandopfer und *Chattat* Vogelopfer darbringen (V. 21–31) und daher das Speiseopfer ganz weglassen darf.

10. Das Ascham in Verbindung mit andern Opferarten

In Lev 5.1–6 tritt an Stelle des *Ascham* eine *Chattat* mit einem weiblichen Schaf oder einer Ziege. Arme, die sich ein solches Opfertier nicht zu leisten vermögen, bringen statt dessen zwei Vogelopfer dar, eines als *Chattat,* das andere als Brandopfer ('ola) (Lev 5,7–10). Für wen auch zwei Vögel unerschwinglich sind, der gibt zur Tilgung seiner Schuld und Haftung ein Mehlopfer (Lev 5.11–13). Das *Ascham* wird durch die beiden Kategorien der *Chattat* und des Brandopfers ersetzt, diese ihrerseits durch die Kategorie eines rein vegetabilischen Opfers.

Die Reinigung eines Aussätzigen erheischt zusätzlich zum *Ascham* eine *Chattat,* ein Brandopfer ('ola) und ein Speiseopfer (*mincha*) (Lev 14.12,19f, 21f, 31)

Ein Nasiräer, dem eine Befleckung mit einem Toten zugestoßen ist, muß zusätzlich zum *Ascham* zwei Vogelopfer, eines als *Chattat* und das andere als Brandopfer darbringen (Nu 6.10–12).

Das Speiseopfer, das in Lev 14.10,19f verlangt wird, begleitet das Brandopfer des Widders bei der Reinigung von Aussatz. Nu 15.3–12 schreibt in der Tat ein begleitendes Speiseopfer für jedes Brandopfer außer für dasjenige von Vögeln vor.

Mit dem *Ascham* zusammen oder an Stelle des *Ascham* werden somit bei der Läuterung von Aussätzigen, bei der Sühne des gebrochenen Nasiräergelübdes und bei Armen *Chattat* und Brandopfer dargebracht, und, wo diese beiden zu teuer sind, ersetzt sie der Schuldige durch ein Mehlopfer (Lev 5.11–13).

Ascham, Chattat und Brandopfer (Lev 1.4) sind die drei ausdrücklich als sühnend gekennzeichneten Opfer, das erste für unabsichtliche Entweihungen, das zweite für unabsichtliche Uebertretungen, das dritte für absichtliche pri-

vate Sünden.[19] Die Kumulierung der drei Opferarten in Lev 14 und Nu 6 weist
wohl auf die Schwere der Befleckung hin und hat möglicherweise auch eine
Nuance von Tutiorismus: was immer am Ursprung der Unreinheit stand,
unabsichtliche Befleckung oder Übertretung oder absichtliche Sünde, wird
durch die entsprechende Sühnedarbringung getilgt.

Lev 5.5–13 enthält eine Kette von drei Ersatzdarbringungen für den gleich-
bleibenden Zweck des *Ascham* in den drei Fällen von Lev 5.1–4: statt eines
Ascham die leichtere *Chattat*, für den Armen statt der *Chattat* mit weiblichem
Schaf oder Ziege das leichtere zweifache Vogelopfer, das eine als *Chattat*, das
andere als Brandopfer, und schließlich für den ganz Armen der Ersatz der
beiden Vogelopfer durch die Darbringung von Mehl.

11. Der Bruch einer Verlobung in Anwartschaft (Lev 19.20–22)

Lev 19.20–22 faßt den Fall ins Auge, da eine unfreie Verlobte mit einem Mann
sexuellen Umgang pflegte:»Wenn ein Mann sich zu sexuellem Verkehr zu
einer Frau legt, die Magd ist und einem anderen versprochen, jedoch noch
nicht freigekauft oder freigelassen worden ist, so erfolgt eine Züchtigung, aber
die beiden müssen nicht sterben. Denn sie war nicht frei. Er wird als sein
Ascham JHWH einen *Ascham*-Widder zum Eingang des Begegnungszeltes
bringen.« (Lev 19.20f).

Auf Ehe- und Verlobungsbruch erfolgt die Todesstrafe für beide Beteiligte
(Lev 20.10; Dtn 23.23f). Bei sexuellem Verkehr mit einer ledigen Frau muß der
unzüchtige Mann nach dem Bundesbuch und dem Deuteronomium eine Buße
an den Vater der Frau bezahlen und, falls der Vater die Heirat will, diese
heiraten (Ex 22.16f; Dtn 22.28f).

Warum ein *Ascham*? Umgang mit der Frau, die einem andern Mann gehört,
ist eine absichtliche Befleckung dessen, der sich zu sexuellem Verkehr zu ihr
hinlegt (Lev 18.20). In Lev 19.20 ist die Frau eine Sklavin, die bereits einem von
ihrem Eigentümer verschiedenen Mann bestimmt, aber noch nicht freigekauft
oder freigelassen ist. Ihre Verlobung und Ehelichung ist daher noch nicht
vollzogen. Wegen dieses Umstandes einer erst als Anwartschaft bestehenden,
noch unvollzogenen Ehe mit einem andern zieht der sexuelle Verkehr weder
für die Frau noch für den Mann, der bei ihr lag, den Tod nach sich. Heiraten
kann sie der Schuldige auch nicht, weil sie nicht ledig, sondern in Anwartschaft
verlobt ist. Die Frau wird gezüchtigt, während der Mann sich von der Unreinheit läutern muß. Denn nach Nu 19.20 müßte ein unreiner Mensch, der sich
weigert, wieder zur Reinheit zurückzukehren, aus der Gemeinschaft Israels
ausgetilgt werden.

Dieser Mann hat sich jedoch seine Unreinheit in verwerflicher Absicht

---

[19] Begründung bei SCHENKER, *Unterschied* (A. 3) 121–123.

zugezogen. Er wußte, was er tat. Er kann sich daher nicht in der Weise
unabsichtlich zugezogener Unreinheiten von ihr reinigen. Es bedarf des
Ascham. Das *Ascham* ist mit einem Bekenntnis verbunden (Lev 5.5; Nu 5.7)
und schließt die Darbringung eines Widders ein. Es besteht analog zu Lev 5.2f
Unreinheit mit erschwerendem Umstand! In Lev 5.2f hatte der erschwerende
Umstand in einer verborgen gebliebenen und daher andauernden Befleckung
bestanden, während er hier darin liegt, daß sie der Beischläfer absichtlich und
unter Verletzung des Rechts eines andern Menschen provozierte.

Durch Bekenntnis und *Ascham* wird der absichtliche Verlobungsbruch mit
einer noch nicht freigewordenen Sklavin einem unabsichtlichen Vergehen
gleichgestellt, das vergeben werden kann, wie der Meineid einer unabsichtlichen Verfehlung in Lev 5.20−26 gleichgestellt wird. Aber er wiegt schwerer als
eine unabsichtliche, nicht sogleich entdeckte Verunreinigung (Lev 5.2f). Denn
diese wird durch ein *Ascham* in der leichteren Form einer *Chaṭṭat* gesühnt. Hier
ist es wohl deshalb ein *Ascham* und nicht eine *Chaṭṭat*, weil der Anspruch eines
andern Menschen tangiert wurde, dem die künftige Verlobung mit der Sklavin
versprochen war.

Es ist der Fall, in welchem *Unreinheit mit Unrecht* kombiniert ist! Zur
Reinigung dieser Art von Befleckung bedarf es des *Ascham*.

12. Ausweitung auf unbeeidete Veruntreuungen (Nu 5.6−8)

Nu 5.6−8 steht in sachlichem Zusammenhang mit Lev 5.20−26. Gemeinsam ist
beiden Texten die Kategorie der Veruntreuungen, durch die andere Menschen
an ihrem Besitz geschädigt werden. Der Unterschied besteht darin, daß in Lev
die Veruntreuungen durch Meineid vollendet werden, während sie Nu allgemein behandelt, gleichviel ob sie mit oder ohne Meineid zustandekamen. In
beiden Texten ist die Wiedergutmachung ein *Ascham* mit dem Zusatz einer
Buße von 20 Prozent. Wahrscheinlich stellt Nu 5.6−8 eine verallgemeinernde
Ausweitung von Lev 5.20−26 dar.

13. Die Gabe des Widders in Esr 10.19

Vier Söhne des Hohenpriesters Josua und seiner Brüder hatten nach Esr 10.18
ausländische Frauen geheiratet. Sie geben einen Widder für ihre Schuld
(10.19). Die andern Juden im gleichen Fall, Priester, Leviten und Laien, geben
keinen solchen Widder. Jedenfalls erwähnt ihn der Text nicht. Der Begriff
Ascham, Schuldopfer, fällt bei dieser Gabe eines Widders in Esr 10.19 im MT
nicht, wohl aber setzen ihn Esra B' und Vulgata, vielleicht auch Esra A'
(9.20) voraus. Aber das kann glättende Interpretation einer nicht ganz einfa-
chen hebräischen Formulierung sein, die den Sinn hat: »und als Schuldige (*wa-*

aschemim) (i.e. als solche, die unter einer Haftung stehen) (geben sie) einen Widder für ihre Schuld (*aschmatam*).«[20] Es ist somit nicht von einem *Ascham* die Rede.

Der Fall entspricht keinem der Anlässe für ein *Ascham*, von denen die Tora spricht. Denn die Ehen dieser Mitglieder der hohenpriesterlichen Familien waren vorsätzlich, nicht unwissentlich geschlossen worden. Die Entweihung (*mᶜl*), von der Esr 9.2,4; 10.2,6,10 sprechen, entspricht somit nicht den Anlässen von Lev 5.14–19. Denn diese setzen Unabsichtlichkeit voraus. Die absichtliche Schuld, die nach Lev 5.20–26; Nu 5.6–8 durch ein *Ascham* vergeben wird, beruht auf materiellem Schaden, der anderen zugefügt wurde. Dies ist bei diesen Mischehen nicht der Fall.[21]

Nach Esr 10 sind es nur die Mitglieder des hohenpriesterlichen Hauses, die den Widder für ihre Entweihung geben (10.19). Von den andern Juden, ob Priester, Leviten oder Laien, wird dies nicht festgestellt. Eine Ehe mit fremden Frauen ist dem Hohenpriester verboten, der eine Frau aus seiner eigenen Verwandtschaft ehelichen muß (Lev 21.13–15). Die vier Priester von Esr 10.18 sind nicht Hohepriester, sondern Angehörige des hohenpriesterlichen Geschlechtes. Als solche sind sie wohl mögliche Kandidaten für das hohenpriesterliche Amt und müßten aus diesem Grund eine Ehe eingehen, die sie nicht in Widerspruch zu dieser Vorschrift der Tora versetzt.

Der Widder, den die vier Priester nach Esr 10.19 »geben«, ist wohl ein Opfertier, obgleich der Opferterminus »darbringen« fehlt. Ein solches Opfer hat sühnende Funktion. Es kann sowohl als *Ascham* als auch als *Chaṭṭat* gedeutet werden, denn es ist eine Entweihung des hohenpriesterlichen Geschlechts und die absichtliche Übertretung des Verbotes von Lev 21.15 während längerer Zeit. Das Geständnis gleicht die absichtliche Übertretung einer unabsichtlichen an, analog zu Lev 5.20–26; Nu 5.6–8. Als *Ascham* ist es naturgemäß ein Widder, oder als *Chaṭṭat* wäre es vielleicht deshalb kein weibliches Tier, weil die Schuldigen zwar nicht Hohepriester (Lev 4.3–12), wohl aber Angehörige seines fürstlich-priesterlichen Hauses, d.h. nicht reine Privatpersonen sind (Lev 4.22–26; 4.27–35), deren Vergehen schwerer wiegt als das von Privatpersonen.

Es ist denkbar, daß MT einen korrigierten Text darstellt, weil die Situation in Esra 10.18f den Bestimmungen des *Ascham* nicht entspricht. Die Tradenten hätten gerade aus diesem Grund die Erwähnung des *Ascham* getilgt, indem sie es »als Schuldige« (*wa-aschemim*) lasen.

---

[20] Zur Textkritik dieser Stelle D. Barthélemy, Critique textuelle de l'Ancien Testament. 1. Josué, Juges, Ruth, Samuel, Rois, Chroniques, Edras, Néhémie, Esther, OBO 50/1 (Fribourg-Göttingen 1982) 545, der zeigt, daß MT wahrscheinlich ursprünglicher ist als die andern Textzeugen.

[21] Nach Marx, Formes et fonctions (A. 3) 102 wäre die Heirat der Priester mit nicht-jüdischen Frauen mit dem Fall des sexuellen Verkehrs mit einer verlobten Sklavin, Lev 19.20–22, gleichgesetzt worden. Die beiden Fälle sind aber doch sehr verschieden.

14. Zur Geschichte des Ascham-Opfers

Abschließend ist es notwendig, die Geschichte des *Ascham* über die Epoche des priesterschriftlichen Gesetzes hinaus so weit wie möglich zu erhellen. Zu dieser Geschichte gehören sowohl die Texte, die ein kultisches *Ascham* ausdrücklich erwähnen, als auch Erzählungen[22], die Anlässe zum *Ascham* schildern, ohne dabei das *Ascham*-Opfer zu nennen.

Gen 26.10 bezeichnet die Schuld eines unwissentlich begangenen Ehebruchs als *Ascham*. Der Grund für diese Bezeichnung liegt wohl in der Haftung, die aus der Beeinträchtigung eines fremden Rechtes entstanden wäre. In diesem Fall ist das tangierte Recht aber kein *ius sacrum*.

1 Sam 6.1−3 spiegelt die Situation einer Schuld, die indirekt aus einem Unglück erschlossen wird, und die eine Reparation erheischt, soll das Unglück aufhören. Philister können aber dem Gott Israels kein Opfer darbringen. Deshalb müssen sie an Stelle kultischer Wiedergutmachung Weihegaben von goldenen Votivfiguren stiften (6.4f) und die heilige Lade restituieren. Es hatte sich um eine absichtliche und öffentliche Entweihung der Lade gehandelt, aber sie war in Unkenntnis der wahren Natur JHWH's geschehen. Die Philister hatten diesen Gott für schwach und ihren Göttern untergeordnet gehalten und mußten erschrocken gewahren, daß sie sich furchtbar geirrt hatten. Ein Element des länger währenden Irrtums ist also gegeben! Die wahre Tragweite der Profanierung der israelitischen Lade war den Philistern erst im Nachhinein aufgegangen.

Ebenso enthüllt in Jos 7.4 ein Unglück die Schuld eines heimlichen Übergriffs auf Gottes Recht. Dieser Übergriff war in voller Absicht geschehen (Jos 7.1). Von Reparation ist daher nicht die Rede. Die Schuldigen werden mit dem Tode bestraft. Der Begriff *ascham* fällt nicht. Auch nach den *Ascham*-Bestimmungen der Tora wäre hier ein *Ascham*-Opfer nur denkbar gewesen, wenn der Schuldige seine Verhehlung heiligen Gutes aus freien Stücken bekannt hätte, bevor er überführt war.

Dieselbe Bedingung setzt 2 Sam 21 voraus. Hungersnot (2 Sam 21.1) offenbart den aus der Erinnerung verdrängten Eidbruch des Königs Saul. Er war absichtlich geschehen und nie in freiem Bekenntnis gestanden worden. Überdies war es ein öffentlicher Eidbruch, der der Sünde mit »hocherhobener Hand«, dem Frevel (Nu 15.30f) entspricht. Solcher Frevel wird nicht vergeben. Daher ist kein *Ascham*-Opfer möglich. Dies stimmt mit der Konzeption des *Ascham* in Lev und Nu überein. Das Stichwort *ascham*, Haftung, fällt in dieser Erzählung nicht.

1 Sam 14.37 läßt in analoger Weise aus dem Schweigen Gottes auf eine

---

[22] MARX, Sacrifice de réparation (A. 3) 189−198, DERS., Formes et fonctions (A. 3) 111−113 vergleicht die Erzählungen, die das *Ascham* erwähnen, mit den sich auf das *Ascham* beziehenden P-Texten. Seine Beobachtungen weisen z. T. in andere Richtungen als die hier verfolgten.

unentdeckte Schuld schließen, die sich aus der Übertretung eines auf die Gesamtheit des Heeres gelegten Eides oder Fluches Sauls (V. 24) ergab. Absicht war bei der Übertretung keine dabei. Jonathan hatte den Eid seines Vaters nicht gehört (V. 27). In V. 39 schwört Saul einen zweiten Eid, um den ersten zu verstärken, in V. 44 fügt er den dritten hinzu. Das Heer löst Jonathan aus (*pdh*) (V. 45).

Die Auslösung erfordert einen Preis, der Gott bezahlt wird. Der Erzähler setzt dies voraus, ohne zu erklären, worin der Preis bestand. Sein Augenmerk gilt der Befreiung Jonathans, der durch den dreifachen Eid seines Vaters dem Tode verfallen, von diesem Tod befreit wird (*pdh*). Im Vergleich mit Lev 5.1,4 wäre es ein *Ascham*, das die notwendige Nichterfüllung des Eides gutmachen müßte.

Die Erzählung von Jiftachs Gelübde (Ri 11.29−40) wird in diesem Zusammenhang bedeutungsvoll. Jiftach hätte ein solches Gelübde in israelitischen Augen nicht tun dürfen, denn er durfte ja nicht irgendein Lebewesen, z.B. einen Hund, JHWH darbringen. Erzähler und Adressaten setzen wohl voraus, daß es Jiftach möglich war, seine Tochter auszulösen, und daß er das hätte tun müssen. Dafür wäre eben ein Opfer im Sinne des *Ascham* von Lev 5.4 vorgesehen gewesen.

1 Sam 26.19 setzt ganz allgemein die Besänftigung des erzürnten JHWH durch eine Gabe (*mincha*) voraus. Solche Besänftigung ist Sühne.

2 Kö 12.17 läßt über den Anlaß von *Ascham* und *Chaṭṭat*, zu denen eine Bezahlung gehört, nichts erkennen.[23]

Aus diesen Erzählungen ergibt sich Folgendes zur Geschichte des *Ascham*: Probleme mit einem angetasteten Heiligtum (1 Sam 5f) und mit unerfüllbaren Eiden oder Gelübden stellten sich in Israel gewiß lange vor der Zeit der Priesterschrift. Sie mußten jedenfalls mit einem Ersatzpreis wiedergutgemacht werden, der Ausdruck für den ausdrücklich anerkannten Anspruch Gottes war. Darin liegt wohl der Ursprung des *Ascham*. Die *Chaṭṭat* entsprach vielleicht in ihrem Ursprung den Anlässen, da Gott wegen einer andern Sünde als der der Antastung von Heiligem oder Nicht-Erfüllung von Eiden und Gelübden besänftigt werden mußte, also in der Sühne im umfassenden Sinn.

Die kasuistische Spezialisierung der Anwendungsbereiche von *Ascham* und *Chaṭṭat*, wie sie in den priesterschriftlichen Bestimmungen gegeben ist, entstand wohl zur gleichen Zeit und in den gleichen Kreisen wie P selbst.

---

[23] B. A. LEVINE, In the Presence of the Lord. A Study of Cult and some Cultic Terms in Ancient Israel, SJLA 5 (Leiden 1974) 97f nimmt diese Stelle als Beweis, daß Sünd- und Schuldopfer unter Joasch am Ende des 9. J. v. Chr. dargebracht wurden, für die die Opferdarbringer nicht die Tiere selbst mitbrachten, sondern die für diese Tiere erforderliche Geldsumme bezahlten.

15. *Ascham reines Privatopfer*

Der Ursprung des *Ascham* in Übergriffen auf Heiliges und in nicht erfüllbaren Eiden und Gelübden erklärt die zuerst überraschende ausschließliche Beschränkung des *Ascham* auf Verfehlungen einzelner.[24] Eine Kollektivität als Ganzes wird nie den Bezirk des Heiligen offiziell antasten. Das wäre ja selbstzerstörerisch für sie. Man würde sofort gegen denjenigen vorgehen müssen, der seine Hand auf Heiliges ausstreckt, wie Jos 7 zeigt. 1 Sam 5−6 ist eine Ausnahme, denn dort ist die Kollektivität nicht israelitisch. Als Nicht-Israeliten sind die Philister in Bezug auf JHWH in einem gemeinsamen Irrtum befangen gewesen.

Eide und Gelübde sind im allgemeinen privat. Kollektive Gelübde und Eide, z.B. ein Bund, sind Ausnahmen. Sie werden von der Öffentlichkeit kontrolliert, so daß für solche öffentliche Bindungen keine Übereilungen und Fehleinschätzungen zu befürchten sind.

Die Öffentlichkeit des gesamten Gemeinwesens ist somit eine Garantie gegen Antastung von Heiligem oder gegen nicht erfüllbare Eide und Gelübde, denn die Behütung von Heiligem und von Eiden vor Übergriffen ist eine vitale Lebensbedingung für den Fortbestand des ganzen Gemeinwesens. Ebenso kommen unversehene, verborgen bleibende Befleckungen bei Individuen, nicht bei Kollektivitäten vor.

16. *Ascham in Jes 53.10*

Warum vergleicht das Lied vom Knecht JHWHs dessen Tun und Leiden einem *Ascham*? Vielleicht ist die einfachste Antwort die Analogie mit der Ladeerzählung von 1 Sam 5f. Die vielen Völker und Könige (52.13−15; 13.12) haben geglaubt, ihn verachten, ja töten zu können, wie die Philister die Lade JHWHs als Beweis ihres Triumphes gedemütigt hatten. Aber die Lade erwies sich als mächtiger als die Götter der Philister. Der Knecht JHWHs erwies sich trotz seines Todes als Sieger (V. 10f).[25]

Die Philister mußten ihren *Ascham*, ihren Übergriff auf das unantastbare Heiligtum der Lade, bekennen, um von ihrer Haftung und Schuld frei zu werden. Denn JHWH beschützte dieses Heiligtum. In analoger Weise bekennen die Völker und Könige der Menschheit ihren Übergriff auf den Knecht als *Ascham*, als Übergriff auf ein heiliges Gut JHWHs, das sie mißachteten, und für dessen Mißachtung sie zur Verantwortung gezogen werden.

Aber *Ascham* ist zugleich in seinem zweiten Sinn einer kultischen Ersatz-

---

[24] Marx, Formes et fonctions (A. 3) 109.

[25] Zur Textkritik und zur Syntax des schwierigen Passus: D. Barthélemy, Critique textuelle de l'Ancien Testament. 2. Isaïe, Jérémie, Lamentations, OBO 50/2 (Fribourg-Göttingen 1986) 402f.

leistung für das beeinträchtigte Heilige genommen. JHWH oder der Knecht selbst gibt mit dem Leben des Knechtes den Preis, die Weihegabe, die die Haftung und Schuld der Könige und Völker aufhebt, wie es die Weihegaben der Philister taten.

Von den schuldigen Völkern aus ist die Vernichtung des Knechtes *Ascham*, Schuld; vom Knecht aus ist der willig angenommene Verlust des Lebens *Ascham*, Versöhnungs-, Wiedergutmachungsgabe, die diese Schuld aufhebt.[26] Diese doppelte Bedeutung von *Ascham*: Übergriff auf heiliges Gut – Versöhnungsgabe für diesen Übergriff, erklärt den Begriff *Ascham* in Jes 53.10.

Warum *Ascham*, nicht *Chattat*, Sünde und sühnendes Sündopfer? Vielleicht weil die Völker wie die Philister gar kein Opfer darbringen können! Sie gehören ja nicht zur Kultgemeinde JHWHs. So bleibt ihnen nur die Möglichkeit der *Votivgabe* zur Tilgung der Schuld, und diese wird nach 1 Sam 6.1ff mit *Ascham* bezeichnet. Eine solche Gabe bringt der Knecht oder JHWH für sie dar.

17. Zusammenfassung

1. Das Opfer *Ascham* entspringt im alten Israel dem nie ganz vermeidbaren Unglück, daß heiliges Gut seinem göttlichen Eigentümer aus Versehen entzogen wird: Heiliges wird unabsichtlich *profaniert*. Das *Ascham* ist die von Gott gewährte, gnadenhafte Möglichkeit einer Restitution, die den Fehler der Zweckentfremdung von Heiligem aufhebt. Anlaß zum Ascham gibt somit die entschuldbare Veruntreuung oder Vorenthaltung heiligen Gutes. Entschuldbar ist sie entweder wegen Unwissenheit oder wegen mildernder Umstände.

2. Weil solche Profanierungen aus Versehen geschehen, liegt es in der Natur der Sache, daß sie übersehen werden können und solange *unentdeckt* bleiben, bis Gott durch ein Unheil auf sie aufmerksam macht. Daher ist das *Ascham* auch die von Gott ermöglichte Wiedergutmachung von übersehenen, nicht sogleich behobenen Profanierungen.

3. Ferner gibt es den Wandel von Situationen, durch den ein ursprünglich berechtigter Eid nicht mehr erfüllt werden darf oder ein notwendiger Fluch zurückgenommen werden muß, weil die Erfüllung solcher Eide und Flüche ein Unrecht schaffen und Gottes Gebote verletzen würde. Da aber Gott als Garant

---

[26] MARX, Formes et fonctions (A. 3) 112f, DERS., Sacrifice de réparation (A. 3) 192–195 stellt in den von *Ascham* sprechenden Erzählungen die Bedingung fest, daß der vom Unrecht Betroffene für den Schuldigen eintreten oder ein Opfer darbringen müsse, damit die Wiedergutmachung vollendet werde. Ob das eine Bedingung ist, ist mir fraglich. Das Opfer in Beth-Schemesch in 1 Sam 6 und die Pfählung der 7 Sauliden in 2 Sam 21 erklären sich möglicherweise anders, und die Fürbitte in Gen 20.7, 17 gehört zu einem Text, wo der Begriff *ascham* nicht fällt, während in Gen 26.10, wo er fällt, von Fürbitte nicht die Rede ist.

solcher Eide und Flüche angerufen und eingesetzt wurde, durfte ein Eid nicht ohne seine Ermächtigung unerfüllt gelassen und konnte ein Fluch nicht ohne ihn außer Kraft gesetzt werden. Das *Ascham*-Opfer war die von Gott den Israeliten dargebotene Dispens von der Erfüllung eines unter Anrufung seines Namens beschworenen Eides und die Außerkraftsetzung eines in seinem Namen ausgesprochenen Fluches.

4. Diese Anlässe für das *Ascham* setzen entweder Unabsichtlichkeit oder Absichtlichkeit ohne verwerfliche Motive voraus. In 1 Sam 5f ist vielleicht in den Augen des Erzählers sogar böse Absicht gegeben, die aber durch Bußgesinnung aufgehoben wird.

5. Die liturgische Entfaltung der Anlässe zum *Ascham*, die die Priesterschrift bezeugt und möglicherweise geschaffen hat, besteht aus einer Reihe von weiteren, analogen Anlässen, die ein *Ascham* zur Wiederherstellung der Integrität der Gemeinschaft zwischen Gott und Menschen vorsehen: a) absichtliche Meineide, die spontan bekannt werden, gleichen in guter Absicht geschworenen, aber unerfüllbaren Eiden, weil diese beiden Kategorien von Eiden um ihre Erfüllung gebracht werden, und weil das spontane Bekenntnis die ursprünglich böse Absicht des Meineides aufhebt, so daß keine verwerfliche Absicht mehr vorliegt (Lev 5.20−26); b) eine längere Zeit *unentdeckt* gebliebene versehentliche Verbotsübertretung gleicht einer versehentlichen, längere Zeit *unbemerkt* gebliebenen Entweihung von Heiligem (Lev 5.17−19); c) die spontan bekannte Veruntreuung von fremdem Eigentum ohne Eid gleicht einer unter Eid beschworenen, spontan bekannten Veruntreuung und fordert daher wie diese ein *Ascham* (Nu 5.6−8); d) unbemerkt gebliebene Unreinheit wiegt schwerer als eine sogleich behobene Unreinheit und gefährdet das Heiligtum durch eine Befleckung; daher gleicht sie einer unbemerkt gebliebenen Profanierung von Heiligem (Lev 5.2f); e) der sexuelle Verkehr mit einer zur Heirat versprochenen, aber noch nicht freigelassenen Sklavin gleicht einer schweren Unreinheit, wie es die längere Zeit unbemerkt gebliebene Unreinheit ist, weil es eine mit einem Unrecht kombinierte Unreinheit ist (Lev 19.20−22); f) die Reinigung vom Aussatz, der stets von längerer Dauer ist, gleicht einer schwereren Unreinheit (Lev 14); g) der unabsichtliche Bruch des Nasiräer-Gelübdes ist eine Entweihung von Heiligem oder gleicht einem Eid, der in nicht-verwerflicher Absicht nicht erfüllt wurde (Nu 6).

6. Die Anlässe zum *Ascham*-Opfer berühren sich in dieser priesterschriftlichen Entfaltung mit gewissen Anlässen zum *Chattat*-Opfer, so daß es an dessen Stelle als erschwerte *Chattat* für Privatpersonen tritt, wenn erschwerende Umstände hinzukommen (Lev 5.1−6).

7. Die Sektion Lev 5.1−13 betrifft sowohl die *Chattat*- als auch die *Ascham*-Opfer.

8. In 1 Sam 5f. bezeichnet das *Ascham* nicht ein Opfer, sondern eine Votivgabe. Denn die Philister können JHWH nicht opfern, da sie nicht JHWHs Priester sind. Vielleicht ist das auch die Bedeutung des Wortes *Ascham* in Jes

53.10. Das Leben von JHWHs Knecht ist eine »Votivgabe« zugunsten »der Vielen«, und zugleich ist es die Verfehlung, die Schuld »der Vielen«, die sich an einem heiligen, d.h. JHWH gehörenden Gute, dem »Knecht JHWHs« vergriffen haben.

Quels animaux Israël offrait-il en sacrifice?

Etude de lexicographie hébraïque

par

RENÉ PÉTER-CONTESSE

Il ne serait pas très difficile, en travaillant avec une concordance, de dresser une liste des noms hébreux (ou araméens) des animaux mentionnés dans les textes vétérotestamentaires parlant de sacrifices. Tel n'est pas mon but. Je rappelle le sous-titre de la présente enquête: »Etude de lexicographie hébraïque«.

Il ne s'agit pas non plus de me lancer dans des recherches d'identifications zoologiques, pour lesquelles je ne serais guère compétent.

J'ai cherché à délimiter, autant que faire se peut, le champ sémantique de divers noms d'animaux, selon les critères de la linguistique moderne. J'ai eu le privilège d'être formé autrefois, entre autres, par le professeur Paul Humbert, de l'Université de Neuchâtel, puis d'entrer au service de l'Alliance Biblique Universelle, pour la traduction de l'Ancien Testament. C'est ainsi que j'ai progressivement découvert cette science de la linguistique, qui mériterait d'être mieux connue et surtout mieux utilisée par les spécialistes des langues bibliques; ceux-ci véhiculent en effet encore trop souvent des idées erronées sur le vocabulaire hébreu ou grec, comme sur la grammaire et la syntaxe de ces langues, malgré les écrits de spécialistes comme James Barr[1] ou Eugene A. Nida[2].

Les spécialistes du Nouveau Testament ont la chance de disposer, depuis 1988, d'un dictionnaire de la langue grecque du N.T. où le vocabulaire est groupé par domaines sémantiques[3]. Un ouvrage analogue portant sur le vocabulaire hébreu (et araméen) de l'A.T. serait de la plus grande utilité.

---

[1] Voir tout particulièrement *The Semantics of Biblical Language,* Oxford, 1961 (= *Sémantique du langage biblique,* Paris-Neuchâtel, 1971 (1988/2)).

[2] Parmi une bibliographie fort abondante, je ne cite ici que quelques ouvrages: *Bible Translating,* New York, 1947 (London, 1961/2) (= *Comment traduire la Bible,* Londres, 1967); *Toward a Science of Translating,* Leiden, 1964; *The Theory and Practice of Translation* (avec Charles R. Taber), Leiden, 1969 (= *La Traduction: théorie et méthode,* Londres, 1971); *Componential Analysis of Meaning,* The Hague, 1975; *From One Language to Another* (avec Jan de Waard), Nashville-Camden-New York, 1986.

[3] J.P. LOUW & E.A. NIDA (ed.), *Greek-English Lexicon of the New Testament based on Semantic Domains,* New York, 1988 (2 vol.).

Chacun sait que les Israélites ont offert en sacrifice essentiellement trois espèces de quadrupèdes, les bovins, les caprins et les ovins, ainsi que des oiseaux, pigeons et tourterelles. Je n'aborderai pas ici le cas des oiseaux. Je ne discuterai pas non plus le cas des animaux sauvages tués en vue de la consommation alimentaire: s'agissait-il de simples mises à mort respectant un certain rituel, ou de sacrifices proprement dits, bien que se déroulant hors d'un sanctuaire et sans participation de prêtres? Ces questions ne sont pas inintéressantes, mais sortent du cadre de mon enquête.

Il y a quelques années, j'ai rédigé un article sur »פר et שׁור«[4], dans lequel je crois avoir montré que, contrairement à certaines données traditionnelles des dictionnaires, פַּר désigne le bovin mâle adulte, et שׁור le bovin en général, mâle ou femelle, et jeune ou adulte[5]. Je ne reviendrai donc qu'incidemment sur l'analyse sémantique des noms hébreux des bovins. Je m'attacherai plus particulièrement à ce qu'on appelle le »petit bétail«, à savoir les »caprins« et les »ovins«. En effet, parallèlement à בָּקָר, nom collectif des bovins, l'hébreu utilise régulièrement le collectif צֹאן pour désigner le petit bétail, et parallèlement à שׁור, *nomen unitatis* des bovins, on trouve le *nomen unitatis* correspondant שֶׂה, qui désigne une tête de petit bétail[6]. Aucun de ces deux mots (צֹאן et שֶׂה) ne se rencontre au pluriel, ce qui correspond bien à l'usage linguistique qui en est fait. Leur existence même vient du fait que les éleveurs de l'époque vétéro-testamentaire ne séparaient pas systématiquement les moutons des chèvres, de sorte qu'il était quasi indispensable de disposer d'un vocabulaire spécialisé désignant l'ensemble des caprins et des ovins constituant un troupeau. Aujourd'hui en Occident, on ne mêle plus guère moutons et chèvres, d'où l'absence dans nos langues de nom collectif et la nécessité de recourir à des locutions telles que »petit bétail«, »small cattle«, »Kleinvieh«. Toutefois les deux mots hébreux צֹאן et שֶׂה ne posent pas de problèmes particuliers, en ce sens que l'accord est quasi unanime au sujet de leur signification. Nous ne nous y arrêterons donc pas plus longuement.

L'élevage du petit bétail n'étant qu'une activité économique très accessoire dans nos sociétés occidentales, il n'est pas étonnant que le vocabulaire le concernant soit modeste aussi. Pour s'en tenir à la langue française, l'espèce caprine comprend le *bouc* (mâle adulte), la *chèvre* (femelle adulte) et le *chevreau* ou le *cabri* (animal jeune)[7]; l'espèce ovine compte le *mouton* (terme générique), le *bélier* (mâle adulte), la *brebis* (femelle adulte), l'*agneau* (mâle

---

[4] »פר et שׁור: note de lexicographie hébraïque«, in *Vetus Testamentum* 25, 1975, p. 486–496.

[5] Une malencontreuse erreur de mise en page a fait que les deux tableaux récapitulatifs de la p. 496 ont été intervertis par l'imprimeur; le rectificatif publié par l'éditeur dans le fascicule suivant (p. 691) a été si discret qu'il a échappé à bien des lecteurs.

[6] Voir F. ZORELL, *Lexicon Hebraicum et Aramaicum Veteris Testamenti,* Roma, 1954 (1984/3), p. 794b, article שֶׂה.

[7] Selon le Robert, »chevrette« n'est pas le féminin de »chevreau«, mais désigne soit une »petite chèvre«, soit la »femelle du chevreuil«.

jeune) et l'*agnelle* (femelle jeune). Pour une société telle que la société israélite, où l'élevage du bétail était très répandu, on ne trouve pas moins de huit noms hébreux ou araméens pour désigner les caprins, et une quinzaine pour désigner les ovins.

Commençons par les informations les plus générales. Un recensement global de l'A.T. nous fait découvrir quatre emplois du triple parallélisme כֶּשֶׂב//עֵז// שׁוֹר[8]. Dans deux autres textes, la formule est un peu différente: שׁוֹר שֵׂה כְשָׂבִים וְשֵׂה עִזִּים[10]. לַשּׁוֹר הָאֶחָד [אוֹ לָאַיִל הָאֶחָד] אוֹ לַשֶּׂה בַכְּשָׂבִים אוֹ בָעִזִּים[9] et Si l'on voulait s'en tenir aux significations traditionnelles proposées par les dictionnaires, on aboutirait en français au triple parallélisme

taureau   // agneau   // chèvre,   c'est-à-dire
bovin mâle adulte// ovin mâle jeune   // caprin femelle adulte.

La logique n'y trouve guère son compte[11].

Mais, comme je l'ai déjà signalé, je crois avoir montré de manière inéluctable, dans mon article de 1975, que שׁוֹר désigne non le taureau adulte, mais le bovin en général, ce que confirme à sa manière le texte de Lv 22.19, où la formule שׁוֹר//כֶּשֶׂב//עֵז est remplacée par בַּבָּקָר בַּכְּשָׂבִים וּבָעִזִּים qui lui est sémantiquement identique. Si l'on admet le sens de »bovin« pour שׁוֹר, on s'attend normalement à ce que les deux autres termes soient également génériques (ovin et caprin), surtout dans les six contextes indiqués, qui sont très généraux[12]. A ce stade, il ne s'agit encore que d'une hypothèse, qui devra être étayée par d'autres arguments démonstratifs.

Mais je me propose d'examiner auparavant, dans une approche générale aussi, les autres mots hébreux et araméens désignant respectivement les caprins et les ovins.

On trouve tout d'abord quatre mots hébreux désignant le bouc; ce sont, dans l'ordre croissant de fréquence:

---

[8] Lv 7.23; 17.3; 22.27; Nb 18.17.

[9] Nb 15.11.

[10] Dt 14.4.

[11] On me rétorquera peut-être que la logique cartésienne moderne n'était pas encore inventée; mais il ne faudrait pas non plus sous-estimer la capacité de logique des »primitifs«. Je sais que leur logique pouvait être différente de la nôtre, mais si c'était le cas ici, il faudrait au moins alors en donner une explication valable.

[12] Lv 7.23: »Tout ce qui est graisse, de bœuf, de mouton ou de chèvre, vous n'en mangerez pas«; 17.3: »Si un homme de la maison d'Israël égorge un bœuf, un mouton ou une chèvre dans le camp – ou même l'égorge hors du camp – sans l'amener à l'entrée de la tente de la rencontre (…), il répondra du sang qu'il a versé«; 22.19: »si vous voulez être agréés, ayez un mâle sans défaut, tiré des troupeaux de bœufs, de moutons ou de chèvres«; 22.27: »Après leur naissance, un veau, un agneau ou un chevreau resteront sept jours avec leur mère«; Nb 15.11: »ainsi fera-t-on pour un taureau, pour un bélier, pour un agneau ou une chèvre«; 18.17: »Mais tu ne feras pas racheter le premier-né de la vache ni celui de la brebis, ni celui de la chèvre«; Dt 14.4: »Voici les bêtes que vous pouvez manger: le bœuf, l'agneau ou le chevreau, le cerf, la gazelle, …«.

תַּיִשׁ (4x): il n'apparaît jamais dans un contexte sacrificiel; son sens est clairement déterminé par les mots en parallèle desquels il est utilisé: bélier (2x); lion, cheval et roi (1x); ou opposé à chèvre (2x). La rareté des occurrences ne permet pas de déterminer de manière plus précise les nuances éventuelles du mot.

צָפִיר (6x): il apparaît deux fois en contexte sacrificiel (sacrifice חַטָּאת Esd 8.35; 2 Ch 29.21), et quatre fois en Dn 8, où il représente le roi d'Occident; là encore le sens n'est pas remis en question, mais la rareté des occurrences empêche d'être plus précis. On ignore quelle différence il pouvait y avoir entre un צָפִיר et un תַּיִשׁ.

עַתּוּד (29x): il apparaît dix-sept fois en contexte sacrificiel; à plusieurs reprises, le עַתּוּד est présenté comme celui qui est à la tête du troupeau, au sens propre en Jr 50.8, au sens figuré en Es 14.9; Ez 34.17 et Za 10.3. Le mot évoque donc un mâle adulte particulièrement puissant, mais la différence par rapport à תַּיִשׁ (en parallèle avec le roi en Pr 30.31) ou par rapport à צָפִיר (désignant Alexandre le Grand en Dn 8) n'est pas évidente.

שָׂעִיר (59x): dans deux cas (Gn 27), le mot désigne Esaü, en tant que »velu«, et dans quatre autres, il désigne les »satyres«, ou démons ayant l'apparence de boucs (Lv 17.7; Es 13.21; 34.14; 2 Ch 11.15). Il apparaît quarante-quatre fois en contexte sacrificiel (sacrifice חַטָּאת); il désigne sept fois (Lv 16) le »bouc pour Azazel«, une fois (Gn 37.31) le bouc dans le sang duquel on trempe la tunique de Joseph, et une fois (Dn 8.21), le mot est placé en apposition à צָפִיר désignant Alexandre le Grand. C'est donc le mot par excellence du langage sacrificiel.

On trouve en plus:

שְׂעִירָה, féminin de שָׂעִיר, ne se rencontre que deux fois, en Lv 4.28 et 5.6 où il désigne une femelle adulte, donc une »chèvre«, offerte en sacrifice חַטָּאת.

גְּדִי (16x) et son féminin גְּדִיָּה (1x) désignent le »chevreau« (en Ct 1.8, le »chevreau femelle«), c'est-à-dire l'animal non adulte; ils n'apparaissent jamais en contexte sacrificiel.

Nous reviendrons plus loin sur le mot עֵז.

Quinze ou seize mots se rapportent aux ovins. Indépendamment de כֶּבֶשׂ et de ses variantes de genre et d'orthographe, on trouve:

כַּר (12x): il n'apparaît jamais en contexte sacrificiel[13]. Le parallélisme avec פַּר, אַיִל, עַתּוּד ne favorise guère le sens d'»agneau [gras]« qu'on lui attribue souvent. De plus son triple emploi en Ez 4.2; 21.27 (2x) pour désigner le »bélier« en tant qu'arme de siège suggère qu'au sens propre il devait désigner un animal adulte plutôt qu'un agneau.

יֹ(וֹ)בֵל (27x): il n'est mentionné ici que pour mémoire; le sens de »bélier« n'apparaît qu'en relation génitivale après les mots שׁוֹפָרוֹת ou קֶרֶן (5x en Jos 6),

---

[13] Malgré la présence de זֶבַח en Es 34.6 et en Ez 39.17-19, le contexte n'est pas sacrificiel; c'est celui du חֵרֶם eschatologique (comparer Jr 46.10). זֶבַח évoque ici non le sacrifice, mais le repas, le festin.

donc jamais en contexte sacrificiel. En Ex 19.13, יֹ(וֹ)בֵל seul a pris le sens de »cor« (instrument de musique), et en Lv 25 et 27 (20x), ainsi qu'en Nb 36.4, il a pris le sens doublement dérivé de »année du Jubilé« (qui était ouverte par une sonnerie de corne de bélier).

אַיִל (155x): il apparaît cent vingt-cinq fois en contexte sacrificiel; c'est le terme sacrificiel par excellence, désignant le mâle adulte, offert en holocauste, en sacrifice de communion ou en sacrifice de réparation[14].

דְּכַר (3x): il apparaît, toujours en contexte sacrificiel, dans les parties araméennes d'Esdras; c'est lui qui, dans le Tg, traduit cent trente-quatre fois sur cent cinquante-cinq le אַיִל du texte massorétique hébreu.

מְרִיא (8x): il apparaît six fois en contexte sacrificiel. Plusieurs dictionnaires récents tendent à identifier le מְרִיא avec une race particulière de l'espèce bovine (*bos bubalus,* BHH; *bubalus buffalus,* HAL); les anciennes versions grecque et latine ont néanmoins un léger penchant pour la race ovine (ἀρήν; *aries, ovis*) à côté de variantes qui insistent sur l'aspect »gras« de l'animal, sans précision d'espèce (פַּטִּים, Tg; *pinguis,* Vg). Les divers contextes, où les bovins apparaissent aussi bien que les ovins et parfois même les caprins, ne permettent pas d'être plus précis.

רָחֵל (4x): il n'apparaît jamais en contexte sacrificiel; le sens est clair et non contesté: il s'agit de la »brebis«, c'est-à-dire la femelle adulte.

אֵמֶר (1x): mais le sens de Gn 49.21 est très disputé; on a soutenu aussi bien une dérivation de la racine אָמַר = »parler«, qu'un rapprochement de אִמַּר (araméen). Ce texte ne nous éclaire donc en rien.

אִמַּר (3x, dans les parties araméennes d'Esd 6–7): il apparaît chaque fois en contexte sacrificiel; de plus c'est lui qui, dans le Tg, sert presque toujours à traduire l'hébreu כֶּבֶשׂ et ses dérivés. Le sens, bien attesté en araméen, est celui d'»agneau«. Nous aurons l'occasion de reparler de ce mot ultérieurement.

קְשִׂיטָה (3x): il n'apparaît jamais en contexte sacrificiel; le mot semble avoir désigné à l'origine une »agnelle«, mais il en est venu à désigner un équivalent monétaire. Il n'est mentionné ici que pour mémoire.

טָלֶה (3x): il apparaît une fois en contexte sacrificiel; il désigne l'»agneau«, c'est-à-dire un animal jeune. En 1 S 7.9, il est appelé »agneau de lait«, ce qui veut dire »agneau très jeune, qui tète encore sa mère«[15].

מֵחַ (2x): il apparaît une fois (Ps 66.15) en contexte sacrificiel. L'autre texte (Es 5.17) pose de tels problèmes de critique textuelle qu'on ne peut guère l'utiliser. L'unique texte du Ps 66 ne permet pas de déterminer le sens exact du mot (»mouton gras«?), probablement apparenté à מֹחַ = »moëlle« (voir LXX et Vg).

---

[14] A noter à son sujet la constance remarquable de la LXX, qui le rend 154x par κριός; le 155e texte (Ex 36.19) n'a pas d'équivalent en grec.

[15] טלה apparaît également une fois en *Si* 46.16, où il n'est d'ailleurs qu'une reprise de 1 S 7.9.

Nous avons pressenti tout à l'heure que עֵז et כֶּבֶשׂ pourraient avoir un sens plus général qu'il n'est communément admis. Il nous faut donc examiner maintenant plus en détail les textes et les contextes dans lesquels ils apparaissent, et voir si notre examen confirme ce pressentiment.

עֵז se rencontre 75 fois dans l'A.T. (hébreu 74x; araméen 1x). Dans neuf cas, le mot désigne le »poil de chèvre« en tant que fibre textile, ce qui ne nous concerne pas[16].

Dans trois cas seulement, le mot est spécifiquement féminin: en Gn 15.9, le texte parle d'une עֵז מְשֻׁלֶּשֶׁת (avec adjectif féminin) = »une chèvre de trois ans«; en Gn 30.35 également, l'adjectif נְקֻדּוֹת est rattaché à עִזִּים; enfin en Nb 15.27, la עֵז est dite בַּת־שְׁנָתָהּ = »âgée d'un an«. Dans trois autres cas, le contexte suggère qu'il s'agit de femelles adultes: en Gn 31.38, עִזֶּיךָ est parallèle à רְחֵלֶיךָ = »tes brebis«; en Gn 32.15, on trouve le même parallélisme רְחֵלִים//עִזִּים, doublé de אֵילִים//תְיָשִׁים; en Pr 27.27, il est question du חֲלֵב עִזִּים = »lait de chèvre«. Ce sont là les six seuls cas où le mot עֵז est à coup sûr spécifique.

Sur les 60 cas restants, nous avons déjà relevé, en sept occasions, le triple parallélisme avec שׁוֹר ou בָּקָר d'une part, כֶּשֶׂב/כֶּבֶשׂ d'autre part, ce qui a donné une présomption de sens générique pour עֵז. Dans quarante-quatre cas, עִזִּים (ou עִזִּין en araméen), toujours au pluriel, se présente comme complément d'un nom plus spécifique, ce qui nous conduit à penser que son sens ne peut être que générique: »l'espèce chèvre« ou »l'espèce caprine«. On trouve ainsi גְּדִי עִזִּים = chevreau de l'espèce caprine; שְׂעִיר עִזִּים (ou שְׂעִירַת עִזִּים) = bouc (ou chèvre) de l'espèce caprine; צְפִיר עִזִּים = bouc de l'espèce caprine: בְּנֵי עִזִּים = animaux appartenant à l'espèce caprine. Dans un cas, l'on rencontre עִזִּים comme complément d'un nom plus générique: Dt 14.4 parle de שֵׂה עִזִּים = une tête de petit bétail de l'espèce caprine (en parallèle à שֵׂה כְשָׂבִים = une tête de petit bétail de l'espèce ovine). Dans sept cas, on trouve un parallélisme simple entre עֵז et כֶּבֶשׂ/ כֶּשֶׂב, ce qui va toujours dans le même sens, comme le montrera tout à l'heure l'étude de כֶּבֶשׂ. Restent enfin quatre cas:

1 S 25.2, où עִזִּים est placé en parallèle à צֹאן; il s'agit d'un cas unique, qui d'ailleurs confirme à sa manière le sens générique de עֵז. Il est en effet très vraisemblable que les mille עִזִּים de Nabal n'étaient pas uniquement des femelles adultes; son troupeau devait comprendre d'une part une certaine proportion de mâles, pour la reproduction, et d'autre part des animaux de tous âges.

Il en va de même des »deux petits troupeaux de עִזִּים« de 1 R 20.27[17], auxquels les Israélites sont comparés, face à la multitude innombrable des Araméens: de tels »petits troupeaux« pouvaient parfaitement compter des mâles et des jeunes.

---

[16] Ex 25.4; 26.7; 35.6, 23, 26; 36.14; Nb 31.20; 1 S 19.13, 16.

[17] Quel que soit le sens du hapax חֲשִׂפֵי.

De même encore en Ct 4.1 et 6.5, où les cheveux de la bien-aimée sont comparés à un troupeau de עִזִּים dévalant du Galaad: aucune raison, même au niveau de la comparaison, de privilégier les femelles adultes dans ce troupeau.

Nous abordons enfin l'étude de כֶּבֶשׂ et de ses dérivés. Signalons d'emblée qu'on ne peut discerner aucune nuance de sens entre כֶּבֶשׂ et כֶּשֶׂב, ou entre כִּבְשָׂה/ כַּשְׂבָּה et כִּשְׂבָּה; le phénomène de métathèse consonantique d'une part, et d'autre part la différence de vocalisation au féminin, ne constituent que de simples variantes orthographiques.

Ces cinq formes, que nous examinerons toutes ensemble, apparaissent 129 fois dans l'A.T. hébreu[18]: on trouve respectivement כֶּבֶשׂ (108x), כֶּשֶׂב (13x), כִּבְשָׂה (6x), כַּשְׂבָּה (2x) et כִּשְׂבָּה (1x). L'araméen ne connaît pas de mot de cette racine[19].

Les dictionnaires proposent les sens suivants:

HAL	כֶּשֶׂב/כֶּבֶשׂ =	junger Widder	כִּשְׂבָּה/כִּבְשָׂה = junges Schaflamm
BDB		lamb	ewe-lamb
Zorell		agnus	agna.

Ce consensus presque parfait semble confirmé par les versions anciennes:

LXX utilise cinq mots différents: 86 x ἀμνός, 21 x ἀμνάς, 10 x ἀρήν (signifiant tous les trois »agneau/agnelle«), 1 x ἀρνίον (diminutif de ἀρήν, donc »jeune agneau«), et 11 x seulement πρόβατον = »petit bétail«, en particulier les moutons, sans nuance de jeunesse;

Vg utilise 109 x *agnus* ou *agna*, 15 x *ovis*, 2 x *grex*, 1 x *pecus* et 1 x *aries* (dans un cas, Vg n'a pas d'équivalent du mot hébreu)[20]:

Tg et Syr emploient presque toujours אִמַּר, respectivement *'èmra* = agneau.

Cette quasi unanimité des versions anciennes est impressionnante, et c'est certainement elle qui a influencé les lexicographes dans le choix de leur traduction. Mais elle ne doit pas court-circuiter l'étape indispensable d'une analyse sémantique sérieuse. C'est ici une fois encore ce domaine particulier de la linguistique qui nous aide à y voir clair. Nous avons relevé plus haut que dans plusieurs cas le sens traditionnellement admis d'»agneau« était peu vraisemblable: en particulier le parallélisme avec שׁוֹר ou בָּקָר, et עֵז ne le favorise pas, c'est le moins qu'on puisse dire[21].

---

[18] Ainsi qu'une fois en *Si* 13.16 (= LXX 13.17).

[19] Voir plus haut אָמַר.

[20] Le כבשׂ de *Si* 13.16 est rendu par ἀμνός dans LXX et *agnus* dans Vg.

[21] DOHMEN, dans l'article כֶּבֶשׂ du ThWAT IV, col. 45−54, déclare que כֶּבֶשׂ apparaît à plusieurs reprises dans l'AT pour désigner l'espèce *ovis*, et il cite en exemple Dt 14.4. Selon lui donc, le mot aurait deux extensions sémantiques différentes, soit »le mouton« en général, soit »l'agneau« en particulier. Linguistiquement parlant, il est admis qu'un mot puisse avoir deux extensions différentes du champ sémantique; nous avons vu plus haut le cas de עֵז, parfois »chèvre« (femelle adulte) et parfois »espèce caprine«. Le cas de »homme« en français est bien connu également: »adulte masculin« ou »espèce humaine«. Mais il serait très surprenant qu'un nom tel que כֶּבֶשׂ désigne dans les mêmes textes soit l'animal jeune (»un agneau«), soit »l'espèce ovine« en général. A mon avis Dohmen a reconnu là un fait linguistique important, mais il n'a

Une saine analyse lexicographique nous conduit à examiner soigneusement dans quels contextes les mots sont employés. Si l'on reprend les 129 passages dans lesquels כֶּבֶשׂ et ses dérivés apparaissent, nous constatons que dans cinquante-trois cas, le mot hébreu est accompagné de l'une ou l'autre des appositions suivantes: בֶּן־שָׁנָה, בְּנֵי־שָׁנָה, בֶּן־שְׁנָתוֹ ou (au féminin) בַּת־שְׁנָתָהּ, littéralement »fils/fille de l'année/de son année«, c'est-à-dire »âgé(e) d'un an«[22]. Dans vingt-huit autres cas, cette précision quant à l'âge est implicite, l'apposition n'accompagnant évidemment que la première occurrence du mot hébreu dans un paragraphe, les autres occurrences étant sans apposition[23]. C'est donc à cause du contexte que les traducteurs anciens ont été amenés à rendre l'expression hébraïque par des mots grecs, latins, araméens ou syriaques désignant l'agneau, et non pas à cause du mot hébreu en soi. En raison de la grande fréquence de l'expression, il est compréhensible que ces traducteurs aient recouru aux mêmes mots dans un certain nombre de cas où l'âge n'était ni explicite, ni implicite. Par contre, dans six des sept cas où l'on rencontre le triple parallélisme שׁוֹר/בָּקָר//כֶּשֶׂב//עֵז, on constate que les traducteurs de LXX et Vg ont évité les mots grecs ou latins spécifiques pour recourir précisément aux termes génériques, πρόβατον en grec et *ovis* en latin.

Parmi les 129 occurences de כֶּבֶשׂ et de ses dérivés, 18 se trouvent en contexte non sacrificiel[24], et présentent ainsi un intérêt particulier. Il s'agit de:

Gn 21.28–30 (3x): traité d'alliance entre Abraham et Abimélek au sujet du creusage du puits de Béer-Shéva;

Gn 30.32–40 (4x): répartition du petit bétail entre Laban et Jacob;

Lv 17.3 (1x): abattage profane du bétail;

Dt 14.4 (1x): utilisation des animaux pour l'alimentation;

2 S 12.3–6 (3x): parabole du pauvre qui ne possédait qu'une seule petite כִּבְשָׂה;

Es 5.17 (1x): כְּבָשִׂים au pâturage;

Es 11.6 (1x): le loup qui cohabite avec le כֶּבֶשׂ;

Jr 11.19 (1x): כֶּבֶשׂ conduit à l'abattoir;

Os 4.16 (1x): כֶּבֶשׂ au pâturage;

Jb 31.20 et Pr 27.26 (2x): laine des כְּבָשִׂים[25].

Dans aucun de ces emplois, le sens d'agneau/agnelle (animal jeune) n'est

---

pas su ou pas osé aller jusqu'au bout du raisonnement, à savoir que כֶּבֶשׂ signifie »mouton«, et que c'est le contexte qui autorise parfois la traduction »agneau«.

[22] Ou »né dans l'année«. On a défendu les deux interprétations; »âgé d'un an« me paraît préférable, mais je n'entre pas dans la discussion de ce point, car le résultat n'a pas d'incidence sur le problème que nous examinons.

[23] Voir par exemple Ex 29.38–41: v. 38 כְּבָשִׂים בְּנֵי־שָׁנָה; v. 39 וְאֵת הַכֶּבֶשׂ ... אֶת־הַכֶּבֶשׂ; v. 40 אֶת־הַכֶּבֶשׂ; v. 41 לַכֶּבֶשׂ וְאֵת הַכֶּבֶשׂ.

[24] DOHMEN (ThWAT IV, col. 49) compte 112 emplois de terminologie sacrificielle, et donc 18 emplois profanes (en tenant compte de *Si* 13.16); personnellement je place dans cette dernière catégorie également le texte de Lv 17.3.

[25] Le texte de *Si* 13.16 est une allusion à Es 11.6.

indispensable. Le sens générique est partout possible, et il est même quasi obligatoire en Gn 30, où כְּבָשִׂים (et עִזִּים) est mis en relation avec כָּל־שֶׂה = »tout le petit bétail«; il serait étonnant en effet que le troupeau constitué par Jacob n'ait comporté que des animaux jeunes. Il en va de même en Lv 17.3 et Dt 14.4 (triple parallélisme!), où la consommation de viande n'est manifestement pas limitée à celle des agneaux à l'exclusion des moutons adultes. En Es 5.17 (indépendamment des problèmes textuels que nous avons évoqués plus haut à propos du substantif מֵחַ) et en Os 4.16, il est peu vraisemblable que les troupeaux au pâturage n'aient compté que des agneaux. Enfin l'utilisation de la laine, à laquelle Jb 31.20 et Pr 27.26 font allusion, fait penser à des animaux adultes plutôt qu'à des jeunes.

Avant de conclure, voici encore quelques constatations supplémentaires qui vont dans le même sens:

Gesenius, dans son Thesaurus[26], et suivant en cela le Hierozoicon de Bochart[27], affirme que le כֶּבֶשׂ est un ovin âgé de un à trois ans; avant un an, l'animal s'appelle טָלֶה. Même si je ne partage pas ce point de vue, je relève que l'animal ainsi décrit n'est en tout cas plus ce qu'on appelle en français un »agneau«[28].

Il est intéressant de relever que Ibn Ezra, dans son commentaire de Lv 4.32, déclare sans ambiguïté que כֶּבֶשׂ désigne l'espèce »mouton«; en 22.27, il envisage la même possibilité pour les trois termes parallèles שׁוֹר//כֶּשֶׂב//עֵז.

Enfin Dohmen, dans son article כֶּבֶשׂ du ThWAT IV, examine l'étymologie du mot, et pense qu'il pourrait s'expliquer par l'usage antique des moutons pour fouler le grain sur l'aire (akkadien *kabāsu,* rapproché de l'hébreu כָּבַשׂ ou כָּבַס). Bien que je sois très méfiant à l'égard du recours à l'étymologie pour expliquer le sens des mots, je constate que si cette proposition est valable, elle va dans le sens de mon étude; il serait en effet étonnant qu'on ait utilisé des agneaux plutôt que des moutons adultes pour fouler le grain.

En conclusion, je propose le tableau suivant des relations sémantiques entre les divers noms étudiés[29]:

---

[26] W. GESENIUS, *Thesaurus philologicus criticus linguae Hebraeae et Chaldaeae Veteris Testamenti,* Lipsiae, 1835–1853, p. 659.

[27] S. BOCHART, *Hierozoicon, sive bipertitum opus de animalibus S. Scripturae,* Francofurti ad Moenum, 1675, col. 427–428.

[28] Dans le langage technique actuel des éleveurs de moutons et de la boucherie, on appelle »agneau« un animal jusqu'à l'âge de 6–8 mois environ.

[29] Le sens des mots מֵחַ, מְרִיא et קְשִׂיטָה est trop incertain pour qu'on puisse leur attribuer une place dans le tableau.

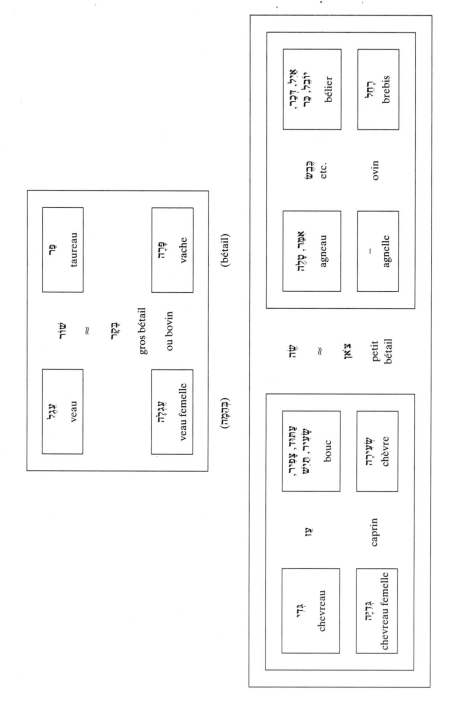

Deutsche Zusammenfassung

Es geht darum, das semantische Feld der Begriffe abzugrenzen, mit denen die Opfertiere im A.T. bezeichnet werden. Die Untersuchung lässt die Vögel ausser Betracht. In Israel brachte man Rinder (Boviden), Oviden und Capriden dar. Den Namen für die Boviden hat Verf. schon 1975 eine Untersuchung gewidmet (Anm. 5). Hier wird die Semantik für die Namen des Kleinviehs, Oviden und Capriden untersucht. צֹאן ist der Kollektivbegriff dafür, שֶׂה das nomen unitatis.

Alle hebräischen und aramäischen Bezeichnungen der Bibel für Capriden und Oviden werden hier präsentiert. Ergebnis aller Untersuchungen des Verfassers: בָּקָר ist Kollektivbegriff für Boviden, שׁוֹר nomen unitatis für »Rind«, gleichgültig ob männlich oder weiblich, jung oder erwachsen; עֵגֶל männliches, עֶגְלָה weibliches Rind; פַּר Stier, פָּרָה Kuh; עֵז Capride, männlich oder weiblich; גְּדִי männliches Zicklein, גְּדִיָּה weibliches Zicklein; עָתוּד, צָפִיר, שָׂעִיר, תַּיִשׁ Ziegenbock, שְׂעִירָה Ziege. כֶּבֶשׂ (und andere Namen) Ovide (männlich und weiblich), אִמַּר, טָלֶה männliches Lamm (Jungschaf); כַּר, יוֹבֵל, דְּכַר, אַיִל Widder, רָחֵל weibliches erwachsenes Schaf.

Religionswissenschaftliche Betrachtungen zu Maleachis Kritik an der Opferpraxis seiner Zeit*

von

CARL-A. KELLER

Der Leiter unserer Tagung hat mich gebeten als Alttestamentler und Religionswissenschafter zugleich einen Beitrag zum Tagesthema zu bieten. Es stellt sich somit die Frage, wie diese Aufgabe am besten zu erfüllen sei. Man könnte an eine ausschließlich religionswissenschaftliche Untersuchung denken. Eine solche wäre in der Tat nicht ohne Reiz, hätte aber den Nachteil, auf kleinstem Raum Phänomene und Probleme zu behandeln, die ausführlich zu belegen und zu diskutieren wären. Man müßte in der Tat eingehend darlegen, daß das Opfer sehr oft als Gabe verstanden wird, die unweigerlich nach einer Gegengabe ruft: der durch die Gabe ausgezeichnete Geist oder Gott ist verpflichtet, mit einer Gegengabe zu antworten; denn eine Opferhandlung ist eine geschäftliche Leistung, die gebührend bezahlt werden muß. Umgekehrt kommt es auch vor, daß die Gottheit als eigentlicher Geber erkannt wird und infolgedessen das Opfer des Menschen nur eine selbstverständliche Gegengabe sein kann (das sog. »Dankopfer«). Letztere Sicht der Dinge mag dann soweit gehen, daß nur die Uebergabe der gesamten menschlichen Existenz an den göttlichen Geber als rechte Antwort des Menschen gilt: *'islām*, »Unterwerfung« als »Gegengabe« an den großzügigen Schöpfer des Lebens und seiner Bedingungen.

Das Zirkulieren der Gaben, vom Geber zum Empfänger, der mit einer Gegengabe antwortet, wird oft ausdrücklich als »Kreislauf« verstanden. So etwa im alten Indien, wo mehrmals in den Texten erklärt wird, die Opfergabe rufe dem Regen, der Regen seinerseits bewirke die Nahrung, und die Nahrung führe wieder zur Gabe. In Gītā 3,16 wird dieser Kreislauf als ein vom Opfer »angetriebenes Rad« dargestellt. Weiter heißt es dann etwa auch, daß aus der kosmischen Urgröße alles entstanden sei: Opfergabe, Opferspruch, Opferhandlung und Opferer, so daß im Grunde der ganze Weltlauf nichts anderes ist als ein sich verästelndes Opfer des Weltgrundes (Muṇḍaka-Up. 2,1,6; Gītā

---

* Die vorliegende Fassung meines Beitrages nimmt dankbar gewisse Anregungen auf, die in der Diskussion gemacht wurden.

3,15; 4,24). Darum hat der Weltgrund den Menschen das Opfer als Mittel zur Mehrung ihrer Zahl und zu ihrem Wohlergehen auferlegt. Wenn so die opfernde Hingabe des Menschen zu »weltlichem« Glück führt, so kann sie andererseits auch, je nach Wunsch, Befreiung von irdischem Zwang und Vereinigung mit dem Weltgrund bewirken. Askese, Verzicht auf Nahrung und Unterhalt, Verzicht auch auf normales Atmen und normale Körperstellung (d.h. Yoga) wird so als Opfer aufgefaßt, das mit Erlösung vergolten wird.

Schließlich wäre darauf hinzuweisen und ausführlich zu belegen, daß das Opfer mit Vorliebe der Gottheit als Nahrung dargebracht wird, wobei in der Regel der Opferer selber am Mahl teilnimmt und so auch unmittelbar die Gegengabe der Gottheit genießt.

Dies alles würde den Inhalt eines religionswissenschaftlichen Beitrages zur Thematik des Opfers bilden, wobei ohne Schwierigkeit die Analogien und Unterschiede zum Alten Testament herausgearbeitet werden könnten.

Ich habe es indessen als fruchtbarer erachtet, mich nicht über das Opfer im allgemeinen zu äußern, sondern mich auf einen bestimmten, vielleicht in unserm Zusammenhang nicht ohne Weiteres sich aufdrängenden alttestamentlichen Text zu beschränken: auf Maleachis Kritik an der Opferpraxis seiner Zeit, vor allem auf Mal. 1,6–14. Zwar werde ich nicht eine eigentliche Exegese des Textes bieten, sondern vielmehr nur vier mir wichtig scheinende Punkte herausgreifen. Ich bin überzeugt, daß diese vier Punkte allerlei Perspektiven eröffnen, die Licht werfen auf die gesamte Problematik des Opfers.

Welches ist bei einer derartigen Fragestellung die Funktion religionswissenschaftlicher Ueberlegungen? Jedenfalls nicht in erster Linie die, zwischen Phänomenen aus verschiedenen Kulturbereichen irgendwelche historische Einflüsse und Zusammenhänge zu postulieren. Derartiges kommt gewiß auch vor; denn Kulturen sind bekanntlich nicht hermetisch in sich geschlossene Größen. Jedoch möchte ich religionswissenschaftlichen und vergleichenden Untersuchungen vorgängig eine andere, doppelte Aufgabe zuweisen:

Einerseits läßt der Vergleich ähnlicher Erscheinungen in verschiedenen Religionen und Kulturkreisen die Spezifität jeder der behandelten Ausprägungen hervortreten. Religionswissenschaftliche Bemühung verfolgt in erster Linie das Ziel, in jeder Religion die Eigenart ihres Tuns, Fühlens, Erlebens und Denkens zu erfassen und in ihrer Einzigartigkeit darzustellen. Gewiß können auch inter-religiöse Analogien und Gemeinsamkeiten festgestellt werden. Trotzdem macht das irgendwie Gemeinsame auch deutlich, daß das scheinbar Identische in jedem spezifischen Kontext anders erlebt und verstanden wird.

Andererseits hat mich die Beschäftigung mit außerbiblischen Religionen gelehrt, mehr auf das wesentlich Religiöse der biblischen Texte auch zu achten. Es scheint mir durchaus ungenügend, ja verfehlt, diese Texte vor allem, oder sogar ausschließlich, als literarische Dokumente zu analysieren – auch wenn akademische Gepflogenheiten dies angeblich verlangen. Das in den Texten sich ausdrückende Tun, Fühlen und Erleben ist mir immer wichtiger geworden.

Es ist das eigentlich Religiöse, das das Studium der Bibel nützlich und anziehend macht, und ich werde versuchen, auch im vorliegenden Beitrag dieses Prinzip zur Geltung zu bringen.

I.

Im ersten der insgesamt vier Punkte, die ich herausgreifen möchte, geht es noch nicht um das Opfer. Es scheint mir nämlich unumgänglich, vorerst auf die Form unseres Orakels (Mal. 1,6−14) aufmerksam zu machen und daraus die richtigen Schlüsse zu ziehen. Die Form könnte ja solidarisch sein mit dem eigentlichen Sinn und dem Ursprung des Textes. Zwar ist die alttestamentliche Wissenschaft im Zuge ihrer Arbeit zum Schluß gekommen, daß eine aus einem bestimmten »Sitz im Leben« erwachsene literarische Form, auch unabhängig von ihrem Ursprung, als bloßes Darstellungsmittel verwendet werden kann und durchaus nicht immer das ursprüngliche Tun und Erleben voraussetzt (ich denke hier besonders an die polemischen Arbeiten von Georg Fohrer). Auch wenn dies zugegeben werden muß, so gibt es doch Fälle, vor allem in der prophetischen Literatur, in welchen zwar nicht mit einem allgemeinen und repetitiven »Sitz im Leben« gerechnet werden muß, wohl aber mit spezifischen Situationen, die unmittelbar die literarische Form hervorgebracht haben.

Worum geht es in Mal. 1,6−14? Es handelt sich um einen Dialog, in welchem gewisse Mängel des kultischen Tuns verhandelt werden. Exegeten nennen diesen Dialog in der Regel »Disputationswort«. Es gehe darum, daß der Prophet mit seinen Hörern – im vorliegenden Fall sind es Priester – »disputiere«, ein kontroverses Thema behandle. Nun finden sich in der Tat im Buche Maleachi solche Disputationsworte. Ich sehe indessen nur zwei: 2,10−16 und 2,17−3,5, wobei in der letzteren Perikope das Wort des Propheten in einen Ausspruch Jahves übergeht.

Unser Text ist jedoch kein solches Disputationswort. Ebensowenig wie die übrigen Perikopen: 1,2−5; 1,6−2,9; 3,6−12 und 3,13−21. In diesen Texten ist es nicht der Prophet, sondern Jahve selber, der mit seinen Hörern verhandelt. Und hier entscheidet es sich nun, ob man auf das religiöse Tun und Erleben aufmerksam ist. Genauer gesagt: auf das religiöse Erleben, das sich im entsprechendem Tun äußert.

Für den Religionswissenschaftler verweist die literarische Form der genannten Texte eindeutig in den Bereich der sog. Besessenheitskulte. Besessenheitskulte sind in der ganzen Welt in zahllosen Varianten verbreitet und bilden auch im Bereich der Hochreligionen die religiöse Untergrundpraxis der Massen. Schematisch zusammengefaßt besteht ein Besessenheitskult darin, daß sich eine Frau, oft auch ein Mann, von einer göttlichen Macht – einem Gott oder einem Geist – in Besitz nehmen läßt und somit zu deren »Reittier« und, konkret, zu ihrem Sprachrohr wird. Die göttliche Macht redet, indem sie sich des menschlichen Organs bedient. Die Kultteilnehmer stellen ihr Fragen, diskutieren mit ihr und erhalten Antwort auf ihre Einwände. Dabei geht es sehr oft um kultische Angelegenheiten. Der redende Geist beklagt sich etwa über mangelnden Eifer seiner Anhänger und fordert diese oder jene Verbesserung des Kultus, oder auch gelegentlich eine über das Gewöhnliche hinausgehende kultische Maßnahme. Bekannte Kulte dieser Art sind etwa der zentralamerikanische Vodu und der ägyptisch-sudanesische Kult der Zar; sie sind jedoch in beiden Amerika, in der ganzen islamischen Welt, in Schwarzafrika und in Indien beobachtet, beschrieben und analysiert worden. Heutzutage treten sie in der ganzen zivilisierten Welt auf, allerdings verballhornt und banalisiert, als sog. »Channelling«.

Aufgeklärte und kritische Wissenschaftler haben natürlich diese religiösen Erscheinungen auf mancherlei Weise zu erklären versucht: als dramatische Inszenierungen mit sozialpsychologischen und individuell kathartischen Funktionen; als ritualisierte Gelegenheiten zur Exteriorisierung und Abreagierung verdrängter Impulse, womöglich sexueller Art; als politisches Sicherheitsventil, das unterdrückten oder marginalen Klassen erlaubt, sich ihres Eigenwertes bewußt zu werden; oder auch schlicht als psycho-pathologische Erscheinungen. Immer natürlich unter der stillschweigenden aber scheinbar selbstverständlichen Voraussetzung, daß das Selbstverständnis der Kultteilnehmer als verfehlt zu beurteilen und zu übergehen sei. Denn göttliche Mächte, die sich gewisser Menschen bemächtigen und sich offenbaren könnten, indem sie durch sie redeten und handelten, seien doch wissenschaftlich nicht ernst zu nehmen. Real sei menschliches Reden, nicht aber göttliches Reden im Menschen und durch den Menschen hindurch.

So die offiziellen Interpreten der Besessenheitskulte. Das Verhängnisvolle besteht nun darin, daß auch die Exegeten der Bibel bei ihren Erklärungen prophetischer Texte in dieselbe Richtung vorzustoßen versucht sind. Statt anzunehmen, daß in einem Wort wie dem zur Verhandlung stehenden tatsächlich ein Dialog vorliegt zwischen dem lebendigen, durch den von ihm »besessenen« Propheten redenden Jahve und den Kultteilnehmern, zieht man es vor, die Jahve-Rede lediglich als literarische Einkleidung, d.h. als literarischen Kunstgriff des Verfassers zu deuten. Wie wäre es, wenn man diese und ähnliche Texte zu verstehen suchte als Niederschlag tatsächlich stattgehabter religiöser Ereignisse im Sinne der Besessenheitskulte?

Solche Kulte werden in der Regel dann veranstaltet, wenn die Kultgemeinde vor besonderen Problemen steht. Bei Maleachi liegen in der Tat besondere Probleme vor. »Welche Mühsal!« ist die zusammenfassende Beschwerde der Leute (1,13). Man hat den Eindruck, jede kultische Anstrengung sei vergeblich; denn »der Tisch Jahves ist ja verachtet« oder »verdächtlich«! (1,7), und der Altar Jahves ist »beschmutzt«, also nicht mehr zu einem echten Gottesdienst zu gebrauchen (1,12). Man beklagt sich, Jahve sei ungerecht (2,17), der »Dienst für Jahve« sei durchaus sinnlos; im Halten seiner Gebote liege kein

Gewinn und es sei unnütz, sich zu demütigen (3,14). Zwischen den Zeilen lesend darf man vermuten, die wirtschaftliche Lage sei augenblicklich nicht sehr rosig. In dieser zerfahrenen Situation werden kultische Begehungen einer andern Art veranstaltet, in deren Verlauf Jahve von einem Propheten Besitz ergreift und durch ihn, im Gespräch mit den Kultteilnehmern, die vorzunehmenden Maßnahmen präzisiert.

Es besteht so kein Grund, die Historizität des kultischen Ereignisses zu bezweifeln. Andererseits kann auch nicht bestritten werden, daß der Bericht darüber nachträglich schriftlich formuliert wurde, sei es vom Propheten selber oder – dies die wahrscheinlichere Annahme – von einem sonst irgendwie Beteiligten.

In unserm Text geht es um das Opfer. Jahve betont, sein Altar und sein Kult seien nicht an sich verachtet, verächtlich oder beschmutzt, da er ja der Herr der ganzen Welt sei. Darum verherrliche er seinen Namen durch einen im Grunde ihm geltenden, universalen, reinen Kult (1,11). Vielmehr seien es die Priester, die den Altar mit ihren fehlerhaften Opfergaben verächtlich machten. Darum fordert Jahve vollkommene Opfer. Es geht ihm also um das rechte Opfer und um den Sinn des Opfers.

Man erinnert sich, daß auch im Munde der Besessenen von Mari der jeweilige Gott sich gelegentlich um die ihm geltenden Opfer kümmert.

II.

Wie definiert nun Jahve den Sinn des Opfers? – Er betont, das rechte Opfer erhalte dadurch seine Beglaubigung, daß es *ihm zu Ehren* dargebracht werde. Opfer ist dann sinnvoll, wenn es Jahve ehrt. Da er sich als Vater und Oberherr weiß – und auch als solcher angebetet wird –, verlangt er respektvolle Ehrfurcht (*mōrā'*) und Anerkennung seiner Hoheit (*kābōd*, 1,6); denn das ist die Haltung, in welcher man normalerweise dem Vater und der politischen Autorität begegnet (ebda). Opfergaben werden ausdrücklich verglichen mit Gaben, die der Untertan den Repräsentanten der politischen Macht bringt, im Falle der Juden im Perserreich dem *pèḥḥāh* (1,8). Solche Gaben offeriert man dem Machthaber, um ihn günstig zu stimmen und um von ihm wohlwollend beachtet zu werden, d.h. um sich »wohlwollende Annahme« (*rāṣōn*) zu sichern. Eine Gabe muß ja immer und notwendigerweise irgendwie vergolten werden. Wenn indessen eine positive Reaktion erwartet wird, muß die Gabe dem Status des Beschenkten und der Bedeutung des erwarteten Gegengeschenks entsprechen. Diese einfache Grundregel sozialen und politischen Verhaltens haben die Priester mißachtet.

Die Gaben bestehen in Nahrungsmitteln. Sie bereichern den »Tisch« des Vorgesetzten, also auch den »Tisch« Jahves (1,7.12). Der Altar gilt als »Tisch Jahves«, auf welchem man dem »Vater« und »Oberherrn« seine Nahrung

vorsetzt. Die Idee, die Gottheit benötige Nahrung, müsse also gewissermaßen
am Leben erhalten werden, indem man ihr den Lebensunterhalt und damit
neue Kraftquellen zuführt, wird in der Regel als mit dem biblischen Gottesbild unvereinbar empfunden. Man verweist auf Texte wie Ps. 50,10−13; Jes.
40,16, um daran zu erinnern, daß Jahve selber jegliche Nahrungszufuhr als
grotesk erachte. Ein Ritus, der darin bestünde, die Gottheit zu nähren, wird
als Ueberbleibsel aus archaischer oder primitiver Religiosität empfunden. Im
Gegensatz zu solcher überwundener Religiosität wird der Gott der Bibel als
eine Größe aufgefaßt, die jenseits aller Bedürfnisse stehe. Man gibt sich kei-
nerlei Mühe, die Gabe von Nahrung an die Gottheit wirklich zu verstehen.

Worum geht es eigentlich, wenn eine Kultgemeinde ihrer Gottheit Nahrung
vorsetzt, sie so »am Leben erhalten« und stärken will und sie mit solchem Tun
ehrt? Mir scheint, es seien in dieser Tätigkeit mindestens drei Momente enthalten.

1. Indem die Kultgemeinde die Gottheit nährt, bekennt sie im Grunde nicht
die Abhängigkeit der Gottheit von derartigen Gaben, sondern ihre, der Kultgemeinde, Abhängigkeit von der Gottheit. Der Verehrer hat die Gottheit
nötig, er bedarf ihrer; denn er lebt dank ihrer Hilfe. Er weiß und bekennt, daß
sie alles regiert und suverän lenkt, sein ganzes Dasein und sein Ergehen. Die
Gottheit ist stärker als der Mensch; sie ist Quelle von Kraft und Wohlergehen.
Der Verehrer ist sich seiner Abhängigkeit bewußt und zeigt mit seinen Gaben, daß er auf weiteres Wohlwollen der Gottheit hofft.

2. Hier schließt sich ein zweites Moment an: Kraft und Leben fließen aus
der Gottheit. Kraft und Leben wirken indessen durch die Speise, werden
durch die Speise erhalten und vom Menschen aufgenommen. Kraft und Leben dürfen aber nicht verloren gehen: sie müssen zurückfließen zur Gottheit.
In der Welt der Religionen machen indische Theorien, auf die einleitend
hingewiesen wurde, diesen Kreislauf besonders deutlich. Alles kommt von
der Gottheit und fließt zur Gottheit zurück. Im Unterschied zum gottlosen
Menschen, der nur seine eigenen, beschränkten Interessen berücksichtigt und
pflegt, steht der religiöse Mensch in einem Kreislauf: im Kreislauf des von der
Gottheit ausströmenden und in sie zurückfließenden Lebens. Die Gottheit
ernähren heißt demnach, ihr das wiedergeben, was von ihr ausgeflossen ist. In
strengem Sinne könnte man sagen, das Opfer sei eigentlich nicht Gabe, die
nach einer Gegengabe verlange, sondern Gegengabe, *tōdāh*, Antwort auf die
Gaben der Gottheit. Das wird ja in Ps. 50,14 ausdrücklich gesagt. Daß das
Opfer im eigentlichen Sinne nicht Gabe, sondern Gegengabe ist, letztes Glied
eines von Gott ausgehenden Kreislaufes, kommt sehr schön darin zum Ausdruck, daß das Blut des Opfertieres, Träger der Lebenskraft, an Gott zurück-
gegeben wird.

3. Darum ist das Opfer, als Nahrung für die Gottheit, im Vollsinn Ausdruck
der Dankbarkeit des Menschen. Indem Gott dem Menschen Nahrung und
Leben schenkt, weiht der Schöpfer sich selber dem Dienst des Geschöpfes. Im

Opfer, Vollzug der Gegengabe, weiht der Mensch auch seinerseits seine Existenz dem Geber aller Güter. In der hinduistischen *pūjā* wird dieses religiöse Erleben noch heute intensiv gepflegt. Die *pūjā* besteht darin, daß der Verehrer die Gottheit einlädt, auf dem ihr geweihten Symbol, z.B. dem Gottesbild, Platz zu nehmen. Die so als gegenwärtig erfahrende Gottheit wird hierauf mit allen Gaben geehrt, die man einem hoch geachteten und innig geliebten Gast zukommen läßt: vor allem mit Nahrung, aber auch mit Bad, Wohlgerüchen und kunstvoller Unterhaltung. Dazu werden oft Lieder gesungen, die die Gottheit schildern als jenseitige Quelle aller Dinge, eine Quelle, die trotz ihrer radikalen Andersartigkeit in allen Dingen sprudelt und weiter wirkt. Dabei darf nicht vergessen werden, daß sich der Verehrer zu Beginn der heiligen Handlung reinigen, heiligen, also ganz der Gottheit weihen muß. Auf diese Weise wird die Einheit von Gottheit und Verehrer neu aktualisiert und gestärkt. Es ist eine dynamische Einheit, gewirkt durch den von der Gottheit ausgehenden Energie-Kreislauf.

Es ist sicher nicht erlaubt, hinduistische Praxis und Erleben ohne Weiteres auf das alte Israel zu übertragen. Indessen kommen doch an vielen Stellen, in den Psalmen und in Prophetenbüchern, Gedanken zum Ausdruck, die in ihrer Gesamtheit in eine ähnliche Richtung weisen. Man ist auch versucht, den vieldiskutierten Ausdruck *zèbaḥ šelāmīm* (זבח שלמים) so zu verstehen, daß in diesem Opfer Gott »wiedergegeben« wird (שַׁלֵּם), was von ihm kommt. Der Kreis der Gaben und des Lebens ist so »geschlossen«.

Zum Schluß ist noch daran zu erinnern, daß auch in der Umgebung Alt-Israels das Opfer vor allem in der Vermittlung von Nahrung an die Gottheit bestand. Das wird in den seinerzeit von F. Thureau-Dangin veröffentlichten »Rituels accadiens« (1921) genau geregelt (vgl. S. 83ff = ANET S. 344; AOT S. 305f). Die Kulthandlung heißt *naptanu*, »Mahlzeit«. Hervorzuheben ist, daß täglich vier Mahlzeiten serviert werden, nämlich am Morgen und am Abend je eine große (*naptanu rabū*) und eine kleine Mahlzeit (*naptanu quttinnu*). Es wird betont, die Speisekarte sei mit allem Zubehör des Mahles »schriftlich festgelegt« (wovon die Existenz des Textes beredt Zeugnis abgibt!). Im Blick auf unsern Text ist es besonders wichtig zu erfahren, daß die Qualität der geopferten Tiere genau umschrieben ist: die einen sind Tiere »erster Qualität« (*rēštūtu*); andere, sorgfältig aufgezählte, dürfen »untergeordneter Qualität« (*šaplūtu*) sein, also am Wert der Tiere »erster Qualität« eindeutig »nachhinkend« (*arkātišunu*). Darüber hinaus erhalten die zu opfernden Tiere eine besondere Nahrung. Auch ist nicht für alle Gottheiten dasselbe Menu vorgesehen: Art und Funktion einer jeden werden berücksichtigt.

Demgegenüber ist festzustellen, daß in Mal. 1 nicht zurückgegriffen wird auf eine bestimmte Regelung der Speisefrage. Es wird einfach vorausgesetzt, daß die Opfertiere vollkommen, d.h. physisch einwandfrei sein sollten.

Es mag noch erwähnt werden, daß in Uruk der Opferer, im Augenblick der Schächtung der Tiere, eine Art *mantra* zu sprechen hat: »Der Sohn des Samaš (d.h. der Gott Šakkan), der Herr des Viehs, hat auf dem Felde Weide entstehen lassen«. Soll etwa dem Tier suggeriert werden, es werde auf eine ihm bestimmte Weide geführt? Oder soll das heißen, daß das Göttermahl die Weiden befruchtet?

III.

In unserm Text wirft Yahve den Priestern vor, sie ehrten ihn nicht recht, da sie ihm unvollkommene, mit Fehlern behaftete Tiere vorsetzten. Er hatte ja in früheren Weisungen (*tōrōt*) ausdrücklich verboten, Tiere zum Opfer zu bringen, die von irgendeinem *mūm*, einem Mangel, belastet oder sonstwie geschädigt wären (Dt. 17,1; 15,21; Lev. 22,17–25). Das von Gott geschenkte und dem Menschen durch die Nahrung vermittelte Leben ist ja im Prinzip vollkommen; darum können nur vollkommene Tiere für das Opfer in Frage kommen (es sei denn, der Gott gestatte ausdrücklich, wie z.B. in den soeben zitierten Texten aus Uruk, die Verwendung von Tieren »zweiter Qualität«).

Die Forderung nach grundsätzlich ungeschädigten Tieren ist natürlich weit verbreitet und in irgendeiner Form in allen opfernden Religionen bezeugt. In mesopotamischen Texten (Ritualien und Gebeten) trifft man immer wieder auf die Zusicherung, die dargebrachten Gaben seien »erster Qualität«, »erstklassiges Bier« (*šikaru rēštu*) und anderes mehr. Aber leider hat man nicht immer vollkommene Tiere zur Verfügung. Oder ein zum Opfer bestimmtes Tier kann sich *in extremis* noch verletzen oder sonst krank werden. Was dann?

Hier gibt es Unterschiede in der Behandlung des Problems. Eine Möglichkeit besteht darin, in Anbetracht der Umstände und in Ermangelung eines Besseren das unvollkommene Opfer dennoch durchzuführen, im Bewußtsein, damit einen Fehler zu begehen. Dieser Fehler könnte dann nachträglich mittels eines »Sündopfers« oder »Sühnopfers« (*'āšām, ḥaṭṭāt*) wieder gut gemacht werden. In dieser Weise ist sicher oft gehandelt worden. In Indien kennt man zahllose Riten (vor allem Wiederholung bestimmter machtwirkender Formeln (*mantra*), die einen bei der *pūjā* begangenen Fehler »wieder gut machen« (*prāyaścitta*: »Riten zur Wiedergutmachung«; vgl. vor allem Hélène Brunner-Lachaux: *Somaśambhupaddhati*, vol. 2, Pondicherry, 1968).

Daneben kennt aber das alte Indien noch die Möglichkeit, nicht den durch ein unvollkommenes Opfer begangenen Fehler nachträglich zu verbessern, sondern das verletzte oder kranke Tier mit bestimmten Riten wieder vollkommen zu machen. Dies wird etwa vorgesehen in einem Kapitel des für die Kenntnis der altvedischen rituellen Praxis und Mythologie besonders wichtigen *Śatapathabrāhmaṇa*. In dem betreffenden Text geht es um das großartigste und kostbarste aller vedischen Opfer: das Pferdeopfer (*aśvamedha*) (*Śatapathabrāhmaṇa* 13,3,8).

Hier die drei bezeichnendsten Abschnitte:

»2. Wenn das zum Opfer auserlesene Pferd krank wird, soll man für den Gott Pūšan einen Brei (*caru*: im Veda eine der gewöhnlichsten Opferspeisen) bereiten. Pūšan ist ja der Herr der Tiere. Damit befriedigt man ihn, der das Vieh besitzt und regiert, und das Pferd wird zweifellos von der Krankheit befreit. 3. Wenn das Pferd krank wird, ohne daß es verwundet ist (wenn es also fiebert), dann soll man dem heiligen Vaišvānara-Feuer auf zwölf Scherben einen Kuchen bereiten, verbunden mit der Erde, aus der die Scherben gemacht sind. Vaišvānara ist ja diese Erde. So wird das Pferd gesund werden. 4. Wenn eine Augenkrankheit das Pferd befällt, soll man für Sūrya (den Sonnengott) einen Brei bereiten. Die Sonne ist ja zweifellos das Auge aller Dinge; denn wenn sie aufgeht, beginnt sich alles zu bewegen. Mittels des Auges (d.h. der Sonne) gibt man dem Pferd das Auge. Es muß ein »Brei« sein (*caru*), weil sich das »Selbst« mittels des Auges »bewegt« (*carati*)«.

Der vedische Text sieht also vor, daß durch Riten, die wir als »magisch« zu bezeichnen die Gewohnheit haben, ein krank gewordenes oder verunglücktes, das heißt für das Opfer unbrauchbar gewordenes Pferd wieder »vollkommen« gemacht werden kann. Die vedischen Bücher schreiben derartige »magische« Handlungen in überaus großer Zahl vor. Ich möchte allerdings darauf hinweisen, daß zwischen den zitierten Riten und einer eigentlich »religiösen« Handlung im Grunde kein Unterschied besteht. Im Falle des Breies für Pūšan, den Herrn der Tiere, handelt es sich um eine Opfer-*Gabe*, die der Beschenkte mit einer heilenden Tat beantwortet. Wenn das Pferd fiebert, also an »Feuer« leidet, wird das heilige, mit der Erde verbundene Feuer besänftigt. Und die Augenkrankheit wird mit einem Geschenk an das eigentliche »Auge aller Dinge«, die Sonne bzw. den Sonnengott geheilt – denn das »Auge aller Dinge« wird auf die Gabe mit einem heilenden Eingriff antworten. Von Magie sollte man also in diesen Fällen lieber nicht sprechen.

Wie dem auch sei, so muß zum mindesten der Kontrast zwischen dem vedischen Vorgehen und dem Alten Testament hervorgehoben werden. Der alttestamentliche Opferer kann nicht an transzendente Größen appellieren, auch nicht an übermächtige Agenten wie den Sonnengott oder das heilige Feuer. Als getreuer Jahvist steht er Jahve allein gegenüber, und Jahve erwartet vollkommene Gaben. Der Inder ist überzeugt, daß die korrekte Handhabung des *karman*, der heiligen Opferhandlung, d.h. der Gabe, die wie alle Gaben mit einer Gegengabe beantwortet werden *muß* (ich erinnere an die grundlegende Studie von M. Mauss: *Essai sur le don*, 1924/1950), bestimmte Mängel des Opfertieres annulliert. Es ist nur wichtig, dem zuständigen Opferpartner die richtige Gabe zu weihen. Eine höchst raffinierte und subtile Opferwissenschaft erlaubt es, den kompetenten Gott und die ihn befriedigende Gabe zu erkennen und so das *karman* mit Erfolg zu bewältigen.

Der Gegensatz zur Unbedingtheit der alttestamentlichen Forderung ist frappierend. Das eindeutige, keinen Widerspruch duldende Verlangen Jahves nach vollkommenen Opfern entspricht der Kompromißlosigkeit der gegenseitigen

»Verpflichtung« (*berīt*) von Jahve und Volk. Dies ist eine gegenseitige exklusive Inanspruchnahme, deren Verletzung verhängnisvolle Folgen zeitigen muß.

IV.

Ich komme zu meinem vierten und letzten Punkt: dem von mancherlei Deutungen belasteten Vers Mal. 1,11.

Die Exegese ist sozusagen einstimmig der Meinung, der hier zum Ausdruck kommende sog. »Universalismus« – »An jedem heiligen Ort (*māqōm*) wird meinem Namen Geräuchertes dargebracht und reine Opfergabe; denn groß ist mein Name unter den Nationen« – sei schlechthin unvereinbar mit dem sog. »Partikularismus« der Verse 1,2–5. Der Gott, der Edom »nicht liebe«, ja »hasse«, könne niemals auch derjenige sein, der von sich behaupte, es würden ihm an »jedem heiligen Ort reine Opfer« dargebracht. Gewöhnlich werden darum die Verse Mal. 1,11–13 einem andern Verfasser zugeschrieben als dem Propheten Maleachi.

Ich gestehe, daß ich mich dieser typisch westlichen, gewissermaßen aristotelischen oder kartesianischen Argumentation nicht anschließen kann. Es ist eine Schwarz-Weiß-Malerei, eine Verstricktheit in ein künstliches Entweder-oder, die es dem unvoreingenommenen Leser verunmöglicht, die Botschaft Jahves durch Maleachi zu verstehen. Nehmen wir das Argument ein wenig unter die Lupe! Es geht so vor, daß zunächst zwei Begriffe geschaffen werden: »Universalismus« und »Partikularismus«, von denen man behauptet, sie schlössen sich gegenseitig aus und könnten nicht von einem und demselben Autor gewissermaßen im gleichen Atemzug zustimmend vertreten werden. Hierauf erklärt man die eine Aussage als »universalistisch«, die andere als »partikularistisch« und kommt zum Schluß, man habe es mit zwei verschiedenen, einander widersprechenden Autoren zu tun. Das Argument enthüllt sich als eine Konstruktion, die vielleicht einen kritischen Geist befriedigt, aber vermutlich am biblischen Text vorbeiredet.

Der Exeget sollte auf derartige allzu handliche Begriffe und Konstruktionen verzichten. Er sollte versuchen, das in den Texten sich äußernde religiöse Tun und Erleben in eindringendem Nachfühlen und Nachdenken zu erfassen.

Dem erwähnten und analysierten Argument stehen mindestens zwei Überlegungen entgegen:

Erstens müßte man fragen, wie es der angeblich »universalistische« Verfasser von Mal. 1,11ff hat wagen können, als Sprecher Jahves die Aussage des inspirierten Propheten (d.h. Jahves) zu annullieren. Das kritische Argument kann grundsätzlich nur den überzeugen, der eine Rede Jahves lediglich als literarischen Kunstgriff versteht. Das würde heißen, daß entweder der Prophet von Mal. 1,2–5 oder derjenige von Mal. 1,11ff, oder beide, *falsche Propheten* wären, die als Wort Jahves ausgäben, was in Wirklichkeit das »Wahngebilde ihres Herzens« (Jer. 23,26) ist. Man sollte mit solchen Urteilen vorsichtig umgehen und zunächst versuchen, die beiden angeblich sich widersprechenden Orakel als Aussagen des redenden Autors, nämlich Jahves, zu deuten.

Zweitens ist es durchaus denkbar, daß eine sich als »universelle« und über alle Nationen erhabene, darum alle Opfer als ihr geltend anerkennende Macht offenbarende Gottheit (Mal. 1,11), gleichzeitig eine Kultgemeinde lieben und eine andere »nicht lieben« (Mal. 1,2−5) kann. Die edomitische Kultgemeinde mag durchaus ihrem Gott »reine Opfergaben« darbringen, die Jahve für sich beansprucht, und dennoch »nicht geliebt« sein, zum Beispiel darum, weil sie der »geliebten« Kultgemeinde, nämlich den Bewohnern von Jerusalem und Juda, Schaden zufügt. Denn darum ging es ja, daß Edom sich als Feind der Jerusalemer Kultgemeinde schuldig machte. Auch wenn Jahve alle reinen Gaben, die irgendwo auf der Welt irgendeiner Gottheit dargebracht werden, als im Grund ihm allein geltend bezeichnet (da er ja über alle Nationen und deren Götter weit erhaben ist), so handelt er dennoch in der Welt als Richter und als fürsorglicher Lenker seiner eigenen, ihm besonders teuren Kultgemeinde – auch wenn es diese an rituellem Eifer gebrechen läßt. Die beiden Aussagen, Jahve »liebe Edom nicht« und anerkenne doch die Reinheit aller Opfer auf der Welt, schließen sich in keiner Weise aus.

Zur Erläuterung der die beiden Texte im Maleachibuch umfassenden Erklärung möchte ich einen aufschlußreichen Text aus dem Hinduismus in Erinnerung rufen: Bhagavadgītā 9,23−25.

Der höchste Gott, Krishna, spricht:

»23. Die liebevollen Verehrer (*bhaktā*) anderer Götter, die vertrauensvoll Opfer darbringen,

Die opfern niemand anderem als Mir, wenn auch nicht ordnungsgemäß.

24. Ich bin nämlich der Genießer und Herr aller Opfer.

Indessen erkennen sie mich nicht in meiner Wirklichkeit; darum fallen sie zurück in die Transmigration:

25. Die sich den Göttern weihen, gehen zu den Göttern; die sich den Vätern weihen, zu den Vätern;

Die sich den Geistern weihen, zu den Geistern. Aber die Mir opfern, kommen zu Mir.«

In der ganzen Bhagavadgītā definiert sich Krishna als der höchste Gott, als der »große Herr aller Welten« (*sarvalokamaheśvara*, 5,29). Darum kann er hier (v. 23) sagen – ähnlich wie Jahve in Mal. 1,11 – daß alle religiösen Menschen, die in Vertrauen bzw. Glauben (*śraddhā*) und Liebe (*bhakti*) i r - g e n d e i n e m G o t t Gaben darbringen, irgendeinen Gott verehren (*yajanti*), in Tat und Wahrheit ihn, Krishna, verehren. Da die andern Götter weit unter ihm stehen, bzw. überhaupt nur in ihm, Krishna, ihren Bestand haben, nur durch ihn existieren, meint im Grunde jeder Gottesdienst ihn, den höchsten/ einzigen Gott. Indessen muß ein wichtiger Unterschied beachtet werden. Die Gaben der Verehrer anderer Götter entsprechen nicht der *vidhi*, der Norm, der

krishnaitischen rituellen »Ordnung«, – auch wenn sie in »Vertrauen« und
»Liebe« dargebracht wurden. In fremden Kulten wird Krishna *avidhipūrvaka*
verehrt, d.h. nicht in voller Berücksichtigung der von ihm beglaubigten Vor-
schriften. Und dennoch nimmt er Gaben und Verehrung an, ist er doch »der
Genießer und Herr aller Opfer« (V. 24). Und außerdem geschieht die religiöse
Praxis der Verehrer in »Vertrauen« und »liebevoller Hingabe«.

Von den Nicht-Krishnaiten wird Krishna in Unwissenheit verehrt: sie ken-
nen ihn nicht, wissen nicht, daß sie nicht – wie sie meinen – Shiva oder Kālī
dienen, sondern dem, dessen Kult sie nicht ordnungsgemäß pflegen, nämlich
Krishna. Weil sie subjektiv, ihrer Meinung nach, andere Götter anrufen,
»fallen sie« (*cyavanti*) in die Welt der Götter. Und diejenigen, deren Gottesdienst den Vätern gilt (obwohl Krishna auch der »Genießer« ihrer Gaben ist),
»fallen« in die Welt der Väter; und die Anhänger niedriger Geistwesen »fallen«
in die Welt der Geister. Wer aber in voller Kenntnis der wahren Verhältnisse
Krishna allein verehrt, der »kommt zu ihm«: er ist der sonst unvermeidlichen
Verstrickung in Transmigration und Wiedergeburt enthoben.

Die Parallelität mit Mal. 1 fällt in die Augen. Hier wie dort redet ein Gott,
der sich als alleiniger und »universaler« Gott erweist. Darum kann er mit Recht
behaupten, der »Genießer« aller Opfergaben zu sein. Aber hier wie dort
unterstreicht der einzige Gott auch die subjektive Beschränktheit kultischen
Tuns in verschiedenen Religionen. Edom kennt nicht Jahve und auch wenn er
um ihn wüßte, anerkennte er ihn nicht als seinen Gott. Ebensowenig anerken-
nen die Verehrer Shivas die Hoheit Krishnas. Das leugnen weder Jahve noch
Krishna. Darum müssen sowohl die Edomiter wie die Verehrer Shivas die
Konsequenzen tragen. Und diese Konsequenzen werden geschildert in der
Sprache der jeweiligen Kultur und Religion. Da die Edomiter sich an Jahves
bevorzugtem Volk vergangen haben, sind sie »nicht geliebt« und ihr Land wird
vernichtet. Und da in Indien die Verehrer anderer Götter der gültigen Ordnung
(*vidhi*) nicht entsprechen, müssen sie elend im *saṃsāra* verbleiben, der un-
heimlichen Wiedergeburt und Transmigration unterworfen – bis sie vielleicht
auch einmal Krishna als alleinigen Gott anbeten.

Allerdings könnte man auch einen Unterschied zwischen Krishna und Jahve
geltend machen. Im Unterschied zu Krishna sagt Jahve ausdrücklich, er »liebe
Esau/Edom nicht« (*śānētī*) während er Jakob liebe. Jahve ist ein liebender,
aber auch ein verwerfender Gott. Krishna aber betont einmal, er mache keinen
Unterschied zwischen den Menschen, keiner sei ihm verhaßt und keiner besonders beliebt – obwohl auch gesteht, er liebe Arjuna, seinen Gesprächspartner in
der Bhavagadgītā. Im Alten Testament ist Jahve suveräner Schöpfer, Lenker
der Dinge und Gesetzgeber; darum richtet er nach seinem eigenen Gutdünken.
Krishna ist am Weltgeschehen viel weniger direkt beteiligt; denn neben ihm
wirkt und gilt die universale Weltordnung, der *dharma*. Und dieser ist nicht von
ihm promulgiert worden.

Es ist nicht nötig, für die Erklärung von Mal. 1,11 entlegene Auskünfte zu suchen, wie etwa: die »reinen Gaben«, die überall dargebracht werden, seien die Gaben der in der ganzen Welt zerstreuten Diasporajuden (denn diese haben Jahve nicht an ihren Wohnorten Opfer dargebracht); oder: es gehe um ein eschatologisches Geschehen (denn wenn auch eine futurische Übersetzung grammatikalisch nicht unmöglich wäre, widerspräche diese Deutung dem Zusammenhang, in welchem die universalen Opfer den unvollkommenen Opfern der Jerusalemer Priester direkt gegenübergestellt werden). Die behandelten Texte sind so, wie sie dastehen, völlig verständlich.

Echte Offenbarung, das rechte Opfer betreffend; Opfergabe als Nahrung an den nahrungsspendenden Gott, im Kreislauf der Gaben; Ausschließlichkeit und Eindeutigkeit der sich in den Gaben vollziehenden Beziehung zwischen Jahve und Opferern; Jahve als eigentlicher »Genießer« aller irgendwo dargebrachten Opfer – dies sind vier Einsichten in das alttestamentliche Opfer, die dem behandelten Text Mal. 1,6–14 entnommen werden können. Sie werden durch den Vergleich mit andern Religionen erläutert.

Le récit de la célébration de la Pâque au temps d'Ezéchias d'après 2 Chr 30 et ses problèmes

par

Mathias Delcor

L'invitation à célébrer la Pâque à Jérusalem adressée par le roi Ezéchias à tout Israël se situe pour le livre des Chroniques dans le cadre de la restauration du culte yahviste dans la ville sainte. Le roi Achaz jugé par le Chroniqueur comme étant un souverain impie (2 Chr 29,19) avait en effet introduit à Jérusalem des cultes étrangers, en particulier ceux de Syrie: les dieux de Damas (2 Chr 28,23). Le Chroniqueur entend faire de son successeur Ezéchias le restaurateur du culte yahviste. Pour cela, la purification du Temple est requise et elle est décrite longuement en 2 Chr 29 où prêtres et lévites reçoivent l'ordre royal de »faire sortir la souillure du sanctuaire« (29,5). On mesure le caractère singulier du chapitre 29 des Chroniques, qui se manifeste, semble-t-il, comme un développement littéraire (?) à partir de 2 R 18,4 qui est le seul et unique verset consacré à la réforme religieuse d'Ezéchias; elle consiste en la destruction d'objets cultuels à Jérusalem en tant que symboles idolâtriques, sans que soit mentionné même en clair le Temple. Le Chroniqueur a-t-il connu des sources particulières? C'est difficile à dire. En tout cas, les critiques ont relevé la présence dans le récit de certains éléments qui caractérisaient l'œuvre du Chroniqueur, telle la place importante faite aux lévites, la multiplication des sacrifices de toutes sortes: sacrifices d'expiation pour les péchés de la maison du roi, du Temple et du peuple (29,21−24); holocaustes (29,27); sacrifices de paix et d'actions de grâce (29,31). Cela correspond , explique Michaéli, un des derniers commentateurs des Chroniques, »beaucoup mieux à l'époque du Chroniqueur qu'à celle d'Ezéchias«.[1]

Mais le récit de la célébration de la Pâque au Temple de Jérusalem du temps d'Ezéchias pose aux critiques beaucoup plus de problèmes. Nous ferons en premier lieu des remarques exégétiques, puis nous envisagerons le problème d'historicité.

---

[1] Cf. Frank Michaéli, *Les livres des Chroniques d'Esdras et de Néhémie* (Commentaire de l'Ancien Testament XVI), Neuchâtel, 1967, p. 231.

I. Remarques exégétiques

Verset 1. Des messagers sont envoyés à tout Israël et à Juda, c'est-à-dire au royaume du Nord et du Sud. Non seulement le roi envoie à Manassé et à Ephraïm des messagers mais il écrit aussi des lettres missives *'iggeret.* On notera qu'il s'agit là probablement d'un emprunt à l'accadien *egirtu* »lettre missive«, document légal, une tablette de forme spécifique, mais c'est un mot hébreu tardif: Neh 2,8; Esth 9,29; Esd 9,26.29. La mention de Manassé et d'Ephraïm provenant d'un glossateur ne vise pas les deux tribus spécifiques du même nom, mais le royaume du Nord. Cette missive commande de »faire la Pâque à Jérusalem dans la maison de Yahvé, le dieu d'Israël.« On notera qu'ici »Israël« désigne l'ensemble du peuple, tandis que plus haut il s'agit du royaume du Nord.

Verset 2. La décision de célébrer la Pâque le second mois de l'année ne relève pas uniquement du roi, mais d'une décision démocratique où s'expriment aussi les princes et l'assemblée de Jérusalem, littéralement dans Jérusalem. L'assemblée, *qahal,* désigne, semble-t-il, la communauté restaurée de Jérusalem (cf. Esd 10,1.12.14; Neh 8,2.17). Dans le livre des Chroniques le *qahal* joue donc un certain rôle dans les conseils; cette réalité sociologique apparaît une trentaine de fois, alors que dans le livre des Rois on ne la trouve que plus rarement: 1 R 8,14.22.55.65; 12,3.

Le *verset 3* explique la raison pour laquelle on doit célébrer la fête de Pâque le deuxième mois, c'est-à-dire au mois de 'Iyyar. De fait, le mois de Nisan où se célébrait la Pâque devait coïncider avec l'équinoxe de printemps. En raison du retard de l'année lunaire sur l'année solaire, on devait intercaler un mois supplémentaire avant le mois de la Pâque, appelé second Adar, tous les deux ou trois ans[2]. Le Targum des Chroniques fait précisément allusion à cette intercalation: »Le roi, ses chefs, tout Israël et toute l'assemblée à Jérusalem furent d'avis d'intercaler un mois de Nisan (supplémentaire) (לְעַבְּרֵיהּ יַרְחָא דְּנִיסָן) et de faire la Pâque au mois d'''Iyyar qui est le deuxième mois.«[3] Mais le texte hébreu des Chroniques ne parle pas d'intercalation de mois; il explique seulement que l'on n'avait pu célébrer la Pâque en temps requis: *ba'et hahi',* c'est-à-dire au mois de Nisan, parce que les prêtres n'avaient pas pu se sanctifier en nombre suffisant *lemadday,* littéralement »pour ce qui suffit«. La LXX traduit ἱκανοί »suffisants«. De fait, d'après 2 Chr 29,17, les prêtres commencèrent à purifier le Temple le premier jour du premier mois; au huitième du mois, ils arrivèrent au Vestibule du Seigneur, ils mirent huit jours à purifier la maison de Yahvé et ils n'achevèrent leur travail que le seizième jour du premier mois. Dans ces conditions, on conçoit qu'il y ait eu un petit nombre de prêtres purifiés lors de la

---

[2] Cf. J. Van GOUDOEVER, *Fêtes et calendriers bibliques,* Paris, 1967, pp. 19–20 (3ème édition de *Biblical Calendars,* Leiden, 1959, p. 5).

[3] Voir l'édition et la traduction de R. Le DÉAUT J. ROBERT, *Targum des Chroniques,* Rome, 1971.

Pâque du mois de Nisan. En conséquence, le peuple n'avait pu se réunir à Jérusalem. Or la Torah, selon la tradition sacerdotale, prévoyait que pour des cas exceptionnels, lorsqu'on était impur ou en voyage lors de la Pâque de Nisan, on puisse la célébrer le second mois (Nb 9,10−11).

Verset 5. Il est précisé que seuls quelques-uns avaient pu célébrer la Pâque selon les prescriptions légales, littéralement »comme il est écrit« (*kakatub*) c'est-à-dire selon l'Ecriture qui vise sans doute Dt 16,2 et sq.

Verset 6. Ce sont des courriers (*harasim*) royaux, portant des missives, qui se déplacent dans tout Israël et dans tout Juda pour faire connaître les ordres du souverain. Le sens de *rasim* »messagers royaux« apparaît tardivement dans la Bible en Jer 51,31; Job 9,25; Est 3,13.15. Anciennement, dans l'A.T. les *rasim* désignaient le peloton d'escorte du roi, c'est-à-dire une garde personnelle. Ils apparaissent auprès de Saül (1 Sam 22,17), d'Absalom et d'Adonias (2 S 15,1; 1 R 1,5). Les courriers parcourent le royaume du Nord désigné par »Ephraïm et Manassé« et atteignent même la partie septentrionale où est située la tribu de Zabulon (v. 10). Cette mission n'a pas beaucoup de succès: on se moque des courriers et on les tourne en dérision (Nous lisons le participe piel *mesahaqim* avec quelques manuscrits car le hiphil de ce verbe n'est pas documenté en dehors de notre passage)[4]. Pourtant des gens d'Asher, de Manassé et de Zabulon s'humilièrent et vinrent à Jérusalem. Il est difficile de dire avec certitude pour quel motif ce sont uniquement des gens de ces trois tribus qui acceptent de monter à Jérusalem. Faut-il supposer qu'il s'agit de membres du parti anti-assyrien du royaume du Nord qui viennent à Jérusalem à l'appel d'Ezéchias? Sans doute ces tribus d'Asher, de Zabulon et de Manassé avaient eu à souffrir plus que les autres du joug assyrien, déjà sous Téglath-Phalasar III (2 R 15,29)[5]. De tout le territoire du royaume du Nord, seules furent laissées au roi Osée (732−724) par Salmanasar V (726−722) les anciennes possessions d'Ephraïm et de l'ouest de Manassé sur laquelle il pouvait régner comme vassal de l'Assyrie[6].

Les coureurs doivent inciter les Israélites du Nord à se convertir, littérale-ment à revenir (*šub*) à Yahvé, le Dieu d'Abraham, d'Isaac et de Jacob, c'est-à-dire des anciens temps, de l'époque patriarcale. Les habitants du royaume du Nord sont considérés par le Chroniqueur à la fois comme des schismatiques et des apostats. En effet, ils ont à la fois abandonné Yahvé et le Temple de Jérusalem, à la différence des Judéens qui peuvent dire: »Pour nous Yahvé est notre Dieu et nous ne l'avons point abandonné; les prêtres au service de Yahvé sont les fils d'Aaron et les lévites sont à leur ministère.« (2 R 13,10).

Si le peuple revient à Yahvé, Yahvé reviendra au reste (*peleytah*) de ceux qui sont rescapés de la main des rois d'Assur. En effet le mot *peleytah* est employé

---

[4] Cf. A.B. Ehrlich, *Randglossen zur Hebräischen Bibel,* t. VII, p. 376.

[5] Cf. H. Tadmor, »The southern Border of Aram«, *IEJ,* 1962, pp. 114−122.

[6] Cf. John Bright, *A History of Israel,* Philadelphia, 1959, p. 258.

ailleurs spécialement pour désigner les habitants de Juda qui ont réchappé aux Assyriens (2 R 19,30.31; Is 37,31.32) ou à Babylone (Neh 1,2; Esd 9,13.14.15; Ez 14,22).

On notera dans le TM le pluriel »les rois d'Assur« alors que la LXX, la Vulgate et le syriaque lisent au singulier »le roi d'Assur«. De toute façon, le verset 6 du TM suppose la chute du royaume du Nord avec la prise de Samarie par Salmanasar V en 722 et les déportations en Assyrie qui suivirent sous son successeur Sargon II, d'après les Annales assyriennes[7]. Il s'agit donc en réalité de l'action menée par deux rois assyriens contre le royaume d'Israël alors que 2 R 17,6 met la prise de Samarie et la déportation des Israélites au compte d'un seul et unique roi assyrien, en raison sans doute d'un télescopage simplificateur.

Verset 7. Les désastres de l'invasion assyrienne sont récents. La désolation d'Israël peut se constater de visu »comme vous le voyez maintenant«.

Verset 8. Le retour à Yahvé doit se traduire par le retour des gens du royaume du Nord à son sanctuaire de Jérusalem qu'»il a consacré pour toujours«. Il y a sans doute là une allusion polémique aux Samaritains et à leur sanctuaire du Garizim.

Verset 9. En jouant sur le double sens de *šub* »se convertir« et *šub* »revenir«, »retourner«, le Chroniqueur établit un lien entre la conversion, le retour à Yahvé et le retour des enfants d'Israël dans leur pays. Dans le même verset, le Chroniqueur joue sur l'assonance entre le verbe *šabah*, »faire prisonnier«, »emmener captif«, au participe kal: *šobeyhem* »leurs geôliers«, et le verbe *šub* »revenir de captivité«. Les exilés sont désignés sous le nom de »frères« (vos frères) qui ne peuvent désigner que les Israélites du Nord. Ces frères ont eu en exil des fils. Avec Ehrlich, je propose de lire *beneyhem* »leurs fils« plutôt que le TM »vos fils«. Nous traduisons donc »vos frères et leurs fils«. La formule »miséricordieux et compatissant« *ḥannun weraḥum* est inversée parfois dans les textes plus anciens: Ex 34,6 (JE); Ps 86,15; Ps 103,8. Dans les textes tardifs, on trouve le même ordre des mots que chez le Chroniste: Neh 9,17.31; Ps 111,4; 112,4; 145,8; Joël 2,13; Jonas 4,2.

Verset 12. La particule *gam* marque habituellement l'idée d'addition (cf. Gn 3,6), mais il faut observer, à la suite d'Ehrlich, que la traduction »aussi« ne convient pas au contexte. *Gam* ici met en liaison deux idées exprimant une contradiction (cf. Ps 95,9; 129,2) et donc un sens adversatif »par contre«. La LXX a mal coupé la phrase: καὶ ἦλθον εἰς Ἰερουσαλημ καὶ ἐν Ἰουδα καὶ ἐγένετο ἐν λόγῳ Κυρίου.

---

[7] On lit en effet sur un prisme trouvé à Nimrud: »[Les gens de Sa]merina (Samarie) qui s'étaient mis d'accord ... un roi [mon ennemi?] pour ne pas faire (acte d')allégeance [et ne pas li]vrer la redevance et firent la guerre, je combattis contre eux avec la force des grands dieux mes S[eigneur]s; je comptai pour prisonniers 27800 personnes ainsi que [leurs] chars et les dieux en qui ils se confiaient. Je levai parmi eux 200 chars pour mon contingent royal et j'installai le reste en Assyrie même.« (traduction dans J. BRIEND-M.J. SEUX, *Textes du Proche-Orient Ancien et Histoire d'Israël*, Paris, 1977, p. 110).

L'expression *bdbr yhwh* »par la parole de Yahvé«, LXX: ἐν λόγῳ Κυρίου, Targum »selon la parole...« a fait difficulté à certains commentateurs. CUR-TIS, dans son commentaire des Chroniques de ICC, explique: »par la parole de Yahvé compris comme par les paroles de Yahvé (29,15); mais c'est probablement un exemple d'hypostatisation de la parole, c'est-à-dire que la parole a été comprise comme une entité, presque comme un esprit médiateur entre Dieu et l'homme (cf. 29,15; 1 R 13,1.2.5.9.17.18.32; 20,35; 1 Sam 3,21)«. Il ajoute: »cette conception peut être regardée comme annonciatrice de la doctrine néotestamentaire du logos«. Mais cette explication ne peut être retenue pour deux motifs principaux:

1° la tradition textuelle n'est pas bien assurée, car le Targum et le syriaque lisent non pas *bdebar* mais *kdebar* »selon la parole de Yahvé«.

2° Par ailleurs, le Targum qui aime faire usage du mot *memra'* »parole«, intermédiaire entre Dieu et les hommes ne l'emploie pas ici[8].

Verset 13. Un peuple nombreux (*'am rab*) se rassembla à Jérusalem; il était surtout composé des habitants de Juda. Le texte indique que l'on se réunit à Jérusalem pour célébrer la fête des *Maṣṣot,* au dernier mois; auparavant il n'était question que de célébrer, littéralement »faire la Pâque« (*'aśot pesaḥ*) 30,1.2.5. Si le Chroniqueur ne parle ici que de la fête des Azymes, c'est que Pâque et Azymes ne constituent à ses yeux qu'une seule fête comme en Dt 16,1−8 où deux fêtes d'origine différente sont unifiées. Par contre, dans la tradition sacerdotale Azymes et Pâque sont distinguées (Lev 23,5−14; Nb 28,16−17).

Verset 14. On mentionne quelque chose qu'on n'attend pas à cette place dans le texte: une assemblée très nombreuse se met à enlever les autels qui étaient à Jérusalem ainsi que tous les brûle-parfums (*meqaṭṭerot)* pour les jeter dans le Cédron. Il s'agit de toute évidence des autels érigés à Jérusalem sous Achaz (2 Chr 28,24). Le retrait de ces autels et de ces brûle-parfums serait mieux en place dans le cadre du chap. 29 à propos de la purification du Temple.

La célébration de la Pâque et des Azymes est décrite à partir du *verset 15.* Le texte lui-même n'offre pas de grosses difficultés. Marquons plutôt les phases essentielles de la célébration.

1° Le v. 15 fait état de la célébration de la Pâque, le 14 du deuxième mois et de la sanctification des prêtres et des lévites. Pour se sanctifier, c'est-à-dire se purifier, ces derniers offrent des holocaustes qui évidemment ne font pas partie du rite pascal.

2° Une fois purifiés, les prêtres et les lévites se tiennent à leur poste, et, fait singulier, ce sont les lévites qui se chargent de l'immolation des victimes pascales au lieu et place de tout homme impur, alors que d'après la Loi (Dt 16,6) ce rite incombe aux chefs de famille, tandis que les prêtres versent le

---

[8] Cf. V. HAMP, *Der Begriff »Wort« in den aramäischen Bibelübersetzungen*, Munich, 1938.

sang reçu des mains des lévites (v. 16). La raison de cette substitution est l'impureté des Israélites qui ne s'étaient pas purifiés en grand nombre dans l'assemblée (*rabbat baqqahal*). On notera que *rabbath* (v. 18) est un adverbe aramaïsé, jouant ici le rôle de sujet comme dans le Ps. 129,1[9].

3° C'étaient surtout des pèlerins venus d'Ephraïm, de Manassé, d'Issachar et de Zabulon qui ne s'étaient pas purifiés. Aussi n'étaient-ils pas en état d'immoler la Pâque ni de la manger comme cela était prescrit dans l'Ecriture (*kakkatub*). Les gens impurs s'approchant des saintes offrandes couraient en effet le risque de mourir (Lev 15,31; 22,3). Afin d'éviter des malheurs au peuple, Ezéchias intercède pour lui auprès de Dieu. Il implore son pardon pour tout homme qui a appliqué son cœur à rechercher Dieu, bien qu'ils ne fussent pas en conformité avec la pureté du sanctuaire (*kthrt hqdš*).

4° La célébration de la fête des Azymes (*ḥg ḥmṣwt*) dure d'abord sept jours (vv. 21–22). Les prêtres et les lévites louent le Seigneur *bkley 'z* »avec des instruments de force«, c'est-à-dire des instruments qui résonnent fortement. Cette expression a été traduite très vaguement par la LXX ἐν ὀργάνοις »par des instruments de musique« et elle semble avoir omis de rendre le deuxième mot *'oz*. Le Targum traduit par »avec des instruments de louange« (*bzyney twšbḥt'*). La Biblia hebraica de Kittel a proposé de corriger le TM en *bkl 'z* »de toute leur force«, ce qui conviendrait assez bien au contexte, mais fait l'effet d'une leçon facilitante. On pourrait tout aussi bien corriger le TM en *bqwl 'z* »avec une voix puissante«, comme dans le Ps 68,34, mais ce serait aussi dans le sens d'une leçon facilitante.

Une place de plus en plus grande est faite aux lévites loués par le Chroniqueur parce qu'ils font montre de compréhension (*hmśkylym*) au service de Yahvé, littéralement pour Yahvé. D'après le TM, ils mangeaient durant sept jours (les victimes) de la solennité, littéralement »ils mangèrent la solennité«, ce qui offre peu de sens. La LXX συνετέλεσαν suppose l'hébreu *wayekallu* »ils achevèrent«, »ils accomplirent la solennité« qui s'accorde au contexte. Il s'agit de poursuivre les rites prévus durant les sept jours des Azymes comportant des sacrifices pacifiques et des louanges comme dans Lev 7,12 et sq.

5° Aux sept jours de la fête des Azymes, l'Assemblée (*qahal*) prend la décision d'ajouter une autre semaine qui furent sept jours de joie (v. 23). Cette décision avait peut-être été prise dans le but de rivaliser avec les fêtes de la dédicace du Temple sous le roi Salomon (2 Chr 7,9). D'après le Chroniqueur, les fêtes, y compris celle des Tentes, semblent avoir duré deux semaines de même d'après 1 R 8,65, mais seulement une semaine selon le verset suivant mentionnant la dislocation du peuple le huitième jour (1 R 8,66). Quoi qu'il en soit, le Chroniqueur a en mémoire les festivités de l'époque salomonienne: »La joie fut grande à Jérusalem, car depuis les jours de Salomon, fils de David, roi d'Israël, il n'y avait rien eu de tel à Jérusalem.« (2 Chr 30,26).

---

[9] Cf. Arno Kropat, *Die Syntax des Autors der Chronik verglichen mit der seiner Quellen*, Giessen, 1909, p. 56.

6° Le verset 24 précise les dispositions prises par l'autorité royale et les nobles en vue des festivités. Or, comme il n'y a pas de fêtes sans de grands repas, Ezéchias prélève (*hrym*) mille taureaux et sept mille moutons pour l'assemblée, et de leur côté, les dignitaires (*sarim*) prélèvent mille autres taureaux et dix mille têtes de petit bétail. Tel est le sens du TM selon certains traducteurs (Bible œcuménique, Michaéli, etc.). Le verbe *rwm* au hiphil peut signifier en effet prélever un impôt (Nb 31,28). Il s'agirait alors d'une contribution exceptionnelle décrétée par le roi et les nobles. Nous aurions quelque chose d'analogue aux dispositions prises par Menaḥem pour acheter la faveur de Téglat-Phalasar III en 2 R 15,19−20, où le roi préleva mille talents sur tous les notables à raison de cinquante sicles par tête. Semblablement, le roi Joiaqim paya cent talents d'argent et dix talents d'or exigés par le Pharaon en imposant les Judéens, chacun selon sa fortune (2 R 23,33−35).

Mais le verbe *rwm* au hiphil peut avoir aussi le sens d'offrir et c'est ce qu'a compris la LXX: »Ezéchias offrit (ἀπήρξατο) à Juda pour l'assemblée, etc...«, de même la Vulgate: *praebuerat*. L'opération royale suivie de celle des nobles prend alors un tout autre sens. Il s'agit d'un don effectué par le roi et ses nobles sur leurs propres biens et non plus sur ceux du peuple. En effet, le même verbe *hrym* »il offrit« est employé plus loin dans 2 Chr 35,7 à propos de la Pâque célébrée par Josias. Mais là on a soin de préciser que les animaux étaient pris sur les biens du roi. Si notre exégèse est recevable – c'est aussi celle de Randellini[10], et, semble-t-il, de Rudolph[11] qui traduit *hrym* par »spendete« il donna – le texte implique que le roi et les princes disposaient de biens particuliers, ce qui n'a rien d'étonnant puisque les rois de l'Orient Ancien ont été de grands propriétaires: cela est vrai de l'Egypte, de la Mésopotamie, des petits royaumes de Syrie, et aussi d'Israël (1 S 22,7; 2 S 9,9−10).

Pour ce qui concerne Ezéchias, 2 Chr 32,27−29 précise qu'il eut pléthore de richesses et de gloire. Il disposait d'entrepôts pour ses rentrées de blé, de vin et d'huile, d'étables pour les différentes sortes de bétail et de parcs pour les troupeaux de gros et de petit bétail qu'il possédait en quantité. Ezéchias possédait donc un domaine royal important[12] et il n'y a pas de raison de mettre en doute qu'il ait pu offrir un grand nombre de têtes de bétail à l'assemblée en vue des festivités.

Pour célébrer les jours supplémentaires des festivités décidées par l'assemblée, les prêtres s'étaient purifiés en masse (*larob*).

Le *verset 25* énumère les différentes catégories sociales participant à la fête: l'assemblée des Judéens (*qahal*), les prêtres, les lévites, tous ceux qui étaient venus d'Israël aussi bien que ceux séjournant en Juda. Par *gerim* traduit dans la LXX προσήλυτοι, il faut entendre des étrangers vivant d'une manière plus ou

---

[10] Dans la *Sacra Bibbia*.

[11] Dans *Handbuch zum Alten Testament*.

[12] Sur le domaine royal, voir R. de Vaux, *Les Institutions de l'Ancien Testament*, t. I, pp. 190 et sq.

moins stable au milieu d'une autre communauté où ils sont acceptés et jouissent de certains droits. Le texte distingue les *gerim* venus du royaume du Nord de ceux vivant en Juda. Du fait de la conquête du royaume du Nord par les Assyriens, non seulement des Israélites de ces régions mais aussi des étrangers durent affluer en Juda en tant que réfugiés. Des émigrations semblables sont signalées en 2 Chr 11,16–17 et 15,9.

Le *verset 26* n'a pas été bien compris par la LXX et la Vulgate. Le TM dit qu'il n'y eut pas en Jérusalem de joie aussi grande depuis les jours de Salomon. La LXX traduit: ἀπὸ ἡμερῶν Σαλομων … οὐκ ἐγένετο τοιαύτη ἑορτή »Depuis les jours de Salomon … il n'y eut pas une telle fête à Jérusalem«. De même la Vulgate: Facta est grandis celebritas in Jerusalem qualis a diebus Salomonis… in ea urbe non fuerat. En réalité au temps de Salomon, il n'y eut aucune fête de Pâque célébrée au Temple de Jérusalem pas plus d'ailleurs qu'à l'époque royale antérieurement à Josias comme nous le verrons plus loin. Le Chroniqueur a simplement voulu souligner l'importance de la fête marquée et par le nombre de ses participants venus de tout Israël et par la durée des festivités. Pour ce motif, il met en relation la fête célébrée sous Ezéchias avec celle de la dédicace du Temple sous Salomon. De part et d'autre, tout Israël a été convoqué de l'entrée de Hamath au torrent d'Egypte ou selon une expression équivalente de Dan à Bersabée, de part et d'autre la fête a duré deux semaines dans une grande joie.

Verset 27. La lecture de l'expression deutéronomique prêtres-lévites est préférée par Rudolph, parce que, dit-il, la bénédiction appartient aux seuls prêtres. Mais la tradition textuelle est hésitante. En effet la plupart des manuscrits du TM omettent le *waw* entre prêtres et lévites alors que la conjonction de coordination est maintenue dans quelques manuscrits hébraïques et dans les anciennes versions. Si on lit »les prêtres et les lévites bénissent« avec Myers, Michaéli, etc., on conclut que le pouvoir de bénir le peuple est accordé aussi aux lévites d'après Dt 10,8 alors qu'en Nb 6,22–27; Lev 9,22, seuls les prêtres bénissent. Mais la tradition textuelle étant mal assurée, on ne peut affirmer avec certitude à partir de ce passage que les pouvoirs des lévites sont ici accrus par rapport à ceux des prêtres.

II. Les problèmes d'historicité

Une célébration de la Pâque au temps d'Ezéchias a posé aux critiques bien des interrogations sur l'historicité de cet événement.

1° Il faut d'abord observer qu'il n'y a pas dans l'œuvre historique deutéronomique du livre des Rois la moindre trace d'une telle fête. Si celle-ci avait existé telle qu'elle est décrite par le Chroniqueur, l'auteur du livre des Rois, si attaché à la centralisation du culte à Jérusalem, n'aurait pas manqué de faire état d'une telle fête.

2° Il y a une contradiction entre ce que dit 2 R 23,22 d'après lequel aucune Pâque semblable à celle célébrée sous Josias n'avait eu lieu depuis le temps des Juges et 2 Chr 30 décrivant la Pâque célébrée sous Ezéchias.

3° Benzinger au début du siècle[13] a souligné des parentés significatives entre les récits de la Pâque sous Josias et sous Ezéchias[14]. La participation des lévites aux rites de la Pâque est marquée dans les deux récits (2 Chr 30,17 et 2 Chr 35,3 et surtout 35,6). Par ailleurs, le roi et les princes, dans les deux cas offrent à l'assemblée du peuple les animaux sacrificiels (2 Chr 30,24 et 35,6 et 7). Enfin, on offre d'autres sacrifices outre celui de la Pâque (2 Chr 30,24 et 35,12). Cette parenté laisse supposer que le récit de la Pâque sous Josias a servi de modèle à notre récit, comme Benzinger l'a nettement perçu: »auch der Einzelvergleich zeigt, dass das Passah unter Josia unserer Erzählung als Vorlage gedient habe.«

4° Non seulement le Chroniqueur attribue au roi Ezéchias la célébration de la Pâque à Jérusalem sur le modèle de celle faite par Josias, mais il veut montrer que la Pâque du temps d'Ezéchias dépasse par l'ampleur de ses participants et sa durée celle de l'époque de Josias.

En effet sous Josias la Pâque n'était réservée qu'aux Judéens, aux habitants de Jérusalem et aux Israélites présents (2 Chr 35,18). Sous Ezéchias, les habitants du royaume du Nord (les Israélites) auraient été aussi invités à y participer avec les étrangers (2 Chr 30,10.21.23). La Pâque célébrée sous Josias et la fête des Azymes ne durèrent que sept jours (2 Chr 35,17). C'est le temps légal. Par contre, Ezéchias aurait doublé le temps légal puisque les festivités durèrent deux semaines (2 Chr 30,23). On notera par ailleurs que l'on suit les prescriptions du Code sacerdotal plutôt que celles du Deutéronome dans le récit de 2 Chr 30. Les Azymes sont rattachées à la Pâque comme dans les textes sacerdotaux (Lv 23,5−8; Nb 28,16−25; Ex 12,1−20). Au Code sacerdotal également le Chroniste a emprunté l'idée d'une Pâque célébrée au second mois (Nb 9,1−14), régulation qui correspond plutôt aux conditions d'après l'exil[15].

Ces faits tendent à montrer que la fête qu'aurait célébré Ezéchias à Jérusalem n'a rien d'historique[16]. En effet il paraît peu vraisemblable que ce roi ait osé faire des ouvertures aux habitants de la Samarie la première année de son règne (2 Chr 29,3.17)[17], car Samarie a été prise en 721 par les Assyriens, quelques années avant l'accession au trône d'Ezéchias (716−715)[18]. Faire de telles ouvertures aux habitants du royaume du Nord n'aurait pas manqué d'entraîner

---

[13] Dans *Kurzer Hand-Commentar zum Alten Testament,* Tübingen-Leipzig, 1902.

[14] Voir aussi le commentaire de »The Anchor Bible« dû à MYERS.

[15] De même, Rudolf KITTEL (»Die Bücher der Chronik«, dans *Handkommentar zum Alten Testament,* Göttingen, 1902, p. 163).

[16] Cf. R. de VAUX, *Les Institutions de l'Ancien Testament,* t. II, p. 387.

[17] Cf. ELMSLIE (*Cambridge Bible*), CURTIS (*ICC*), etc.

[18] Sur ce point, cf. J.B. SEGAL, *The Hebrew Passover, from the Earliest Times to A.D. 70,* London, 1963, p. 18.

des représailles de la part de l'envahisseur assyrien. Précisons en effet le cadre historique où est censée se situer l'action réformatrice d'Ezéchias. Son arrivée au pouvoir se situe, d'après les données de 2 Chr 30,6−7 après la chute de Samarie. Mais de quand date la première année de son règne? Soulignons d'abord que 2 R 18,13 place l'invasion de Sennachérib la 14ème année de son règne. Or comme cette invasion a eu lieu certainement en 701, il aurait donc commencé à régner en 716−715 av. J.-C. Si l'on en croit 2 Chr 29,3, il aurait même entrepris une réforme religieuse dès la première année, mais c'est peu probable. Une célébration de la Pâque sous Ezéchias ne paraît avoir aucune consistance historique, par contre il n'y a pas de raison de mettre en doute à la suite de certains auteurs[19] l'existence d'une réforme religieuse. Elle est résumée dans 2 R 18,4 et racontée avec beaucoup de détails en 2 Chr 29−31. Elle porte sur trois points: lutte contre l'idolâtrie et le syncrétisme; rétablissement du Yahvisme pur et dur dans le Temple; enfin centralisation du culte à Jérusalem par la suppression des hauts lieux. Mais ce dernier fait est qualifié de pure invention par ceux qui refusent d'admettre qu'on ait pu penser à une centralisation avant que le Deutéronome eût été promulgué par Josias[20]. Cependant certains critiques récents ont été amenés à des vues moins radicales. L'un d'eux a pu écrire à juste titre: »Parmi les différentes mesures prises par Ezéchias, la centralisation du culte est sans doute la plus révolutionnaire. Bien que du point de vue religieux, la centralisation du culte à Jérusalem procède du souci de la pureté du Yahvisme, sa mise à exécution avait certainement une grande portée politique dans la mesure où, d'une part, elle accroissait la dépendance de la province par rapport à la capitale et resserrait sans doute les liens qui unissaient l'ensemble du peuple et renforçait la mainmise du roi et du clergé de Jérusalem sur le culte.«[21]

5° Mais pourquoi en définitive le Chroniqueur a-t-il mis au compte d'Ezé-

---

[19] Le problème de la chronologie du règne d'Ezéchias reste très débattu chez les historiens modernes, en raison des synchronismes difficilement conciliables. Déjà les sources bibliques sont en désaccord sur la date de la prise de Samarie. Le livre des Rois la situe la 4ème année de son règne (2 R 18,9), donc après son accession au trône. Le livre des Chroniques au contraire date la prise de Samarie avant son accession au trône. Cf. E.R. THIELE, dans V.T. 16, 1966, pp. 83 et sq. et 103 et sq. et le résumé des diverses opinions par F.J. GONÇALVES, *L'expédition de Sennachérib en Palestine dans la littérature hébraïque ancienne,* Louvain-la-Neuve, 1986, pp. 51 et sq.

[20] Cf. J. WELLHAUSEN, *Prolegomena...* 1885, p. 25; B. STADE, *Geschichte des Volkes Israel,* t. I, 1889, p. 607; G. HÖLSCHER, *Die Profeten,* 1914, pp. 165−261; A. LODS, *Les prophètes et les débuts du Judaïsme,* Paris, 1950, p. 132. Voir les réactions de H.H. ROWLEY, »Hezekiah's Reform and Rebellion«, dans *Bulletin of the John Rylands Library,* vol. 44, 1962, p. 427.

[21] Cf. Francolino J. GONÇALVES, *L'expédition de Sennachérib en Palestine dans la littérature hébraïque ancienne,* Louvain-la-Neuve, 1986, pp. 100−101. De son côté, Hermann SPIECKER-MANN, *Juda unter Assur in der Sargonidenzeit,* Göttingen 1982, p. 174, cite de nombreux auteurs favorables à l'authenticité de la réforme tels que Bentzen, Noth, Jepsen, Montgomery, Rowley, Nicholson, Weinfeld, Gray, etc. Voir aussi J. ROSENBAUM, »Hezekiah's Reform and the Deuteronomistic Tradition«, dans *HThR,* 1979, pp. 23−34.

chias la convocation de tout Israël à célébrer la Pâque? Selon Segal[22] il se serait inspiré de la tradition de piété dont ce roi a fait montre, au point qu'il a surpassé les rois qui vinrent après lui ou qui ont été ses prédécesseurs (2 R 18,5). Le même critique ajoute que l'attribution à Ezéchias d'une Pâque spéciale à Jérusalem dérive de considérations politiques et religieuses. Le Chroniqueur aurait voulu montrer par là que le sanctuaire central était révéré aussi bien par les tribus du Nord que par celles du Sud, même dans les premières années qui suivirent la destruction de Samarie. Par ailleurs, l'histoire semble avoir montré que les mérites d'Ezéchias sont plus grands que ceux de Josias, car alors que ce dernier a été tué à la bataille de Megiddo, Ezéchias est décédé de mort naturelle.

Mais les motivations que nous venons d'indiquer ne sont pas suffisantes. Le Chroniqueur, après la chute de Samarie où le royaume du Nord avait disparu, a imaginé qu'étaient réalisées les conditions pour réunir toutes les tribus et reconstruire sous Ezéchias le grand Israël à l'instar de celui de Salomon. C'est pour cela qu'il veut présenter Ezéchias comme un nouveau Salomon et qu'il a imaginé de faire clore sa réforme religieuse par une fête de Pâque très solennelle semblable à celle de la Dédicace du Temple. Aussi le Chroniqueur pourra-t-il dire: »La joie fut grande à Jérusalem, car depuis les jours de Salomon, fils de David, roi d'Israël, il n'y avait eu rien de tel à Jérusalem.« (2 Chr 30,26)[23]. D'ailleurs le Chroniqueur aime porter ses regards vers les personnages historiques du passé d'Israël qui sont intervenus à l'occasion de grandes festivités. A propos de la Pâque du temps de Josias, il évoque celle de Samuel: »On n'avait pas célébré de Pâque semblable en Israël depuis le temps du prophète Samuel« (2 Chr 35,18). De même à l'occasion de la fête de Sukkot du temps d'Esdras on évoque le souvenir de celle de Josué: »Or depuis le temps de Josué fils de Noun jusqu'à ce jour, les fils d'Israël n'avaient pas fait cela.« (Neh 8,17).

A l'époque de la rédaction du livre des Chroniques, le schisme samaritain est consommé. Aussi la convocation de tout Israël à Jérusalem pour y célébrer la Pâque pourrait constituer un trait de la polémique antisamaritaine, afin de mettre en échec les prétentions du sanctuaire du mont Garizim[24]. Dans ces perspectives on comprendrait d'autant mieux l'invitation faite aux Israélites du Nord: »Venez à son sanctuaire qu'il a consacré pour toujours« (2 Chr 30,8).

---

[22] Cf. op. cit. p. 19.

[23] Cf. dans le même sens GONÇALVES, op. cit. p. 92; K.F. POHLMANN, *Studien zum dritten Esra. Ein Beitrag zur Frage nach dem ursprünglichen Schluss des chronistischen Geschichtswerkes*, Göttingen, 1970, pp. 147–148; F. MICHAÉLI, op. cit., p. 232, et surtout H.G.M. WILLIAMSON, *Israel in the Book of Chronicles*, Cambridge, 1977, pp. 119–125.

[24] Sur la question du schisme samaritain et l'origine du temple du Garizim voir notre mise au point dans l'article »Sanctuaires juifs« dans le *DBS*, col. 1310 et sq.

Historicité du chapitre 30?

Face à la position radicale des exégètes qui se déclarent pour la non-historicité de cette Pâque, certains critiques optent pour sa réalité. Il faut citer à ce propos deux études essentielles, l'une de S. Talmon[25], et l'autre de H. Haag[26]. Commençons par cette dernière où l'auteur croit déceler au cours de son analyse littéraire trois couches différentes avec des harmonisations secondaires. Herbert Haag estime qu'il a existé un récit antérieur au Chroniste narrant la célébration des Azymes mais non de la Pâque pendant sept jours par un peuple nombreux venu d'Israël et de Juda. Cette source a été insérée par le Chroniste dans son œuvre, mais il a développé le récit en ajoutant les vv. 6 à 9 pour les mettre en accord avec ce qui a été dit en 2 Chr 29 au sujet du temps nécessaire à la purification du Temple. Il a en outre précisé que la fête a eu lieu le second mois (30,13). Il a envisagé un second rédacteur sur le modèle de la Pâque de Josias (35,1–19) qui a inséré une célébration pascale liée à la fête des Azymes selon l'usage de la période postexilienne et il a ajouté une semaine supplémentaire de fête.

Observons que les critiques ne sont pas unanimes au sujet de la critique littéraire du chapitre 30. Laaf[27], par exemple, estime que le verset 17 constitue une insertion qui dérange la suite du texte. Le verset 16 traite du sang versé par les prêtres qui le recevaient des mains des lévites et le verset 18 du repas pascal. Pour le reste du chapitre, il est difficile, dit-il, de trancher s'il y a des additions secondaires. Enfin alors que dans le récit du chapitre 35,17 (la Pâque du temps de Josias) la Pâque et nettement distinguée de la fête des Azymes, ce n'est pas le cas dans 2 Chr 30 où l'on emploie tantôt le mot *pesaḥ*, tantôt le terme *maṣṣot* pour désigner la même fête (30,2,13,19). Ce fait ne peut donc être un indice en faveur de l'existence d'une double tradition dont l'une serait ancienne et l'autre plus récente.

Pour prouver l'historicité de la Pâque d'Ezéchias, Talmon part de la date de sa célébration au second mois et non plus au premier mois. Or ce changement de calendrier coïnciderait avec le comput du royaume du Nord. On sait en effet que Jéroboam institua les sanctuaires de Dan et de Béthel aux deux extrémités du royaume du Nord, et qu'afin d'empêcher le peuple d'aller sacrifier au Temple de Jérusalem, il ordonna une fête le 15ème jour du huitième mois, semblable à la fête célébrée en Juda le septième mois. Il s'agit de Sukkot (1 R 12,33). Or cette fête célébrée à cette date dans le Nord entraînait le décalage des autres fêtes, si bien que la Pâque tombait le 15ème jour du deuxième mois. Pour attirer à Jérusalem les tribus du Nord, Ezéchias aurait tout simplement

---

[25] S. TALMON, »Divergences in Calendar Reckoning in Ephraim and Judah«, *VT, vol. 8, 1958, pp. 48–74.*

[26] H. HAAG, »Das Mazzenfest des Hiskia«, dans *Festschrift für K. Elliger*, 1973, pp. 87–94.

[27] P. LAAF, *Die Pascha-Feier Israels. Eine literarkritische und überlieferungsgeschichtliche Studie* (Bonner Biblische Beiträge), Bonn, 1970, pp. 97–98.

accepté de célébrer la Pâque au deuxième mois comme en Ephraïm où cela était pratiqué depuis au moins le temps de Jéroboam. Ces vues développées par Talmon[28] lui permettent de soutenir l'historicité de cette fête du temps d'Ezéchias.

La thèse de Talmon a été acceptée notamment par L. Randinelli et J.M. Myers. Le premier écrit dans son commentaire de la Sacra Bibbia: »On a l'impression que ce détail insignifiant (de calendrier) conservé par la Chronique augmente de façon considérable sa valeur historique.«[29] Myers écrit, de son côté, à propos de la Pâque d'Ezéchias: »On tient habituellement que le Chroniqueur a transféré à Ezéchias quelques-unes des célébrations de Josias, en particulier celle-ci... Tandis que le Chroniqueur peut avoir utilisé le langage et les idées employés par le Deutéronomiste (particulièrement aux versets 6 – 9) il n'y a pas de raison de penser qu'il a inventé l'histoire elle-même. Il y a une bonne raison de croire que Josias a suivi au moins sur un certain point la politique d'Ezéchias.«[30]

Mais pour reprendre l'expression de Randinelli ce détail de »calendrier« ne constitue pas nécessairement un indice en faveur de l'historicité de la fête. Car on pourrait tout aussi bien supposer que le Chroniqueur a connu et utilisé le calendrier festif du royaume du Nord comme cadre d'une Pâque fictive célébrée du temps d'Ezéchias. Par ailleurs, les objections invoquées plus haut subsistent. En effet c'est seulement dans la loi deutéronomienne que la Pâque est célébrée au Temple de Jérusalem (Dt 16,5 et sq.) et, de ce fait, la Pâque qui eut lieu au Temple sous Josias est en conformité avec ses prescriptions (2 Chr 35). Mais elle n'est pas possible du temps d'Ezéchias au Temple de Jérusalem de la manière dont elle est décrite en 2 Chr 30. Aussi Segal a-t-il pu écrire à bon droit: »From internal evidence it may be assumed that it is the document of 2 Chr 30, not that of 2 Chr 35, that was composed later.«[31]

On doit en outre remarquer la place prépondérante faite aux lévites dans le livre des Chroniques, lorsqu'on le lit parallèlement aux livres de Samuel et des Rois qui couvrent la même période. Les lévites ont en effet dans les Chroniques une place importante auprès de l'arche d'Alliance (1 Chr 15 – 16), dans le Temple où, avant même sa construction, leurs fonctions sont réglées (1 Chr 23 – 26) et également dans les réformes d'Ezéchias (2 Chr 29 – 31) et de Josias (2 Chr 34 – 35)[32]. Aussi dans 2 Chr 30 le rôle des lévites paraît-il refléter plutôt l'époque du Chroniqueur que celle d'Ezéchias. Enfin l'auteur de 2 Chr 30, en

---

[28] Voir maintenant de cet auteur »The Cult and Calendar Reform of Jeroboam I«, dans le recueil de ses articles: *King, Cult and Calendar in Ancient Israel, Jerusalem, 1986, pp. 123 et sq.*

[29] Ce commentaire a paru à Turin en 1966.

[30] J.M. MYERS, *II Chronicles* (The Anchor Bible), New York, 1965.

[31] J.B. SEGAL, op. cit. p. 228.

[32] Sur les lévites chez le Chroniqueur, cf. R. de VAUX, *Les Institutions...*, t. II, pp. 257 et sq. et la thèse de Philippe ABADIE, *David dans le Livre des Chroniques*, 1990 (Sorbonne, Paris IV).

situant une Pâque au second mois de l'année, paraît s'inspirer de Nb 9,1–14 qui
appartient au Code sacerdotal, comme nous l'avons déjà dit plus haut. Ce texte
en effet prévoit une Pâque au second mois pour celui qui est impur ou qui est en
voyage, lors de la Pâque du premier mois de l'année, deux conditions que l'on
retrouve en 2 Chr 30[33].

Ces diverses observations conjugées sont donc peu favorables à l'historicité
du récit de 2 Chr 30. Par contre elles permettent de le situer parmi les composi-
tions littéraires très libres qui n'ont d'historique que l'apparence, et l'apparen-
tent à celle d'un midrash bâti sur le modèle de la Pâque célébrée sous Josias
avec les motivations théologiques que nous avons soulignées plus haut. [34]

Deutsche Zusammenfassung

Der kurzen Bemerkung in 2 Kö 18,4 zur Kultpolitik Hiskijas entspricht im
chronistischen Geschichtswerk ein breit ausgeführtes Pendant (2 Chr 30). In
exegetischer und historischer Hinsicht wirft dieses Kapitel eine Reihe von
Fragen auf.

Hiskija lädt die Bewohner des Nordreiches zum Pässach-Fest ein. Dieses
Fest und dasjenige der ungesäuerten Brote werden in Jerusalem gefeiert, daran
schliesst sich eine besondere, aussergewöhnliche Festwoche an. Der Text von 2
Chr 30 weist zahlreiche exegetische Einzelprobleme auf.

Historisch gesehen führt dieser Bericht zu manchen Fragen. Die deuteronomistische Geschichte erwähnt dieses Fest Hiskijas nicht. Es steht in Widerspruch zu 2 Kö 23,22. Die Ähnlichkeiten zwischen 2 Chr 30 und 35 wurden
schon lange beobachtet und im Sinne des Bestrebens gedeutet, das Pässach-
Fest Hiskijas das jenige Joschijas (2 Chr 30) überstrahlen zu lassen. Hiskija hat
wohl eine religiöse Reform veranlasst, zu der bereits die Kultzentralisierung
gehörte, aber sein Pässach-Fest nach 2 Chr 30 ist unhistorisch. Grund zur
Schaffung des Berichtes von 2 Chr 30 war die Parallelisierung Hiskijas mit
Salomo und vielleicht eine antisamaritanische Polemik.

HAAG, TALMON und andere plädieren für einen historischen Kern in 2 Chr 30.
Aber die Wahrscheinlichkeit ist grösser, dass 2 Chr 30 die Erzählung von 2 Chr
35 in der Weise eines Midrasch nachahmt.

---

[33] Cette explication est assez communément adoptée: cf. J. BENZINGER, *Die Bücher der
Chronik*, 1901, p. 123; E.L. CURTIS, »Chronicles« (*ICC*), 1910, p. 472; R. de VAUX, *Les
Institutions de l'Ancien Testament*, t. II, p. 387; W.A.L. ELMSLIE, *The Books of Chronicles*
(Cambridge Bible), p. 308.

[34] Voir dans le même sens le commentaire de R. KITTEL, op. cit. p. 163, qui parle de
»midraschischen Nachbildung des Josiahspassahs«.

Bibliographie 1969–1991 zum Opfer in der Bibel

von

VINCENT ROSSET

Die ältere Bibliographie bis 1969 ist zusammengestellt bei L. Sabourin in S. LYONNET – L. SABOURIN, *Sin, redemption, and sacrifice*. A biblical and patristic study, Analecta Biblica 48, Biblical Institute Press, Roma, 1970, 299–333. Die hier gebotene Bibliographie umfaßt die Titel, die seither erschienen sind (und einige, die bei SABOURIN nicht vermerkt sind). Sie ist in ähnlicher Weise in Teilgebiete gegliedert.

Meine Kriterien waren folgende: Ich habe mich grundsätzlich auf das biblische Gebiet beschränkt, aber einige Titel zum Opfer in der biblischen Umwelt (unter 16, auch unter 3, 8 und 20) wurden angeführt, sei es, weil sie einen Vergleich mit Opfern im Alten Testament enthalten, oder weil sie Aspekte des alttestamentlichen Opfers beleuchten. Zum Neuen Testament figurieren Titel (vor allem in 22 und 23), die zwar keine streng exegetische Arbeiten sind, aber biblische Themen berühren oder sonst wichtig sind. Ferner sind unter 7 einige Titel aufgenommen, die das Gebet im Alten Testament in seinem Zusammenhang mit dem Kult betreffen. Andere Arbeiten zum Gebet allgemein sind jedoch nicht angeführt.

Übersicht

1. Opfer im Allgemeinen
2. René GIRARDS Theorie des Opfers
3. Alttestamentliche Opfer im Allgemeinen
4. Glaube und Ritual
5. Priestertum und Opfer
6. Segen in der Liturgie
7. Gebet im Alten Testament (Auswahl)
8. Rein, Unrein, Heilig
9. Der große Versöhnungstag (Lv 16)
10. Versöhnung und Sühne allgemein im Alten Testament
11. Handauflegung im Ritual
12. Pascha und Mazzot
13. Das Opfer Abrahams (Gen 22)
14. Prophetische Opferkritik
15. Jes 52, 13–53, 12
16. Biblische Umwelt
17. Melchisedek
18. Qumran
19. Frühjudentum
20. Menschenopfer
21. Opfer neutestamentlich im Allgemeinen
22. Das Opfer Christi
23. Abendmahl
24. Hebräerbrief
25. Opfer der Christen.

1. Opfer im Allgemeinen

ASHBY, G., *Sacrifice: its nature and purpose*, SCM Press, London, 1988.

BALMARY, M., *Le sacrifice interdit*. Freud et la Bible, Grasset, Paris, 1987.

BARBAGLIO, G., Culto, in *Nuovo Dizionario di Teologia*, hrg. von G. Barbaglio & S. Dianich, Alba, 1977, 280–293.

BOURDILLON, M.F.C. (Hrg.), *Sacrifice*. 1979 Cumberland Lodge meeting of anthropologists and theologians, Academic, London, 1980.

CHAUVET L.-M., Faut-il encore parler de sacrifice?, Les Dossiers de la Bible 8 (1985) 20–25.

DELORME, J., Sacrifice, sacerdoce, consécration. Typologie et analyse sémantique du discours, Recherches de Science Religieuse 63 (1975) 343–366.

GALERIU, C., The structure of sacrifice, St. Vladimir's Theological Quarterly 30 (1986) 43–66.

GROTTANELLI, C. / PARISE, N. F., *Sacrificio e società nel mondo antico*, Laterza, Roma-Bari, 1988.

HASENFRATZ, H.-P., *Die toten Lebenden*. Eine religionsphänomenologische Studie zum sozialen Tod in archaischen Gesellschaften; zugleich ein kritischer Beitrag zur sogenannten Strafopfertheorie, Zeitschrift für Religions- und Geistesgeschichte, Beiträge 24, Brill, Leiden, 1982.

HECHT, R. D., *Sacrifice*. Comparative study and interpretation, Diss. University of California, Los Angeles,1976.

– Studies on sacrifice, 1970–1980 [36 Titel], Religious Studies Review 8 (1982) 253–259.

HENNINGER, J., Sacrifice, in *The encyclopedia of religion*. A comprehensive guide to the history, beliefs, concepts, practices, and major figures of religions past and present, Bd. 12, hrg. von M. Eliade, Macmillan, New York, 1987, 544–557.

HERRENSCHMIDT, O., Sacrifice, symbolic or effective?, in *Between belief and transgession*. Structuralist essays in religion, history and myth, hrg. von M. Izard & P. Smith, Chicago, 1982, 24–42.

KÄSEMANN, E., Sacrifice or compromise?, Australian Biblical Review 26 (1978) 13–25.

KIDNER, D., Sacrifice – metaphors and meaning, Tyndale Bulletin 33 (1982) 119–136.

KRAUS, H. J., Gottesdienst im Alten und Neuen Bund, in *Biblisch-theologische Aufsätze*, Neukirchener Verlag, Neukirchen-Vluyn, 1972, 195–234. (<Evangelische Theologie 25 (1965) 171–206.)

KÜHN, R., Zur Phänomenologie des Opfers. Sind ›Verzicht‹ und ›Hingabe‹ fremddiktierte Sinngebungen?, Münchener Theologische Zeitschrift 35 (1984) 201–217.

LEACH, E., The logic of sacrifice, in *Anthropological approaches to the Old Testament*, hrg. von B. Lang, Issues in Religion and Theology 8, Fortress – SPCK, Philadelphia – London, 1985, 136–150.

LINDERS, T. / NORQUIST, G., *Gifts to the gods*. Proceedings of the Uppsala Symposium 1985, Boreas 15, Almqvist & W., Uppsala, 1987.

MALDONADO, L., El sacrificio bíblico en su evolución del Antiguo al Nuevo Testamento, in *La violencia de lo sagrado*. Crueldad »versus« oblatividad o el ritual del sacrificio, Sígueme, Salamanca, 1974, 171–195.

RAINEY, A. F. / ROTHKOPF, A., u.a., Sacrifice, Encyclopaedia Judaica 14 (1971) 599–615.

SABOURIN, L., Sacrifice, in *Dictionnaire de la Bible*. Supplément, Bd. 10, Paris, 1985, 1483–1545.

TÜRCKE, C., Der unverdaute Freud. Zur ungebrochenen Aktualität seiner Religionstheorie [über Sühne und Opfer], Theologische Zeitschrift 37 (1981) 292–314.

VATTIONI, F. (Hrg.), Atti della Settimana Sangue e Antropologia,
1: *Sangue e antropologia biblica*, 2 Bd.,
2: *Sangue e antropologia nella patristica*, 2 Bd.,
3: *Sangue e antropologia nella letteratura cristiana*, 3 Bd.,
4: *Sangue e antropologia nella liturgia*, 3 Bd.,
5: *Sangue e antropologia: riti e culto*, 3 Bd.,
Centro Studi Sanguis Christi 1–5, Pia Unione Preziosissimo Sangue, Roma, 1981/1982/1983/1984/1987.

2. René GIRARDS Theorie des Opfers

AGNEW, M. B., A transformation of sacrifice. An application of René Girard's theory of culture and religion, Worship 61 (1987) 493–509.

BAUDLER, G., Am Anfang war das Wort – oder der Mord?, Zeitschrift für Katholische Theologie 111 (1989) 45–56.

BELIËN, P., De evangelies leggen het gewelt bloot. De interpretatie van René Girard, Streven 27 (1973f.) 1087–1096.

CARRARA, A., *Violenza, sacro, rivelazione biblica*. Il pensiero di René Girard, Vita e Pensiero, Milano, 1985.

DUMAS, A., La mort du Christ n'est-elle pas sacrificielle? Discussion d'objections contemporaines, Etudes Théologiques et Religieuses 56 (1981) 577–591.

DUMOUCHEL, P. (Hrg.), *Violence et vérité*. Autour de René Girard, Colloque de Cérisy, Paris, 1985.

GARDEIL, P., La Cène et la Croix: après René Girard. Réflexions sur la mort rédemptrice, Nouvelle Revue Théologique 101 (1979) 676–698.

GIANNONI, P., Crisi e validità del tema del sacrificio, Lateranum 47 (1981) 87–93.

GIRARD, R., *La violence et le sacré*, Grasset, Paris, 1972.
    Rez.: Nova et Vetera 54 (1979) 292–310 (S. Pinckaers, G. Brazzola); Vie Spirituelle 133 (1979) 380–410 (D. Frizot, E. de Clermont-Tonnerre); Religious Studies Review 6 (1980) 173–177 (N. Smart); Worship 54 (1980) 476f. (M. B. Agnew); Studia Patavina 28 (1981) 664f. (G. Trentin); Nova et Vetera 56 (1981) 36–49 (T. Molnar, R. Le Gall); Religión y Cultura 30, 140 (1984) 393 (J. M. Rodríguez); Orientierung 49 (1985) 207–210 (J. Ebach); Foi et Vie 84, 3 (1985) 17–28; 84, 6 (1985) 25–32 (J. Lambert); Catholic Biblical Quarterly 47 (1985) 1–27 (R. North); Hermeneutica 5 (1985) 65–114 (P. Grassi, G. Rognini); Nuova Umanità 8, 44 (1986) 73–96 (J.-P. Rosa); Jahrbuch für biblische Theologie 2 (19879 247–255 (U. Rüterswörden).

– *Des choses cachées depuis la fondation du monde* ... (Mt 13, 53), Grasset, Paris, 1978.
    Rez.: Supplément 131 (1979) 559–569 (N.-J. Sed); Foi et Vie 79 (1980) 26–30 (P. Siré); Etudes Théologiques et Religieuses 54 (1979) 593–607 (M. Bouttier); Christus 27 (1980) 204–215 (C. Dagens); Lumière et Vie 29 (1980) 44–53 (B. Lauret); Communio 5, 3 (1980) 73–75 (H. U. v. Balthasar); Recherches de Science Religieuse 69 (1981) 325–355 (P. Ciholas); Sal Terrae 68 (1980) 349–361 (J. M. Fernández M.);

Revista Bíblica 43 (1981) 47−50 (M. J. Yutzis); Biblia y Fe 7 (1981) 19−32 (E. Evaristo); Estudios Eclesiásticos 58 (1983) 103f.; Natura y Gracia 29 (1982) 459f. (D. Castillo); Letture 38 (1983) 595−620 (A. Carrara); Communio [Sevilla] 17 (1984) 133f. (A. Lobato); Lumen 32 (1983) 183f. (U. Gil Ortega); Bibel und Kirche 40 (1985) 139 (F. J. Stendebach); Theologische Literaturzeitung 110 (1985) 214−216 (M. Knapp); Theologisch-praktische Quartalschrift 133 (1985) 74f. (J. Janda); Revista Bíblica 47 (1985) 159−176 (A. J. Levoratti); Recherches de Science Religieuse 73 (1985) 481−502 (R. Schwager); Theologie und Philosophie 61 (1986) 450−453 (P. Knauer); Zeitschrift für Katholische Theologie 109 (1987) 312−323 (G. Baudler).

− *Le Bouc émissaire*, Grasset & Fasquelle, Paris, 1982.

Rez.: Revue de Théologie et de Philosophie 115 (1983) 285−292 (E. Fuchs); Tijdschrift voor Theologie 24 (1984) 115−137 (A. Lascaris); Brotéria 119 (1984) 180−191. 508−520 (A. Lopes); Ateismo e Dialogo 18 (1983) 97 (P. Poupard); New Blackfriars 66 (1985) 517−524 (A. Lascaris); Brotéria 119 (1984) 180−191. 508−520; 120 (1985) 25−38 (A. Lopes); Journal of the American Academy of Religion 55 (1987) 832f. (L. W. Bailey); Collationes 17 (1987) 244−246 (E. Van Waelderen).

− *La route antique des hommes pervers* [Hiob], Grasset, Paris, 1985.

− The Gospel Passion as victim's story, Cross Currents 36 (1986) 28−38.

GONZALEZ FAUS, J., Ignacio, Violencia, religión, sociedad y cristología; introducción a la obra de René Girard, Actualidad Bibliográfica 18 (1981) 7−37.

HAMERTON-KELLY, R. G. (Hrg.), *Violent origins*. Walter Burkert, René Girard, and Jonathan Z. Smith on ritual killing and cultural formation, Pajaro Dunes 1983, Stanford, 1987.

− Sacred violence and the curse of the Law (Galatians 3, 13). The death of Christ as a sacrificial travesty, New Testament Studies 36 (1990) 98−118.

− Sacred violence and »works of Law«. »Is Christ then an agent of sin?« (Galatians 2, 17), The Catholic Biblical Quarterly 52 (1990) 55−75.

JUILLAND, A. (Hrg.), *To honor René Girard*, Stanford French and Italian Studies 34, Anma Libri, Saratoga CA, 1986.

LANGE, F.(de), Différence. Achtergronden bij René Girard, Gereformeerd Theologisch Tijdschrift 87 (1987) 192−225.

LAPOINTE, R., u. a., *Le phénomène Girard*, Séminaire RIER Montréal 1980, Studies in Religion 10, 1, Waterloo (Ont.), 1981.

LASCARIS, A., *Advocaat van de zonderbok*. Het werk van René Girard en het evangelie van Jezus, Gooi & S., Hilversum, 1987.

LOHFINK, N., Der gewalttätige Gott des Alten Testaments und die Suche nach einer gewaltfreien Gesellschaft, Jahrbuch für Biblische Theologie 2 (1987) 106−136.

ORSINI, C., *La pensée de René Girard*, Paris, 1986.

SCHWAGER, R., *Brauchen wir einen Sündenbock?* Gewalt und Erlösung in den biblischen Schriften im Lichte der Theorie René Girards von der »primitiven Gesellschaft« im Alten Testament, ihrem Kampf aller gegen alle und ihrem ›relativen Frieden‹ durch den Sündenbock als Verfluchtem und Heilsbringer, Kösel, München, 1978.

SCHWEIKER, W., Sacrifice, interpretation, and the sacred. The import of Gadamer and Girard for religious studies, Journal of the American Academy of Religion 55 (1987) 791−810.

3. Alttestamentliche Opfer im Allgemeinen

ABBA, R., The origin and significance of hebrew sacrifice, Biblical Theology Bulletin 7 (1977) 123–138.

AHARONI, Y., The salomonic Temple, the Tabernacle and the Arad Sanctuary, Alter Orient und Altes Testament 22 (1973) 1–3.

– The horned altar of Beer-Sheba, The Biblical Archaeologist 37 (1974) 2–6.

ALONI, J., The place of worship and the place of slaughter according to Leviticus 17, 3–9 [hebr.], Shnaton Mikra 7f. (1983f.) 21–49. VIIf.

ANDERSON, G. A., *Sacrifices and offerings in ancient Israel.* Studies in their social and political importance, Harvard Semitic Monographs 41, Scholars, Atlanta, 1987.

ASCENSIO, F., Observaciones sobre el »holocausto« y el sacrificio »pacifico« en el culto de Israel, Studia Missionalia 23 (1974) 191–211.

BAER, I. F., The service of sacrifice in the second temple [hebr.], Zion 40 (1975) 95–153. XXXIX–XLI.

BEAUCAMP, E., Aux origines du mot ›rédemption‹. Le ›rachat‹ dans l'Ancien Testament, Laval Théologique et Philosophique 34 (1978) 49–56.

BEGG, C., The birds in Genesis 15, 9–10, Biblische Notizen 36 (1987) 7–11.

– Rereadings of the ›animal rite‹ of Genesis 15 in early Jewish narratives, Catholic Biblical Quarterly 50 (1988) 36–46.

BERGMAN, J. / KRECHER, J. / HAMP, V., אֵשׁ, אִשֶּׁה, in *Theologisches Wörterbuch zum Alten Testament*, Bd. 1, hrg. von G. J. Botterweck & H. Ringgren, Kohlhammer, Stuttgart, 1973, 451–463.

BERGMAN, J. / RINGGREN, H. / LANG, B., זָבַח, זֶבַח, in *Theologisches Wörterbuch zum Alten Testament*, Bd. 2, hrg. von G. J. Botterweck & H. Ringgren, Kohlhammer, Stuttgart, 1977, 509–583.

BERTOLA, E., Le Sacré dans les plus anciens livres de la Bible, in *Le Sacré*. Etudes et recherches, Aubier, Paris, 1974, 201–220.

BRICHTO, H. C., Kin, cult, land and afterlife – a biblical complex, Hebrew Union College Annual 44 (1973) 1–54.

CAZELLES, H., Le salut par les institutions divines dans la Bible, Semana Bíblica Española 26 (1969) 73–83.

– Y eut-il une liturgie de la parole au Temple?, Lex Orandi 48 (1970) 9–22.

CHARBEL, A., La portata religiosa degli שְׁלָמִים, Rivista Biblica 18 (1970) 185–193.

– Nota a Lev 7, 34: *tenûfāh* e *terûmāh* negli *šelāmîm*, Rivista Biblica 21 (1973) 353–359.

– Offerta di prodotti vegetali nei sacrifici *šelāmîm*, Euntes Docete 26 (1974) 398–403.

– Posizione degli *šelāmîm* nella Scrittura, Salesianum 36 (1974) 431–441.

– Origine degli *šelāmîm* in Israele, Rivista Biblica 23 (1975) 261–178.

CONRAD, H., *Studien zum Altargesetz*, H. Kömbacker, Marburg, 1968.

COUTURIER, G., Le sacrifice d'›actions de grâces‹, Eglise et Théologie 13 (1982) 5–34.

DAVIES, D., An interpretation of sacrifice in Leviticus, Zeitschrift für die Alttestamentliche Wissenschaft 89 (1976) 387–398.

DE BOER, P. A. H., An aspect of sacrifice. I. Divine bread. II. God's fragrance, in *Studies in the religion of ancient Israel*, hrg. von G. W. Anderson, u. a., Vetus Testamentum Supplementum 23, Brill, Leiden, 1972, 27–47.

DEISSLER, A., Das Opfer im Alten Testament, in *Das Opfer Jesu Christi und seine Gegenwart in der Kirche*. Klärungen zum Opfercharakter des Herrenmahles, hrg. von

K. Lehmann & E. Schlink, Dialog der Kirchen 3, Herder – Vandenhoeck & Ruprecht, Freiburg i. B. – Göttingen, 1983, 17–35.

DE MOOR, J. C., The peace-offering in Ugarit and Israel, in *Schrift en uitleg*. Festschrift W. H. Gispen, Kok, Kampen, 1970, 112–117.

DESPINA, M., La liturgie quotidienne au Temple de Jérusalem, Rencontre 4,15 (1970) 8–22.

DEVRIES, L. F., *Incense altars from the period of the Judges and their significance*, Diss. Southern Baptist Theological Seminar, 1975.

DOHMEN, C., מִזְבֵּחַ, in *Theologisches Wörterbuch zum Alten Testament*, Bd. 4, hrg. von G. J. Botterweck & H. Ringgren, Kohlhammer, Stuttgart, 1984, 787–801.

DOMBROWSKI, B. W. V., Killing in sacrifice: The most profound experience of God?, Numen 23 (1976) 136–144.

DOMMERSHAUSEN, W., Die Liturgie im Alten Testament (Literaturbericht), Archiv für Liturgiewissenschaft 13 (1971) 222–281.

– Die Liturgie im Alten Testament (Literaturbericht), Archiv für Liturgiewissenschaft 16 (1974) 155–205.

DRIJVERS, H. J. W., Aramaic *ḥmn'* and hebrew *ḥmn*. Their meaning and root, Journal of Semitic Studies 33 (1988) 165–179.

DUBARLE, A.-M., L'Eglise de l'Ancienne Alliance dans la liturgie de l'Ancien Testament, in *L'Eglise dans la liturgie*. 26ᵉ Semaine d'Etudes Liturgiques de S.-Serge 1979, hrg. von A. M. Triacca & A. Pistoia, Bibliotheca Ephemerides Liturgicae 18, Ed. Liturgiche, Roma, 1980, 119–128.

DURAND, X., Du rituel sacrificiel au sacrifice biblique, Le Point Théologique 24 (1977) 31–61.

FABRY, H.-J., Opfer [II. Vorbiblisch; III. Jüdisch], in *Lexikon der Religionen*, hrg. von H. Waldenfels, Herder, Freiburg i. B. – Basel – Wien, 1988², 482–487.

FABRY, H.-J. / WEINFELD, M., מִנְחָה, ›Geschenk, Opfer‹, in *Theologisches Wörterbuch zum Alten Testament*, Bd. 4, hrg. von G. J. Botterweck & H. Ringgren, Kohlhammer, Stuttgart, 1984, 987–1001.

FELIKS, J. / OUELETTE, J., Incense and perfumes, Encyclopaedia Judaica 8 (1971) 1310–1316.

Festivals, Encyclopaedia Judaica 6 (1971) 1237–1246.

FREEMAN, H. E., The problem of the efficacy of the Old Testament sacrifices, Grace Journal 4, 1 (1963) 21–28.

FRIEDRICH, I., *Ephod und Choschen im Lichte des Alten Orients*, Wiener Beiträge zur Theologie, Herder, Wien, 1968.

GADEGAARD, N. H., On the so-called burnt-offering altar in the Old Testament, Palestine Exploration Quarterly 110 (1978) 35–45.

GALOPIN, P. M., Las comidas en común en la Biblia, Liturgia 4 (1973) 89–94.

GAMBERONI, J., Der nachexilische Tempel und der nachexilische Kult, Bibel und Liturgie 45 (1972) 94–108.

GLUECK, N., Incense altars, in *An open letter to H. G. May*, Festschrift H. G. May, hrg. von H. T. Frank, u.a., Nashville-New York, 1970, 325–329.

– מזבחות־קטורת Incense altars, Eretz-Israel 10 (1971) 120–125, Taf. נה-נג.

GOODSIR, R., Animal sacrifice – Delusion or deliverance?, in *Studia biblica*. 6th International Congress on Biblical Studies, Oxford 3–7 Apr. 1978, Bd. 1, hrg. von E. A. Livingstone, Journal for the Study of the Old Testament. Supplement 11, Sheffield, 1979, 157–160.

GRAY, G. B., *Sacrifice in the Old Testament*. Its theory and practice, Library for Biblical Studies, Ktav, New York, 1971.

GRAY, J., The day of Yahweh in cultic experience and eschatological prospect, Svensk Exegetisk Årsbok 39 (1974) 5−37.

HAAG, E., Opfer und Hingabe im Alten Testament, in *Freude am Gottesdienst*. Aspekte ursprünglicher Liturgie. Festschrift J. G. Plöger, hrg. von J. Schreiner, Katholisches Bibelwerk, Stuttgart, 1983, 333−346.

HAAG, H., Die Liturgie in der israelitisch-jüdischen Religion und im Alten Orient (Literaturbericht), Archiv für Liturgiewissenschaft 11 (1969) 270−326.

HAMMERSHAIMB, E., History and cult in the Old Testament, in *New eastern studies in honor of W. F. Albright*, hrg. von H. Goedicke, u. a., Johns Hopkins Press, Baltimore-London, 1971, 269−289.

HAMP, V., Gottesdienst in Israel in vorstaatlicher Zeit, Bibel und Liturgie 44 (1971) 225−236.

HARAN, M., זבח הימים, in *Sefer S. Yeivin*, hrg. von S. Abrahamsky, Kirjath Sepher, Jerusalem, 1970, 170−186.

− Shewbread, Encyclopaedia Judaica 14 (1971) 1394−1397.

− *Temples and Temple-service in Ancient Israel*. An inquiry into the character of cult phenomena and the historical setting of the priestly school, Clarendon, Oxford, 1978.

HARRELSON, W., Worship in Early Israel, Biblical Research 3 (1968) 1−14.

− *From fertility cult to worship*, Doubleday, Garden City − New York, 1969.

HASEL, G. F., The meaning of the animal rite in Gen. 15, Journal for the Study of the Old Testament 19 (1981) 61−78.
[Darüber: Journal for the Study of the Old Testament 22 (1982) 134−140 (G. J. Wenham, A. J. Arvid).]

HENNINGER, J., Was bedeutet die rituelle Teilung eines Tieres in zwei Hälften? zur Deutung von Gen. 15, 9ff., in *Arabica Sacra*. Aufsätze, Orbis Biblicus et Orientalis 40, Vandenhoeck & Ruprecht − Universitätsverlag, Göttingen − Freiburg in der Schweiz, 1981, 275−285.
(< Biblica 34 (1953) 344−353.)

HOMMEL, H., Das Wort Karban [קָרְבָּן] und seine Verwandten, in *Sebasmata*. Studien zur antiken Religionsgeschichte und zum frühen Christentum, Bd. 2, Wissenschaftliche Untersuchungen zum Neuen Testament 32, Mohr, Tübingen, 1984, 10−31.

HRUBY, K., Le Temple et sa place dans la vie juive, Rencontres Chrétiens et Juifs 3, 13 (1969) 253−273.

HUROWITZ, A., Salted incense − Exodus 30, 35; Maqlû VI 111−113; IX 118−120, Biblica 68 (1987) 178−194.

JANOWSKI, B., Erwägungen zur Vorgeschichte des israelitischen *šelamîm*-Opfers, Ugarit-Forschungen 12 (1980) 231−259.

− Opfer II, in *Evangelisches Kirchenlexikon III*, hrg. von E. Fahlbusch, Vandenhoeck & Ruprecht, Göttingen, Liefg. 8, 1991, 881−884.

JAY, N., Sacrifice, descendent and the patriarchs, Vetus Testamentum 38 (1988) 52−70.

KAHN, I., La liturgia ebraica, Humanitas 31 (1976) 520−531.

KAMSLER, H. M., The blood covenant in the Bible, Dor le Dor 6 (1977f.) 94−98.

KELLERMANN, D., עָלָה, ›Opfer‹, in *Theologisches Wörterbuch zum Alten Testament*, Bd. 6, hrg. von G. J. Botterweck & H. Ringgren, Kohlhammer, Stuttgart, 1989, 105−124.

KLOPFENSTEIN, M. A., Alttestamentliche Themen in der neueren Forschung [Literaturbericht], Theologische Rundschau 53 (1988) 332−353.

114   *Vincent Rosset*

KOGAN, M., מזבח אחז לבעיית הפולחן האשורי בממלכת יהודה, in *Dibre ha-Kongres ha-'Olami ha-VI le Madda'e Jahdut*, Bd. 1, Jerusalem, 1975f., 119−124.

KOSMALA, H., The so-called ritual Decalogue [Ex. 34], in *Studies, essays & reviews*, Bd. 1, Brill, Leiden, 1977, 12−42.

(< Annual of the Swedish Theological Institute 1 (1962) 31−61.)

KUTSCH, E., Von den israelitisch-jüdischen Hauptfesten, Im Lande der Bibel 20, 2 (1974) 22−26.

LACH, S., Le sacrifice זֶבַח שְׁלָמִים, Folia Orientalia 11 (1969) 187−194.

LANGE, F., Los sacrificios en Israel, Revista Teológica 21, 3 (1974) 18−26.

LEVINE, B. A., *The tabernacle, its structure and ustensils*, Soncino, London, 1970.

− u. a., Cult, cult places, firstborn, first fruits, Encyclopaedia Judaica 5 (1971) 1155−1169; 6 (1971) 1306−1316.

− Later sources on the *netînîm*, Alter Orient und Altes Testament 22 (1973) 101−107.

− *In the presence of the Lord*. A study of cult and some cultic terms in ancient Israel, Studies in Judaism in Late Antiquity 5, Brill, Leiden, 1974.

− *Leviticus wyqr'*. The traditional hebrew text with the new JPS translation, JPS Torah Commentary, The Jewish Publication Society, Philadelphia − New York − Jerusalem, 1989.

LEVINSON, N. P., *Die Kultsymbolik im Alten Testament und im nachbiblischen Judentum*. Tafelband (zu E. L. EHRLICH, *Die Kultsymbolik im Alten Testament und im nachbiblischen Judentum*, Stuttgart, 1959), Symbolik der Religionen 17, Hiersemann, Stuttgart, 1972.

LICHT, J. S. / MILGROM, J., קרבנות, קָרְבָּן, קראית מקראית אנציקלופדיה 7 (1976) 222−251.

LIPINSKI, E., ›Anaq − Kiryat ›Arba‹ − Ḥébron et ses sanctuaires tribaux, Vetus Testamentum 24 (1974) 41−55.

MAIBERGER, P., *Das Manna*. Eine literarische, etymologische und naturkundliche Untersuchung, Diss. Mainz, 1981.

MAIER, J., Gottesdienst in der Zeit des Salomonischen Tempels, Bibel und Liturgie 44 (1971) 237−251.

MARTIN-ACHARD, R., *Essai biblique sur les fêtes d'Israël*, Labor et Fides − Librairie Protestante, Genève − Paris, 1974.

MARX, A., *Le sacrifice israélite de 1750 à nos jours*. Histoire de la recherche, Diss. de la Faculté Protestante de Stasbourg,1978.

− *Formes et fonctions du sacrifice à YHWH d'après l'Ancien Testament*, Diss. de la Faculté Protestante de Stasbourg, 1986.

McCONVILLE, J. G., The place of ritual in Old Testament religion, Irish Biblical Studies 3 (1981) 120−133.

MILGROM, J., The cultic use of *brq*, Proceedings of the World Congress of Jewish Studies 5 (1969) 75−84. 164.

− אישור אכדי למשמעות המונח ›תרומה‹. An akkadian confirmation for the meaning of ›teruma‹, Tarbiẓ 40 (1970f.) 189. VIII.

− The alleged wave-offering in Israel and in the Ancient Near East, Israel Exploration Journal 22 (1972) 33−38.

− שׁוֹק התרומה: פרק בתולדות הפולחן. The thigh of the Dedication, Lev 7, 32−33. A chapter in cultic history, Tarbiẓ 42, 1f. (1972f.) 1−11.

− התנופה. La »tenoufah« (geste de présentation de certaines offrandes devant l'autel), in *Sefer Z. Schazar*, hrg. von B. Z. Louria, Jerusalem, 1973, 38−55.

- First-born, in *The Interpreter's Dictionary of the Bible.* Supplementary Volume, Nashville, 1976, 337f.
- Sacrifices and offerings, Old Testament, in *The Interpreter's Dictionary of the Bible.* Supplementary Volume, Nashville, 1976, 763–771.
- קְטֹרֶת, אנציקלופדיה מקראית 7 (1976) 112–118.
- *Studies in cutic theology and terminology*, Studies in Judaism in Late Antiquity 36, Brill, Leiden, 1983.

MILGROM, J. / LERNER, B. M., Altar, Encyclopaedia Judaica 2 (1971) 760–771.

MORARD, L., *Etude sur les origines agricoles des fêtes (ḥaggîm) israélites*, Diss. Strasbourg, 1973.

MURRAY, R., New Wine in old wine-skins, XII: Firstfruits, Expository Times 86 (1974f.) 164–168.

NAKARAI, T. W., Worship in the Old Testament, Encounter 34 (1973) 282–286.

NANCY, J., Sacrifice, descent and the patriarchs, Vetus Testamentum 38 (1988) 52–70.

NEWLANDS, D. L., Sacrificial blood at Bethel?, Palestine Exploration Quarterly 104 (1972) 155.

NICHOLSON, E. W., The covenant ritual in Exodus XXIV 3–8, Vetus Testamentum 32 (1982) 74–86.

NIELSEN, K., *Incense in ancient Israel*, Vetus Testamentum Supplementum 38, Brill, Leiden, 1986.

O'CONNELL, K. G., Sacrifice in the Old Testament, The Bible Today 41 (1969) 2862–2867.

PARRA, A., ›Tribu‹ sacerdotal y ›exclusivismo‹ cultual, Theologica Xaveriana 31 (1981) 141–151.

PETUCHOWSKI, J. J., *Contributions to the scientific study of Jewish liturgy*, Ktav, New York, 1970.

POSNER, R., Ablution, Encyclopaedia Judaica 2 (1971) 81–86.

RAINEY, A. F., The order of sacrifices in Old Testament ritual texts, Biblica 51 (1970) 485–498.
- סדר הקרבנות בנסיבות שונות. The order of sacrifices under certain circumstances, in *Sepher J. Ron*, 'Am 'Oved, Tel-Aviv, 1973, 221–227.

REIFENBERG, H., Duft-Wohlgeruch als gottesdienstliches Symbol. Liturgisch-phänomenologische Aspekte des odoratischen Elements, Archiv für Liturgiewissenschaft 29 (1987) 321–351.

RENDTORFF, R., Der Kultus im Alten Israel, in *Gesammelte Studien zum Alten Testament*, Theologische Bücherei 57, Kaiser, München, 1975, 89–109.
(< Jahrbuch für Liturgik und Hymnologie 2 (1956) 1–21.)
- Kult, Mythos und Geschichte im Alten Israel, in *Gesammelte Studien zum Alten Testament*, Theologische Bücherei 57, Kaiser, München, 1975, 110–118.
(< *Sammlung und Sendung*. Vom Auftrag der Kirche in der Welt. Festschrift H. Rendtorff, hrg. von J. Heubach und H.-H. Ulrich, Christlicher Zeitschriftenverlag, Berlin, 1958, 121–129.)

RIGBY, P., A structural analysis of israelite sacrifice and its other institutions, Eglise et Théologie 11 (1980) 299–351.

RIVARD, R., Les chefs et le culte en Israël, in *Le Prêtre, hier, aujourd'hui, demain*, Cerf, Paris, 1970, 20–27.

ROGERS, V. M., Some reflections on worship in the Old Testament, Reformed Review 30 (1977) 190–197.

116   *Vincent Rosset*

ROSENTHAL, J., הקרבנות אל היחס. Das Verhältnis zu den Opfern, Môlad 6 (1973f.) 272–276.

ROST, L., *Studien zum Opfer im Alten Testament*, Beiträge zur Wissenschaft vom Alten und Neuen Testament 113, Kohlhammer, Stuttgart, 1981.

ROWLEY, H. H., *Worship in Ancient Israel*. Its forms and meanings, SPCK, London, 1976.

SABOURIN, L., Liturgie du sanctuaire et de la tente véritable, New Testament Studies 18 (1971f.) 87–90.

STACY, R. W., The importance of sacrifice, Biblical Illustrator 15 (1989) 20–23.

STENDEBACH, F. J., Altarformen im kanaanäisch-israelitischen Raum, Biblische Zeitschrift 20 (1976) 180–196.

STOLZ, F., *Strukturen und Figuren im Kult von Jerusalem*. Studien zur altorientalischen, vor- und frühisraelitischen Religion, Beihefte zur Zeitschrift für die Alttestamentliche Wissenschaft 118, De Gruyter, Berlin, 1970.

STRICKER, B. H., De praehelleense ascese, § 16–18: De cultus in de Tempel van Jerusalem, Oudheidkundige Mededelingen 55 (1974) 162–187.

TALMON, S., *King, cult and calendar in Ancient Israel*. Collected Studies, Magnes Press, Jerusalem, 1986.

THOMPSON, P. E. S., The anatomy of sacrifice. A preliminary investigation, in *New Testament christianity for Africa and the World*. Festschrift H. Sawyer, hrg. von M. E. Glasswell & E. W. Fashold-Luke, SPCK, London, 1974, 19–35.

VAN LEEUWEN, J. H., The meaning of *tuphîn* in Lev 6, 14, Zeitschrift für die Alttestamentliche Wissenschaft 100 (1988) 268.

VATTIONI, F., Aspetti del culto del Signore dei cieli, II, Augustinianum 13 (1973) 37–74.

VIRGULIN, S., I sacrifici nell'Antico Testamento, Parola, Spirito e Vita 7 (1983) 9–22.

VOGEL, M. H., The distinctive expression of the category of worship in Judaism, Bijdragen 43 (1982) 350–381.

WEINBERG, Z., השכנים העמים של והמנהגים המקרא פי על בישראל הקרבן. *Sacrifice in Israel according to the Priest Codex and the customs of other mediterranean peoples*, Diss. Tel Aviv, 1971.

– הקרבנות תורת הוראת. Views of the law of sacrifices, Shma'tin 50 (1976f.) 21–34.

WEINFELD, M., The use of oil in the cult of ancient Israel, in *Olive oil in antiquity. Israel and the neighbouring countries from Neolithic to Early Arab period*, hrg. von M. Heltzer & D. Eitam, Conference Haifa Dec. 1987, 192–195.

WESTERMANN, C., Religion und Kult. Hauptmotive des Kultischen, Zeitwende 46 (1975) 77–80.

WIJNGAARDS, J. N. M., The adoption of pagan rites in early israelite liturgy, in *God's word among men*, hrg. von G. Gispert-Sauch, Vidyajyoti, Dehli, 1973, 247–256.

WOLFF, H. W., Das Ende des Heiligtums in Bethel, in *Gesammelte Studien zum Alten Testament*, Kaiser, München, 1973², 442–453.

(< *Archäologie und Altes Testament*, Festschrift K. Galling, hrg. von A. Kuschke & E. Kutsch, Mohr, Tübingen, 1970, 287–298.)

YOUNG, N. H., New Wine in old wine-skins, XIII: Sacrifice, Expository Times 86 (1974f.) 305–309.

YUVAL, Y. Y., הקרבנות לטעמי, Morasha 2 (1972) 9–31.

ZWICKEL, W., *Räucherkult und Räuchergeräte*. Exegetische und archäologische Studien zum Räucheropfer im Alten Testament, Orbis Biblicus et Orientalis 97, Vandenhoeck & Ruprecht – Universitätsverlag, Göttingen – Freiburg in der Schweiz, 1990.

4. Glaube und Ritual

BRAULIK, G., Die Freude des Festes, in *Studien zur Theologie des Deuteronomiums*, Verlag Katholisches Bibelwerk, Stuttgart, 1988, 161−218.

BURKERT, W., Glaube und Verhalten, Zeichengehalt und Wirkungsmacht von Opferritualen, in *Le sacrifice dans l'Antiquité*. Entretien 27 de la Fondation Hardt, 25−30 août 1980, hrg. von J. Rudhardt & O. Reverdin, Fondation Hardt, Genève, 1981, 91−125.

CARIDEO, A., Dall'evento salvifico all'assemblea cultuale; la parola di Dio nel culto dell'Antico Testamento (Es 12, 1−13, 16; Ne 8−10), Rivista di Liturgia 70 (1983) 649−658.

CAZELLES, H., La liturgie confession de foi dans l'Ancien Testament, in *La liturgie, expression de la foi*. 25^e Semaine d'Etudes Liturgiques de S.-Serge 27−30 juin 1978, hrg. von A. M. Triacca & A. Pistoia, Bibliotheca Ephemerides Liturgicae 16, Ed. Liturgiche, Roma, 1979, 89−96.

DE VRIES, S. P., *Jüdische Riten und Symbole*, Fourier, Wiesbaden, 1981.

FABRIS, R., Il sacramento como memoriale, presenza ed attesa dell'evento salvifico, Parole di Vita 18 (1973) 215−226.

FELDMAN, E., *Biblical and post-biblical defilement and mourning*. Law as theology, New York, 1977.

GILKEY, L., Symbols, meaning, and the divine presence, Theological Studies 35 (1974) 249−267.

GORMAN, F. H., *Priestly ritual and creation theology*. The conceptual categories of space, time, and status in Lev. 8, 14.16; Num. 19, 28−39, Diss. Emory, Atlanta, 1985.

GRELOT, P., Présence de Dieu et communion avec Dieu dans l'Ancien Testament, Lectio Divina 67 (1971) 167−180.

HENDEL, R. S., Sacrifice as a cultural system. The ritual symbolism of Exodus 24, 3−8, Zeitschrift für die Alttestamentliche Wissenschaft 101 (1989) 366−390.

JETTER, W., *Symbol und Ritual*. Anthropologische Elemente im Gottesdienst, Vandenhoeck & Ruprecht, Göttingen, 1978.

McCARTY, D. J., Wonder and worship in the Old Testament, Way 11 (1971) 3−11.

MILLER, P. D., »Him only shall you serve«. Reflections on the meaning of Old Testament worship, Andover-Newton Quarterly 11 (1970f.) 139−149.

RAVASI, G., Strutture teologiche della festa biblica, La Scuola Cattolica 110 (1982) 143−181.

RIDDERBOS, N., *De plaats van het loven en het bidden in het Oude Testament*. Enkele beschouwingen over en n.a.v. Ps 50:14.15, Kok, Kampen, 1970.

ROST, L., Die Gerichtshoheit am Heiligtum, in *Archäologie und Altes Testament*. Festschrift K. Galling, hrg. von A. Kuschke & E. Kutsch, Mohr, Tübingen, 1970, 235−241.

SAUER, G., Israels Feste und ihr Verhältnis zum Jahweglauben, in *Studien zum Pentateuch*. Festschrift W. Kornfeld, hrg. von G. Braulik, Herder, Wien − Freiburg i. B., 1977, 135−141.

SCHMID, H., Kult als Bewahrung und Vermittlung von Glaubenswahrheit im Alten Testament, Theologische Berichte 6 (1977) 61−80.

SKEHAN, P. W., An Old Testament service of praise, The Bible Today 67 (1973) 1236−1241.

VAN DER PLOEG, J. P. M., Rapports avec Dieu et rapports humains d'Israël, in *Communione interecclesiale*, hrg. von I. d'Ercole, u. a., LAS, Roma, 1972, 15–29.

– Adoration and praise of God in the Old Testament, in *Studia Evangelica VII*. Papers presented to the Fifth International Congress on Biblical Studies held at Oxford, 1973, Texte und Untersuchungen, Geschichte der altchristlichen Literatur 126, Berlin, 1982, 529–539.

WALTKE, B. K., Cain and his offering, The Westminster Theological Journal 48 (1986) 363–372.

WAMBACQ, B. N., De habitudine inter religionem Veteris Testamenti et cultum, in *Foi et culture à la lumière de la Bible*. Actes de la Session plénière 1979 de la Commission Biblique Pontificale, hrg. von J.-D. Barthélemy, u. a., Elle Di Ci, Leumann (Torino), 1981, 29–32.

WILMS, F.-E., *Freude vor Gott*. Kult und Fest in Israel, Schlüssel zur Bibel, Pustet, Regensburg, 1981.

5. Priestertum und Opfer

ALLAN, M. W. T., *The priesthood in Ancient Israel, with special reference to the status and function of the levites*, Diss. Glasgow, 1971–1972.

BETTENZOLI, G., I leviti e la riforma deuteronomistica, Rivista di Storia e Letteratura Religiosa 22 (1986) 3–23.

BREKELMANS, C., Israels priester [Holl.], Schrift 10 (1970) 129–133.

CAZELLES, H., Sainteté et pureté du sacerdoce, in *Populus Dei*. Studi in onore del Card. Alfredo Ottaviani per il cinquantesimo di sacerdozio: 18 marzo 1966, Bd. 1, Communio 10, Roma, 1969, 169–200.

CODY, A., *A history of the Old Testament priesthood*, Analecta Biblica 35, Pontifical Biblical Institute, Roma, 1969.

– Priesthood in the Old Testament, Studia Missionaria 22 (1973) 309–329.

CROCKER, P. T., Corrupt priests – a common phenomenon, Buried History 26 (1990) 36–43.

GAFNI, I., High priest, Encyclopaedia Judaica 8 (1971) 470–473.

GARCIA DEL MORAL, A., Incidencia de la teología veterotestamentaria del sacerdocio y del sacrificio en la teología del Nuevo Testamento. Limites y abusos, Communio 8 (1975) 79–130.

HARAN, M., Priestertum, Tempeldienst und Gebet, in *Das Land Israel in biblischer Zeit*. Jerusalem-Symposium 1981 der Hebräischen Universität und der Georg-August-Universität, hrg. von G. Strecker, Göttinger Theologische Arbeiten 25, Vandenhoeck & Ruprecht, Göttingen, 1983, 141–153.

– Priesthood, Temple, divine service. Some observations on institutions and practices of worship, Hebrew Annual Review 7 (1983) 121–135.

HAURET, C., *Lewy* et *Kohen*, Revue de Sciences Religieuses 44 (1970) 85–100.

KELLY, J., *The function of the priest in the Old Testament*, Diss. Studii Biblici Franciscani, Jerusalem, 1973.

LICHT, J. S., אנציקלופדיה מקראית, עבודת אלהים 6 (1971) 37–39.

LURIA, B. Z., לשכת איש האלהים, Beth Mikra 109 (1987) 112–113.

MARBÖCK, J., Priestertum im Alten Bund, in *Priesterbild im Wandel*. Festschrift A.

Gruber, Linzer Theologische Reihe 1, Oberöster-reichischer Landesverlag, Linz, 1972, 7–31.

MILGROM, J., *Studies in levitical terminology*. Bd. 1: The encroacher and the levite. The term 'Abodah, University of California Press, Berkeley – Los Angeles – London, 1970.

– The levitical *'abodah*, Jewish Quaterly Review 61 (1970f.) 132–154.

OLYAN, S. M., *Problems in the history of the cult and priesthood in ancient Israel*, Diss. Harvard, 1986.

PROULX, R., Le prêtre et le sacrifice dans l'Ancien Testament, in *Le Prêtre, hier, aujourd'hui, demain*, Cerf, Paris, 1970, 28–43.

REHM, M. D., *Studies in the history of the pre-exilic levites*, Diss. Harvard, Cambridge (Mass.), 1967.

VAUX, R. (de), Le sacerdoce en Israël, in *Populus Dei*. Studi in onore del Card. Alfredo Ottaviani per il cinquantesimo di sacerdozio: 18 marzo 1966, Bd. 1, Communio 10, Roma, 1969, 113–168.

YDIT, M., u.a., 'Avodah, Encyclopaedia Judaica 3 (1971) 976–980.

ZIMMERLI, W., Erstgeborene und Leviten. Ein Beitrag zur exilisch-nachexilischen Theologie, in *Studien zur alttestamentlichen Theologie und Prophetie*, Kaiser, München, 1974, 235–246.

(< *New eastern studies in honor of W. F. Albright*, hrg. von H. Goedicke, u.a., Johns Hopkins Press, Baltimore-London, 1971, 459–469.)

6. Segen in der Liturgie

BRICHTO, H. C., u.a., Priestly blessings, Encyclopaedia Judaica 13 (1971) 1060–1063.

FLEICHER, E., לנוסח ברכת העבודה, Sinai 60 (1967) 169–175.

GOTTFRIEDSEN, C., Beobachtungen zum alttestamentlichen Segensverständnis, Biblische Zeitschrift 34 (1990) 1–15.

GUILLET, J., Le langage spontané de la bénédiction dans l'Ancien Testament, Recherches de Science Religieuse 57 (1969) 163–204.

KORPEL, M. C. A., The poetic structure of the priestly blessing, Journal for the Study of the Old Testament 13 (1989) 3–13.

LEONARDI, G., La benedizione nella Bibbia, Parole di Vita 13 (1968) 428–435.

MÜLLER, H.-P., Segen im Alten Testament. Theologische Implikationen eines halb vergessenen Themas, Zeitschrift für Theologie und Kirche 87 (1990) 1–32.

RABINOWITZ, H. R., הברכה והקללה במקרא. Blessings and curses in the Bible, Beth Mikra 18, 3 (1972f.) 370–374. 425f.

VETTER, D., *Jahwes Mit-Sein als Ausdruck des Segens*, Arbeiten zur Theologie 45, Calwer, Stuttgart, 1971.

WEHMEIER, G., *Der Segen im Alten Testament*. Eine semasiologische Untersuchung der Wurzel *brk*, Theol. Diss. 6, Kommissionsverlag F. Reinhardt, Basel, 1970.

– Deliverance and blessing in the Old Testament & New Testament, Indian Journal of Theology 20 (1971) 30–42.

WESTERMANN, C., *Der Segen in der Bibel und im Handeln der Kirche*, Kaiser, München, 1968.

WONNEBERGER, R., Der Segen als liturgischer Sprechakt. Ein Beitrag zur Pragmatik der

Institution Gottesdienst, in *Zeichen und Realität*, hrg. von K. Oehler, Stauffenburg, Tübingen, 1984, 1069−1079.

7. Gebet im Alten Testament (Auswahl)

Ascensio, F., La oración en el Antiguo Testamento desde la época patriarcal hasta Josué, Studia Missionalia 24 (1975) 253−275.

Bernini, G., La preghiera nell'Antico Testamento, in *La preghiera*, Bd. 1, hrg. von R. Boccassino, Àncora-Coletti, Milano-Roma, 1967, 321−446.

Cazelles, H., Gestes et paroles de prière dans l'Ancien Testament, Bibliotheca Ephemerides Liturgicae, Subsidia 14 (1978) 87−94.

Dumm, D., The biblical foundation of prayer, American Benedictine Review 24 (1973) 181−203.

Eaton, J., Gifts of prayer in the Old Testament, Proceedings of the Irish Biblical Association 47 (1980) 1−11.

Gonzalez, A., *La oración en la Biblia,* Teología y Siglo XX, Edic. Cristiandad, Madrid, 1968.

− Prière, in *Dictionnaire de la Bible*. Supplément, Bd. 8, Paris, 1969, 555−606.

Hamman, A., La doctrine de la prière dans l'Ancien Testament, Seminarium 21 (1969) 577−588.

Haran, M., Cult and prayer, in *Biblical and related studies presented to S. Iwry*, hrg. von A. Kort & S. Morschauser, Eisenbrauns, Winona Lake IN, 1985, 87−92.

Heinen, K., *Das Gebet im Alten Testament*. Eine exegetisch-theologische Untersuchung hebr. Gebetsterminologie, Excerpta ex Diss. Pont. Univ. Gregorianae (1969), Roma, 1971.

Heller, J., Das Gebet im Alten Testament (Begriffsanalyse), Communio Viatorum 19 (1976) 157−162.

Janowski, B., Psalm CLV 28−31 und die Interzession des Pinchas [+ Sühne], Vetus Testamentum 33, 2 (1983) 237−248.

Loss, N. M., Lifnê yhwh, davanti al volto di Iahvé. Riflessioni sulla preghiera nell'Antico Testamento, in *Theologie und Leben*. Festschrift G. Söll, hrg. von A. Bodem & A. Kothgasser, Biblioteca di Scienze Religiose 58, Salesianum, Roma, 1983, 13−24.

Martins Terra, J. E. M., *A Oração no Antigo Testamento,* Edições Loyola, São Paulo, 1974.

Pautrel, R., *La prière dans les récits de l'Ancien Testament*. Bd. 1: Vers toi ils ont crié. Bd. 2: En toi ils ont espéré, Supplément à Vie Chrétienne 165, Paris, 1971, 1974.

Routtenberg, H., Biblical sources relating to prayer, Dor le Dor 3, 3 (1975) 32−36.

Tatum, S. L., Great prayers of the Bible, Southwestern Journal of Theology 15, 2 (1972) 29−42.

Taylor, F. M., *From everlasting to everlasting*. Prayers and promises selected from the Bible, The Seabury Press, New York, 1973.

Trolin, C. F., *Prayer and the imagination*. A study of the Shemoneh Esreh, the eighteen benedictions of the daily Jewish service, Diss. Graduate Theological Union, Berkeley, 1986.

Zuhavy, T., A new approach to early Jewish prayer, in *History of Judaism*. The next ten years, hrg. von B. M. Bokser, Brown Judaic Studies 21, Scholars, Chico CA, 1980, 45–60.

8. Rein, Unrein, Heilig

ATHYAL, S. P., Cultic holiness and its moral content in the Old Testament, Indian Journal of Theology 18 (1969) 165–179.

BENAZRA, É., *L'hygiène dans l'idéal de sainteté de la Bible,* Thèse en médecine de l'Université Paris-VI, 1971.

BOJORJE, H., Sed santos, porque santo soy yo, Yavé vuestro Dios. De la naturaleza ética del culto, Revista Bíblica 37 (1975) 223–234.

BOKSER, B. M., Approaching sacred space, The Harvard Theological Review 78 (1985) 279–299.

CAZELLES, H., Pureté et impuretés. II. Ancien Testament, in *Dictionnaire de la Bible.* Supplément, Bd. 9, Paris, 1979, 491–508.

CAZELLES, H. / HENNINGER, J., u. a., Pureté et impuretés. I. L'histoire des religions, in *Dictionnaire de la Bible.* Supplément, Bd. 9, Paris, 1979, 399–491.

CAZELLES, H. / COSTECALDE, C. B., Sacré. Ancien Testament, in *Dictionnaire de la Bible.* Supplément, Bd. 10, Paris, 1985, 1342–1393.

CHOLEWINSKI, A., *Heiligkeitsgesetz und Deuteronomium.* Eine vergleichende Studie, Analecta Biblica 66, Biblical Institute Press, Roma, 1976.

CLARK, D. R., *The concept of holiness in the mosaic era,* Diss. Mid-America Baptist theological Seminar, 1983.

COOKE, B., Holiness and the Bible, Religion in Life 37 (1968) 8–17.

CORTESE, E., Le ricerche sulla concezione ›sacerdotale‹ circa puro-impuro nell'ultimo decennio, Rivista Biblica 27 (1979) 339–357.

COSTECALDE, C.-B., *Aux origines du sacré biblique,* Letouzet & Ané, Paris, 1986.

COTHENET, E., Pureté et impuretés. III. Nouveau Testament, in *Dictionnaire de la Bible.* Supplément, Bd. 9, Paris, 1979, 508–554.

DOUGLAS, M., *Purity and danger.* An analysis of the concepts of pollution and taboo [1966], ARK paperbacks, London, 1984.

FRANDSEN, P. J., Tabu, in *Lexicon der Ägyptologie,* Bd. 6, 41, hrg. von W. Helck, u. a., Harrassowitz, Wiesbaden, 1985, 135–142.

FRYMER-KENSKY, T., Pollution, purification, and purgation in biblical Israel, in *The Word of the Lord shall go forth.* Festschrift D. N. Freedman, hrg. von C. L. Meyers & M. O'Connor, American School of Oriental Research, Eisenbrauns, Winona Lake IN, 1983, 399–414.

GAMMIE, J. G., *Holiness in Israel,* Ouvertures to Biblical Theology, Fortress, Minneapolis, 1989.

GELANDER, S., Strange fire [hebr.], Shnaton Mikra 9 (1985) 73–81.

GILBERT, M., Le sacré dans l'Ancien Testament, in *Le sacré dans les religions,* Bd. 1, Centre d'Histoire des Religions, Louvain-la-Neuve, 1978, 205–286.

KELLERMANN, D., Heiligkeit. Altes Testament, in *Theologische Realenzyklopädie,* Bd. 14, hrg. von G. Krause & G. Müller, De Gruyter, Berlin – New York, 1985, 697–703.

KIRSCHNER, R., The Rabbinic and Philonic exegeses of the Nadab and Abihu incident (Lev. 10, 1–6), Jewish Quarterly Review 73 (1982f.) 375–393.

KORNFELD, W., *qdš* und Gottesrecht im Alten Testament, in *Congress volume, Vienna 1980,* hrg. von J. A. Emerton, Vetus Testamentum Supplementum 32, Brill, Leiden, 1981, 1−9.

LAUGHLIN, J. C. H., The »strange fire« of Nadab and Abihu, Journal of Biblical Literature 95 (1976) 559−565.

LÉGASSE, S., Pureté, purification (Écriture Sainte), in *Dictionnaire de Spiritualité,* Bd. XII/2, Beauchesne, Paris, 1986, 2627−2637.

LEWINGER, J. M. / DOR, M., שבע החיות הטהורות. Die sieben reinen Tiere, תורה ומדע 5 (1974f.) 37−50.

LICHT, J. S., קְדוּשָׁה ,קָדוֹשׁ ,קֹדֶשׁ, אנציקלופדיה מקראית 7 (1976) 44−62.

MATHEW, K. V., The secular and the sacred in Genesis 1−11, Jeevadhara 17 (1987) 113−124.

MICHAUD, H., La sanctification dans l'Ancien Testament, Positions Luthériennes 3 (1975) 122−137.

MILGROM, J., Sanctification, in *The Interpreter's Dictionary of the Bible.* Supplementary Volume, Nashville, 1976, 782−784.

− Sancta contagion and altar/city asylum, in *Congress volume, Vienna 1980,* hrg. von J. A. Emerton, Vetus Testamentum Supplementum 32, Brill, Leiden, 1981, 278−310.

− Rationale for cultic law. The case of impurity, Semeia 45 (1989) 103−109.

− Ablutions, in *Hebräische Bibel und ihre zweifache Nachgeschichte.* Festschrift R. Rendtorff, hrg. von E. Blum, Neukirchener Verlag, Neukirchen-Vluyn, 1990, 87−98.

NEUSNER, J., *The idea of purity in ancient Judaism,* Studies in Judaism in Late Antiquity 1, Brill, Leiden, 1973.

NEYREY, J. H., Unclean, common, polluted, and taboo. A short reading guide, Forum 4 (1988) 72−82.

PASCHEN, W., *Rein und Unrein.* Untersuchung zur biblischen Wortgeschichte, Studien zum Alten und Neuen Testament 24, Kösel-Verlag, München, 1970.

PHILLIPS, A., [Lev 5, 20−26; Nm 15, 30f.] The undetectable offender and the priestly legislators, Journal of Theological Studies 36 (1985) 146−150.

RAITT, T. M., Holiness and community in Leviticus 19, 2ff., Proceedings of the Eastern Great Lakes and Midwest Bible Societies 6 (1986) 170−178.

RAVENNA, A., Sacré et profane dans la pensée d'Israël, in *Le Sacré.* Etudes et recherches, Aubier, Paris, 1974, 221−224.

SACCHI, P., Da Qohelet al tempo di Gesù. Alcune linee del pensiero giudaico [heilig/profan; rein/unrein; Heil und Belohnung ...], in *Aufstieg und Niedergang der römischen Welt,* II: Principat, Bd. 19, 1, hrg. von H. Temporini & W. Haase, De Gruyter, Berlin – New York, 1979, 3−32.

SHINAN, A., חטאים של נדב ואביהוא באגדת חז״ל, Tarbiẓ 48 (1978f.) 201−214. II.

WENHAM, G. J., Why does sexual intercourse defile (Lev 15, 18)?, Zeitschrift für die Alttestamentliche Wissenschaft 95 (1983) 432−434.

WESTERMANN, C., Sacré et sainteté de Dieu dans la Bible, Vie Spirituelle 143 (1989) 13−23.

WRIGHT, D. P., Purification from corpse-contamination in Numbers 31, 19−24, Vetus Testamentum 35 (1985) 213−223.

XELLA, P., ›Purezza‹ e ›integrità‹, Studi Storico-Religiosi 2 (1978) 381−386.

ZIMMERLI, W., ›Heiligkeit‹ nach dem sogenannten Heiligkeitsgesetz, Vetus Testamentum 30 (1980) 493−512.

9. *Der große Versöhnungstag (Lv 16)*

AARTUN, K., Studien zum Gesetz über den großen Versöhnungstag Lv 16 mit Varianten: ein ritualgeschichtlicher Beitrag, Studia Theologica 34 (1980) 73–109.

AḤIṬUV S., Azazel, Encyclopaedia Judaica 3 (1971) 999–1002.

– עֲזָאזֵל, אנציקלופדיה מקראית 6 (1971) 113–115.

ARIAS, I., La fiesta de la Expiación. Observaciones e hipótesis sobre aspectos particulares del Yom Kippur en el judaísmo intertestamentario, especialmente en los LXX, Naturaleza y Gracia 20 (1973) 299–321.

BERNAS, C., *Festival of forgiveness*. Yôm hakkippûrîm in the first century A. D., Diss. Pontifical Biblical Institute, 1975.

BUCHANAN, G. W., The day of atonement and Paul's doctrine of redemption, Novum Testamentum 32 (1990) 236–249.

GOLDSTEIN, F., Yom Kippur, Tychique 64 (1986) 19–24.

GÖRG, M., Die Lade als Thronsockel, Biblische Notizen 1 (1976) 29f. (Nachtrag: 5 (1978) 12.)

– Eine neue Deutung für *kapporæt*, Zeitschrift für die Alttestamentliche Wissenschaft 89 (1977) 115–118.

– Beobachtungen zum sogenannten Azazel-Ritus, Biblische Notizen 33 (1986) 10–16.

GRABBE, L. L., The scapegoat tradition. A study in early Jewish interpretation, Journal for the Study of Judaism 18 (1987) 152–167.

HERR, M. D. / MILGROM, J., Day of atonement, Encyclopaedia Judaica 5 (1971) 1376–1387.

JANOWSKI, B., Azazel – biblisches Gegenstück zum ägyptischen Seth? Zur Religionsgeschichte von Lev 16, 10. 21f., in *Hebräische Bibel und ihre zweifache Nachgeschichte*. Festschrift R. Rendtorff, hrg. von E. Blum, Neukirchener Verlag, Neukirchen-Vluyn, 1990, 97–110.

LARSSON, G., *Der Toseftattraktat Jom hak-Kippurim I, Kap. 1–2*. Text, Übersetzung, Kommentar, Stundenliteratur, Lund, 1980.

LORETZ, O., *Leberschau, Sündenbock, Asasel in Ugarit und Israel,* Ugaritisch-Biblische Literatur 3, Altenberge, 1985.

LURIA, B.-Z., עבודת יום הכפורים בימי שלטון הצדוקים, Beth Mikra 25, 80 (1979f.) 3–8.

MILGROM, J., Day of atonement, in *The Interpreter's Dictionary of the Bible*. Supplementary Volume, Nashville, 1976, 78–82. 84.

– The literary structure of Numbers 8, 5–22 and the Levitic *kippûr*, in *Perspectives on language and text*. Festschrift F. I. Andersen, hrg. von E. W. Conrad & E. G. Newing, Eisenbrauns, Winona Lake IN, 1987, 205–209.

NORTH, R., El Yom Kippur y el año jubilar de la reconciliación, Colligite 21 (1975) 32–39.

(< engl. Theological Digest 22 (1974) 346–359.)

ONUNWA, U., The scapegoat – Leviticus 16, 20–22 in the light of Christ's sacrificial death, Word and Worship 20 (1987) 132–142.

STROBEL, A., Das jerusalemische Sündenbock-Ritual. Topographische und landeskundliche Erwägungen zur Überlieferungsgeschichte von Lev. 16, 10. 21f., Zeitschrift des Deutschen Palästina-Vereins 103 (1987) 141–168.

TARRAGON, J.-M. (de), La *kapporet* est-elle une fiction ou un élément du culte tardif?, Revue Biblique 88 (1981) 5–12.

124   *Vincent Rosset*

- The physical relationship between the Ark, the Cherubim, the kapporet and the Solomonic Temple. An unsolved problem, in *International Organization for the study of the Old Testament*. 12th Congress, Jerusalem, 24 August – 2 September 1986. Summaries, Jerusalem, 1986, 133.

TAWIL, H., 'Azazel the prince of the steppe: a comparative study, Zeitschrift für die Alttestamentliche Wissenschaft 92 (1980) 43–59.

TREIYER, A., *Le jour des expiations et la purification du sanctuaire*, Diss. de la Faculté Protestante de Strasbourg, 1982.

TROPPER, M., בשדה חנוך מַמְלְכְתִּי דָתִי, נשיאת עון ושעיר המשתלח 17 (1972f.) 3–12.

WEFING-HOEPNER, S., *Untersuchungen zum Entsühnungsritual am großen Versöhnungstag (Lev. 16)*, Diss. Bonn, 1979.

YOUNG, N. H., *The impact of the Jewish Day of Atonement upon the New Testament*, Diss. Manchester, 1972–73.

ZANI, A., Tracce di un'interessante, ma sconosciuta esegesi midrašica giudeo-cristiana di Lev 16 in un frammento di Ippolito, Bibbia e Oriente 24 (1982) 157–166.

10. Versöhnung und Sühne allgemein im Alten Testament

ADINOLFI, M., Gli omologhi del sacrificio di espiazione nel giudaismo antico, Bibbia e Oriente 20 (1978) 113–122.

Atonement, Encyclopaedia Judaica 3 (1971) 830–832.

BEN-REUVEN, S., מי מכפר על עולות שבין אדם לחברו, Beth Mikra 32 (1986f.) 299–300.

BLANK, J. – WERBICK, R. W. (Hrg.), *Sühne und Versöhnung*, Theologie der Zeit 1, Patmos, Düsseldorf, 1986 (darin: Art. von A. SCHENKER, Sühne statt Strafe und Strafe statt Sühne! Zum biblischen Sühnebegriff, 10–20.)

BLAU, J., The red heifer. A biblical purification rite in rabbinic literature, in *Proceedings of the XIth international congress of the international association for the history of religions*, 2, Brill, Leiden, 1968, 82–84.

BÖCHER, O., Blut II. Biblische und frühjüdische Auffassungen, in *Theologische Realenzyklopädie*, Bd. 6, hrg. von G. Krause & G. Müller, De Gruyter, Berlin – New York, 1980, 729–736.

BOURASSA, F., Expiation, Science et Esprit 22 (1970) 149–170.

BRAVO PRUAÑO, E., *La sangre en la Biblia*, Fe Católica, Madrid, 1973.

BRICHTO, H. C., On slaughter and sacrifice, blood and atonement, Hebrew Union College Annual 47 (1976) 19–55.

CHARBEL, A., Todah como »sacrifício de ação de graças«, in *Actualidades Bíblicas*, hrg. von S. Voigt, u. a., Petrópolis, 1971, 105–114.

CHRIST, H., *Blutvergiessen im Alten Testament*, Basel, 1977.

FREYNE, S., Sacrifice for sin (Theology 23), Furrow 25 (1974) 193–212.

FÜGLISTER, N., Sühne durch Blut – Zur Bedeutung von Lev 17, 11, in *Studien zum Pentateuch*. Festschrift W. Kornfeld, hrg. von G. Braulik, Herder, Wien – Freiburg i. B., 1977, 143–165.

GERLEMANN, G., Die Wurzel KPR im Hebräischen, in *Studien zur alttestamentlichen Theologie*, Schneider, Heidelberg, 1980, 11–23.

GESE, H., Die Sühne, in *Zur biblischen Theologie*. Alttestamentliche Vorträge, Beiträge zur Evangelische Theologie 78, Kaiser, München, 1977, 85–106.

GOUREVITCH, E., La Kapparah dans le judaïsme, Rencontres Chrétiens et Juifs 3, 13 (1969) 225−232.

GRAYSTON, K., ἱλάσκεσθαι and related words in LXX, New Testament Studies 27 (1981) 640−656.

GRUBER, M. I. / STRIKOVSKY, A., Red heifer, Encyclopaedia Judaica 14 (1971) 9−13.

HAYES, J. H., Restitution, forgiveness and the victim in the Old Testament, in *Trinity University Studies in Religion XI.* Festschrift G. H. Ranson, hrg. von W. O. Walker, San Antonio, 1982, 1−23.

HOSSFELD, F.-L., Versöhnung und Sühne, Bibel und Kirche 41, 2 (1986) 54−59.

HÜBNER, H., Sühne und Versöhnung. Anmerkungen zu einem umstrittenen Kapitel biblischer Theologie, Kerygma und Dogma 29 (1983) 284−305.

JANOWSKI, B., *Sühne als Heilsgeschehen.* Studien zur Sühnetheologie der Priesterschrift und zur Wurzel KPR im Alten Orient und im Alten Testament, Wissenschaftliche Monographien zum Alten und Neuen Testament 55, Neukirchener Verlag, Neukirchen-Vluyn, 1982.

JUDISCH, D., Propitiation in the language and typology of the Old Testament, Concordia Theological Quarterly 48 (1984) 221−264.

KIMBROUGH, S. T., Reconciliation in the Old Testament, Religion in Life 41 (1972) 37−45.

KIUCHI, N., *The purification offering in the priestly literature.* Its meaning and function, Journal for the Study of the Old Testament. Supplement 56, Sheffield, 1987.

KOCH, K., חָטָא, in *Theologisches Wörterbuch zum Alten Testament,* Bd. 2, hrg. von G. J. Botterweck & H. Ringgren, Kohlhammer, Stuttgart, 1977, 857−879.

KOCH, R., La rémission et la confession des péchés selon l'Ancien Testament, Studia Moralia 10 (1972) 219−247.

LANG, B., כִּפֶּר, in *Theologisches Wörterbuch zum Alten Testament,* Bd. 4, hrg. von G. J. Botterweck & H. Ringgren, Kohlhammer, Stuttgart, 1984, 303−318.

LESHER, W. R. / WALLENKAMPF, A. V. (Hrg.), *The Sanctuary and the Atonement. Biblical, historical and theological studies,* Biblical Research Institute, Washington, 1981.

LIPINSKI, E., *La liturgie pénitentielle dans la Bible,* Lectio Divina 52, Cerf, Paris, 1969.

LOEWENSTAMM, S. E., פָּרָה אֲדֻמָה, אנצציקלופדיה מקראית 6 (1971) 579−581.

LURIA, B. Z., כיצד נעשית פרה אדומה. מן המחלוקת שבין הצדוקים לחכמי הפרושים. How was the red heifer prepared, Beth Mikra 21 (1975f.) 323−329. 495−496.

MAAG, V., Unsühnbare Schuld, in *Kultur, Kulturkontakt und Religion.* Gesammelte Studien zur allgemeinen und alttestamentlichen Religionsgeschichte, Vandenhoeck & Ruprecht, Göttingen, 1980, 234−255. (< Kairos 2 (1966) 90−106.)

MANNUCCI, V., Peccato, perdono e reconziliazione nell'Antico Testamento, Bibbia e Oriente 25 (1983) 87−96.

MARCÉN TIHISTA, J. A., Liturgias penitenciales en el Antiguo Testamento, in *XXX Semana Española de Teología (1970),* Madrid, 1972, 85−104.

MARRA, B., Per una fenomenologia dell'espiazione, Rassegna di Teologia 27 (1986) 63−74.

MARX, A., Sacrifice de réparation et rites de levée de sanction, Zeitschrift für die Alttestamentliche Wissenschaft 100 (1988) 183−198.

− Sacrifice pour les péchés ou rite de passage? Quelques réflexions sur la fonction du ḥaṭṭā't, Revue Biblique 96 (1989) 27−48.

McCarthy, D. J., 1) The symbolism of blood and sacrifice / 2) Further notes on the symbolism of blood and sacrifice, in *Institution and narrative*. Collected essays, Analecta Biblica 108, Biblical Institute, Roma, 1985, 171−181 / 207−212.
(1) < Journal of Biblical Literature 88 (1969) 166−176 / 2) < Journal of Biblical Literature 92 (1973) 205−210.)

Milgrom, J., תפקיד קרבן החטאת. The function of the ḥaṭṭāt sacrifice, Tarbiẓ 40,1 (1970f.) 1−8,I.

– Sin-offering or purification-offering?, Vetus Testamentum 21 (1971) 237−239.

– Two kinds of *ḥaṭṭāt*, Vetus Testamentum 26 (1976) 333−337.

– *Cult and conscience*. The »asham« and the priestly doctrine of repentance, Studies in Judaism in Late Antiquity 18, Brill, Leiden, 1976.

– The cultic אשם: A philological analysis, Proceedings of the World Congress of Jewish Studies 6, 1 (1977) 299−308.

– The graduated *ḥaṭṭāt* of Leviticus 5, 1−13, Journal of the American Oriental Society 103 (1983) 249−254.

– The two pericopes on the purification-offering [Lev 4, 13−21; Nm 15, 22−31], in *The Word of the Lord shall go forth*. Festschrift D. N. Freedman, hrg. von C. L. Meyers & M. O'Connor, American School of Oriental Research, Eisenbrauns, Winona Lake IN, 1983, 211−215.

– יג - א ,'ה ויקרא של המודרגת החטאת. The graduated sin-offering in Leviticus 5, 1−13, Beth Mikra 29, 97 (1983f.) 139−148. 190.

– The *ḥaṭṭāt* A rite of passage?, Revue Biblique 98 (1991) 120−124 (Antw. zum Art. von A. Marx in RB 96 (1989) 27−48.)

– The modus operandi of the ḥaṭṭāt. A rejoinder, Journal of Biblical Literature 109 (1990) 111−113.

Morris, L., *The atonement. Its meaning and significance,* Inter Varsity, Leicester, 1983.

Neufeld, E., The red heifer mystery, Dor le Dor 18 (1989f.) 176−180.

Reiterer, F. V., Was soll es bedeuten: Erlöst durch Blut? Die religiöse und theologische Deutung des Blutes in der Bibel, Heiliger Dienst 37 (1983) 107−123.

Renaud, B., Purification et recréation. Le ›Miserere‹ (Ps. 51), Revue de Sciences religieuses 62 (1988) 201−217.

Rodriguez, A., *Substitution in the hebrew cultus and in cultic-related texts,* Diss. Andrews, 1980.

Rolla, A., Annuncio della penitenza e remissione dei peccati nell'Antico Testamento, Asprenas 21 (1974) 163−180.

Sama, F., Il rito dell'aspersione del sangue, Parole di Vita 13 (1968) 436−445.

Schenker, A., *Versöhnung und Sühne*. Wege gewaltfreier Konfliktlösung im Alten Testament mit einem Ausblick auf das Neue Testament, Biblische Beiträge 15, Verlag Schweizerisches Bibelwerk, Freiburg in der Schweiz, 1981.
(> franz. Übersetzung: *Chemins bibliques de la non-violence,* C.L.D., Chambray, 1987.)

– 1) kōper et expiation / 2) Das Zeichen des Blutes und die Gewißheit der Vergebung im Alten Testament. Die sühnende Funktion des Blutes auf dem Altar nach Lev 17, 10−12, in *Text und Sinn im Alten Testament*. Textgeschichtliche und Bibeltheologische Studien, Orbis Biblicus et Orientalis 103, Vandenhoeck & Ruprecht − Universitätsverlag, Göttingen − Freiburg in der Schweiz, 1991, 120−135 / 167−186.
(1 < Biblica 63 (1982) 32−46 / 2) < Münchener Theologische Zeitschrift 34 (1983) 195−213.)

SESBOÜÉ, B., L'expiation dans la révélation judéo-chrétienne, Rencontres Chrétiens et Juifs 3, 13 (1969) 233–244.

SNAITH, N., The sprinkling of blood, Expository Times 82 (1970f.) 23–24.

TOSATO, A., *Niḥam, pentirsi.* Contributo biblico alla teologia della Penitenza, Diss. Pont. Univ. Gregoriana, 1972–73.

VAN DER BERGHE, P., ›*Vandaag is er heil gekommen*‹. Bezinning over verzoening en boete, Schrift en Liturgie 6, Bethlehem, Bonheiden, 1984.

WEBSTER, J. B., Atonement, history and narrative, Theologische Zeitschrift 42 (1986) 115–131.

WEFING, S., Beobachtung zum Ritual mit der roten Kuh (Num 19, 1–10a), Zeitschrift für die Alttestamentliche Wissenschaft 93 (1981) 341–364.

WEINBERG, Z., חטאת ואשם, Beth Mikra 18, 4 (1972f.) 524–530.

WINNER, L., *Sühne im interpersonalen Vollzug.* Versuch einer Erhellung des Sühnebegriffs im Anschluß an die Transzendentalphilosophie J. G. Fichtes und seine Verifizierung im Rahmen der biblischen Botschaft, Paderborner Theologische Studien 8, Schöningh, München – Paderborn – Wien, 1978.

WRIDER, A. J., Water, fire, and blood. Defilement and purification from a Ricœurian perspective, Anglican Theological Review 67 (1985) 137–148.

YOUNG, F., Allegory and atonement, Australian Biblical Review 35 (1987) 107f.

ZOHAR, N., Repentance and purification. The significance and semantics of חטאת in the Pentateuch, Journal of Biblical Literature 107 (1988) 609–618.

11. Handauflegung im Ritual

BOYD, T. N., The laying on of hands, Biblical Illustrator 15 (1989) 9–10.

FERGUSSON, E., Laying on of hands. Its significance in ordination, Journal of Theological Studies 26 (1975) 1–12.

PARAN, M., Two types of ›laying hands upon‹ in the Priestly Source [hebr.], in *Beer-Sheva 2. Studies by the Department of Bible and Ancient Near East. Festschrift S. Abramsky*, hrg. von M. Cogan, Magnes, Jerusalem, 1985, 115–119 (engl. 40*).

PÉTER, R., L'imposition des mains dans l'Ancien Testament, Vetus Testamentum 27 (1977) 48–55.

SANSOM, M. C., Laying on of hands in the Old Testament, Expository Times 94 (1983) 323–326.

SCOTT, W., *The laying on of hands in Old Testament theology and in New Testament Thought*, Diss. Newcastle upon Tyne (1968), Rochester, 1978.

WRIGHT, D. P., The gesture of hand placement in the Hebrew Bible and in Hittite literature, Journal of the American Oriental Society 106 (1986) 433–446.

12. Pascha und Maẓẓot

BARROSSE, T., La pascua y la comida pascual, Concilium [Madrid] 40 (1969) 536–547.

BRAULIK, G., Pascha – von der alttestamentlichen Feier zum neutestamentlichen Fest, Bibel und Kirche 36 (1981) 159–165.

BRIEND, J., La pâque israélite, Le Monde de la Bible 43 (1986) 4f.

128 *Vincent Rosset*

BROCK, S. P., An early interpretation of *pāsaḥ* : '*aggēn* in the Palestinian Targum, in *Interpreting the Hebrew Bible.* Festschrift E. I. J. Rosenthal, hrg. von J. A. Emerton & S. C. Reif, OrPubl 32, Cambridge, 1982, 27−34.

CHENDERLIN, F., Distributed observance of the Passover. A preliminary test of the hypothesis, Biblica 57 (1976) 1−24.

COMPAGNONI, P., La Pasqua ebraica, Terra Santa 62 (1986) 63−68.

COTHENET, E., La pâque dans les évangiles, Le Monde de la Bible 43 (1986) 35−39.

DE NICOLA, A., La Pasqua dei Samaritani, Bibbia e Oriente 13 (1971) 49−56, Taf. III.

FLUSSER, D., Some notes on Easter and the Passover Haggadah, Immanuel 7 (1977) 52−60.

FRIEDMAN, T., דם קרבן פסח. The blood of the paschal sacrifice on the doorposts, Beth Mikra 28, 92 (1982f.) 23−28. 99−98.

FÜGLISTER, N., Passa, in *Sacramentum Mundi,* Theologische Lexikon für die Praxis, Bd. 3, hrg. von K. Rahner, u. a., Herder, Freiburg i. B., 1969, 1039−1048.

GRELOT, P., La pâque d'Éléphantine, Le Monde de la Bible 43 (1986) 14−21.

HALBE, J., Erwägungen zu Ursprung und Wesen des Maṣṣotfestes, Zeitschrift für die Alttestamentliche Wissenschaft 87 (1975) 324−346.

HARAN, M., קדמותו של זבח הפסח, in *Hamikra' weToledot Yiśra'el,* hrg. von B. Uffenheimer, Tel Aviv, 1972.

– The Passover sacrifice, in *Studies in the religion of ancient Israel,* hrg. von G. W. Anderson, u. a., Vetus Testamentum Supplementum 23, Brill, Leiden, 1972, 86−116.

HENNINGER, J., *Les fêtes du printemps chez les Sémites et la Pâque israélite,* Etudes bibliques, Gabalda, Paris, 1975.

– ›Pasaḥ‹ und Wiederaufstehungsglaube, Zeitschrift für Religions- und Geistesgeschichte 35 (1983) 161f.

HIRSCHBURG, H. H., Die Grundbedeutung des Passahfestes, Zeitschrift für Religions- und Geistesgeschichte 26 (1974) 355f.

KEEL, O., Erwägungen zum Sitz im Leben des vormosaischen Pascha und zur Etymologie von פֶּסַח (und מַשְׁחִית), Zeitschrift für die Alttestamentliche Wissenschaft 84 (1972) 414−434.

KELLERMANN, D., מַצָּה, ›Ungesäuertes (Brot)‹, in *Theologisches Wörterbuch zum Alten Testament,* Bd. 4, hrg. von G. J. Botterweck & H. Ringgren, Kohlhammer, Stuttgart, 1984, 1074−1081.

LAAF, P., *Die Pascha-Feier Israels.* Eine literarkritische und überlieferungsgeschichtliche Studie, Bonner Biblische Beiträge 36, Hanstein, Bonn, 1970.

LE DÉAUT R., The paschal mystery and morality, Doctrine and Life 18 (1968) 202−210. 262−269.

LICHT, J. S., פֶּסַח, אנציקלופדיה מקראית 6 (1971) 514−516.

MAROCCO, G., La Pasqua, Parole di Vita 14 (1969) 82−92.

McKAY, J. W., The date of Passover and its significance, Zeitschrift für die Alttestamentliche Wissenschaft 84 (1972) 435−447.

OLAVARRI GOICOECHEA, E., La celebración de la Pascua y ácimos en la legislación del Antiguo Testamento, Estudios Bíblicos 30 (1971) 231−268; 31 (1972) 17−42. 293−320.

OTTO, E., *Das Mazzotfest in Gilgal,* Beiträge zur Wissenschaft vom Alten und Neuen Testament 107, Kohlhammer, Stuttgart, 1975.

– פֶּסַח, פֶּסַח, in *Theologisches Wörterbuch zum Alten Testament,* Bd. 6, hrg. von G. J. Botterweck & H. Ringgren, Kohlhammer, Stuttgart, 1988, 659−682.

RABINOWITZ, L. I., Maẓẓah, Encyclopaedia Judaica 11 (1971) 1055–1058.

ROS GARMENDIA, S., *La pascua en el Antiguo Testamento.* Estudio de los textos pascuales del Antiguo Testamento a la luz de la crítica líteraria y de la historia de la tradición, Biblica Victoriensia 3, Eset, Vitoria, 1978.

SCHMITT, R., *Exodus und Passah.* Ihr Zusammenhang im Alten Testament [bes. Kap. 3], Orbis Biblicus et Orientalis 7, Vandenhoeck & Ruprecht – Universitätsverlag, Göttingen – Freiburg in der Schweiz, 1975.

SMITH, T. C., The feast of unleavened bread, Biblical Illustrator 14 (1988) 64–66.

TABORI, J., Towards a characterization of the Passover meal [hebr.], Bar-Ilan Annual 18f. (1981) 68–78 (engl. 17).

TALLEY, T. J., History and eschatology in the primitive pascha, Worship 47 (1973) 212–221.

WAMBACQ, B. N., Les origines de la *Pesaḥ* israélite, Biblica 57 (1976) 206–224. 301–326.

– Les *Maṣṣôt,* Biblica 61 (1980) 31–54.

– Pesaḥ – maṣṣōt, Biblica 62 (1981) 499–518.

13. Das Opfer Abrahams (Gen 22)

AGUS, A., *The binding of Isaac and Messiah.* Law, matyrdom and deliverance in early rabbinic religiosity, hermeneutics, mysticism and religion, State University of New York Press, Albany, 1988.

ALBERTZ, R. / BROCKE, M., Isaak. Altes Testament – Neues Testament, in *Theologische Realenzyklopädie,* Bd. 16, hrg. von G. Krause & G. Müller, De Gruyter, Berlin – New York, 1987, 292–301.

ALEXANDER, T. D., Genesis 22 and the covenant of circumcision, Journal for the Study of the Old Testament 25 (1983) 17–22.

ANTOINE, G., Le sacrifice d'Isaac. Explication de Gen 22, 1–19, in *Exegesis,* hrg. von F. Bovon & G. Rouiller, Delachaux et Niestlé, Neuchâtel – Paris, 1975, 122–125.

BAKKER, W. F., *The sacrifice of Abraham.* The cretan biblical drama and western and greek tradition, Centre for Byzantine Studies, Birmingham, 1978.

BAUMGARDT, D., Man's moral and God's will. The meaning of Abraham's sacrifice, in *Argument and doctrine,* hrg. von A. A. Cohen, New York, 1970, 284–294.

BEN-AMOS, D., The *Akedah,* a folklorist's response, in *The biblical mosaic.* Changing perspectives, hrg. von R. Polzin & E. Rothman, Society of Biblical Studies, Semeia Studies 10, Fortress – Scholars, Philadelphia – Chico, 1982, 166f.

BOVON, F., Introduction (aux problèmes de méthode et exercice de lecture de Gen 22 et Lc 15), in *Exegesis,* hrg. von F. Bovon & G. Rouiller, Delachaux et Niestlé, Neuchâtel – Paris, 1975, 9–13.

BRAND, C., The story of Isaac, Expository Times 95 (1983f.) 20f.

BREITBART, S., The Aḵedah – a test of God, Dor le Dor 15 (1986f.) 19–28.

BROCK, S., Genesis 22 in syriac tradition, in *Études bibliques.* Festschrift D. Barthélemy, hrg. von P. Casetti, u. a., Orbis Biblicus et Orientalis 38, Vandenhoeck & Ruprecht – Universitätsverlag, Göttingen – Freiburg in der Schweiz, 1981, 1–30.

– An anonymous Syriac homily on Abraham (Gen. 22), Orientalia Lovaniensia Periodica 12 (1981) 225–260.

– Two Syriac verse homilies on the binding of Isaac, Muséon 99 (1986) 61–129.

Brown, M., The *akedah* in modern Jewish literature, Judaism 31 (1982) 99–111.

Charmy, I. W., And Abraham went to slay Isaac: a parable of killer, victim and bystander in the family of man, Journal of Ecumenical Studies 10 (1973) 304–318.

Chilton, B., 1) Isaac and the second night, a consideration / 2) Recent discussion of the 'Aqedah, in *Targumic approaches to the Gospels*. Essays in the mutual definition of Judaism and Christianity, Studies in Judaism, University Press of America, Lanham MD, 1986, 25–37. 113–135 / 39–49.
(2 < Biblica 61 (1980) 78–88.)

Coffin, E. A., The binding of Isaac in modern Israeli literature, Michigan Quarterly Review 22 (1983) 429–444.

Couffignal, R., *L'épreuve d'Abraham*. Le récit de la Genèse et sa fortune littéraire, Université de Toulouse-Le Mirail, Toulouse, 1976.

Crenshaw, J., Journey into oblivion: A structural analysis of Gen 22, 1–19, Soundings 58 (1975) 243–256.

Dahl, N. A., The atonement – An adequate reward for the Akedah?, in *The crucified Messiah and other essays,* Minneapolis, 1974, 146–160.
(< *Neotestamentica et semitica.* Festschrift M. Black, hrg. von E. E. Ellis & M. Wilcox, Edinburgh, 1969, 15–29.)

Davies, P. R., The sacrifice of Isaac and Passover, in *Studia biblica.* 6th International Congress on Biblical Studies, Oxford 3–7 Apr. 1978, Bd. 1, hrg. von E. A. Livingstone, Journal for the Study of the Old Testament. Supplement 11, Sheffield, 1979, 127–132.

– Passover and the dating of the Aqedah, Journal of Jewish Studies 30 (1979) 59–67.

Diebner, B. J., ›Auf einem Berge im Lande Morija‹ (Gn 22, 2) oder ›In Jerusalem auf dem Berge Morija‹ (2 Chr 3, 1), Dielheimer Blätter zum Alten Testament 23 (1986) 174–179.

– ›Binden‹ (Gn 22, 9) und ›verschonen‹ (Gn 22, 12. 16). Marginalien zur Sprache der ›Verschlüsselung‹ im Buche Genesis, Dielheimer Blätter zum Alten Testament 23 (1986) 180–186.

Dilling, D. R., The atonement and human sacrifice, Grace Journal 5, 1 (1964) 24–41.

Drewermann, E., Abrahams Opfer. Gen 22, 1–19 in tiefenpsychologischer Sicht, Bibel und Kirche 41, 3 (1986) 113–124.

Duhaime, J.-L., Le sacrifice d'Isaac (Gn 22, 1–19); l'héritage de Gunkel, Science et Esprit 33 (1981) 139–156.

Edgerton, W. D., The binding of Isaac, Theology Today 44 (1987) 207–221.

Elbaum, Y., From sermon to story. The transformation of the Akedah, Prooftexts 6, 2 (1986) 97–116.

Feldman, L. H., Josephus' version of the binding of Isaac, in *118th meeting of the Society of Biblical Literature 1982.* Seminar papers, Seminar Papers Series 21, Scholars, Chico CA, 1982, 113–128.

Galy, A., Une lecture de Gen 22, Le Point Théologique 24 (1977) 135–146.

Genest, O., Analyse sémiotique de Gn 22, 1–19, Science et Esprit 33 (1981) 157–177.

Green, R. M., Abraham, Isaac, and the Jewish tradition. An ethical reappraisal, Journal of Religion and Ethics 10 (1982) 1–21.

Harl, M., La ›ligature‹ d'Isaac (Gen. 22, 9) dans la Septante et chez les Pères grecs, in *Hellenica et Judaica*. Hommage à V. Nikiprowetzky, hrg. von A. Caquot u.a., Peeters, Louvain, 1986, 457—472.

HAYWARD, C. T. R., The present state of research into the Targumic account of the sacrifice of Isaac, Journal of Jewish Studies 32 (1981) 127—150.

– The sacrifice of Isaac and Jewish polemic against Christianity, The Catholic Biblical Quarterly 52 (1990) 292—306.

JACOBS, L., u.a., Akedah, Encyclopaedia Judaica 2 (1971) 480—487.

– The problem of the Akedah in Jewish thought, in *Kierkegaard's ›Fear and trembling‹*. Critical appraisals, hrg. von R. Perkins, University of Alabama, 1981, 1—9.

JOHANNSEN, F., Die Opferung Isaaks. Theologische und religionspädagogische Gedanken zu einem problematischen Kapitel der jüdisch-christlichen Tradition, Der evangelische Erzieher 39 (1987) 655—667.

KASSEL, M., Abraham's »Opferung des Sohnes« als Glaubens- und Lebenskrise. Probleme und Erfahrungen menschlicher Existenz in Gen 22, 1—19, Diakonia 7 (1976) 234—249.

KATZOFE, L., Five questions of Abraham, Dor le Dor 15 (1986f.) 244—247.

KILLIAN, R., *Isaaks Opferung*. Zur Überlieferungsgeschichte von Gen 22, Stuttgarter Bibelstudien 44, Katholisches Bibelwerk, Stuttgart, 1970.

– Isaaks Opferung. Die Sicht der historisch-kritischen Exegese, Bibel und Kirche 41, 3 (1986) 98—103.

KOLER, Y., פרשת העקידה. The binding of Isaac, Beth Mikra 29, 97 (1983f.) 117—127 (engl. 193).

KREUZER, S., Das Opfer des Vaters – die Gefährdung des Sohnes. Genesis 22, Amt und Gemeinde 37 (1986) 62—70.

LACK, R., Le sacrifice d'Isaac – Analyse structurale de la couche élohiste de Gen 22, Biblica 56 (1975) 1—12.

MAIBERGER, P., Genesis 22 und die Problematik des Menschenopfers in Israel, Bibel und Kirche 41, 3 (1986) 104—112.

MARRS, R. R., Sacrificing our future (Genesis 22), Restauration Quarterly 29 (1987f.) 47f.

MARTIN-ACHARD, R., La figure d'Isaac dans l'Ancien Testament et dans la tradition juive ancienne, Bulletin des Facultés Catholiques 66 (1982) 5—10.

MAZOR, Y., Genesis 22. The ideological rhetoric and the psychological composition, Biblica 67 (1986) 81—88.

MILGROM, Josephine B., *The binding of Isaac (the Akedah): A primary symbol in Jewish thought and art*, Diss. Berkeley, Graduate Theol. Union, 1978.

MILLER, A. W. / RISKIN, S. – ZIMMERMANN, S., *The binding of Isaac*, YMWHA, New York, 1981.

MOBERLY, R. W. L., The earliest commentary of the Akedah, Vetus Testamentum 38 (1988) 302—323.

MOSTER, J. B., The testing of Abraham, Dor le Dor 17 (1988f.) 237—242.

NEUBACHER, F., Isaaks Opferung in der griechischen Alten Kirche, Amt und Gemeinde 37 (1986) 72—76.

O'BRIEN, M. C., Abraham and Isaac, Furrow 38 (1987) 279—284.

PECK, W. J., Murder, timing and the ram in the sacrifice of Isaac, Anglican Theological Review 58 (1976) 23—43.

RAD, G.(von), *Das Opfer des Abraham*, Kaiser Traktate 6, München, 1971.

ROUILLER, G., 1) Le sacrifice d'Isaac (Gn 22, 1—19) / 2) L'interprétation de Gen 22,

1–19 par H. Gunkel / 3) Augustin d'Hippone lit Gen 22, 1–19 / 4) Le sacrifice d'Isaac. Seconde lecture, in *Exegesis,* hrg. von F. Bovon & G. Rouiller, Delachaux et Niestlé, Neuchâtel – Paris, 1975, 16–35 / 98–101 / 230–242 / 274–290.

SABOURIN, L., Isaac and Jesus in the targums and the New Testament, Religious Studies Bulletin 1 (1981) 37–45.

SALDARINI, A. J., Interpretation of the *Akedah* in rabbinic literature, in *The biblical mosaic.* Changing perspectives, hrg. von R. Polzin & E. Rothman, Society of Biblical Studies, Semeia Studies 10, Fortress – Scholars, Philadelphia – Chico, 1982, 149–165.

SARDA, O., Le sacrifice d'Abraham Gen 22: Le déplacement des lectures attestées, Le Point Théologique 24 (1977) 135–146.

SCHMITT, H.-C., Die Erzählung von der Versuchung Abrahams. Gen 22, 1–19 und das Problem einer Theologie der elohistischen Pentateuchtexte, Biblische Notizen 34 (1986) 82–109.

SCHMITZ, R.-P., *Aqedat Jiṣḥaq.* Die mittelalterliche jüdische Auslegung von Genesis 22 in ihren Hauptlinien, Judaistische Texte und Studien 4, Olms, Hildesheim, 1979.

SCHULZ, S. J., Sacrifice in a God-Man relationship in the Pentateuch, in *Interpretation and history.* Festschrift A. A. McRae, hrg. von R. L. Harris, u. a., Christian Life – Biblical Theological Seminar, Library, Singapore – Hatfield PA, 1986, 109–121.

SELTZER, S., Isaac's agony; a psychoanalytic midrash, Journal of Reform Judaism 28, 3 (1981) 27–32.

SIMON, E., הערות לפרשת עקידת יצחק, in *Sepher J. Ron,* 'Am 'Oved, Tel-Aviv, 1973, 163–170.

SKA, J.-L., Gn 22, 1–19. Essai sur les niveaux de lecture, Biblica 69 (1988) 324–339.

STEINSALZ , A., Abraham; reflections evoked by the ultimate sacrifice in the tradition of the Midrash, Parabola 3, 2 (1978) 32–37.

TAYLOR, M. C., Journeys to Moriah: Hegel vs. Kierkegaard, The Harvard Theological Review 70 (1977) 305–326.

THOMA, C., Observations on the concept and the early forms of Akedah-spirituality, in *Standing before God.* Studies on prayer in Scriptures and in Tradition. Festschrift J. Oesterreicher, hrg. von A. Finkel & L. Frizzel, Ktav, New York, 1981, 213–222.

TUKKER, C. A., De binding van Izaäk in het Nieuw Testament en in het joodse geloof, Theologia Reformata 17 (1974) 34–51.

VEIJOLA, T., Das Opfer des Abraham – Paradygma des Glaubens aus dem nachexilischen Zeitalter, Zeitschrift für Theologie und Kirche 85 (1988) 129–164.

VOGELS, W., Dieu éprouva Abraham. Une analyse sémiotique de Genèse 22, 1–18, Sémiotique et Bible 26 (1982) 25–36.

WALTERS, S. D., Wood, sand and stars. Structure and theology in Gn 22, 1–19, Toronto Journal of Theology 3 (1987) 301–330.

WÉNIN, A., Abraham à la rencontre de YHWH. Une lecture de Gn 22, Revue Théologique de Louvain 20 (1989) 162–177.

WHITE, H. C., The initiation legend of Isaac, Zeitschrift für die Alttestamentliche Wissenschaft 91 (1979) 1–30.

WREGE, H. T., Isaacs Opferung oder der Gott des Lebens, in *Die Geistes-Gegenwart der Bibel.* Elementariesierung im Prozess der Praxis. Festschrift H. Stock, hrg. von H. B. Kaufman & H. Ludwig, Comenius, Münster, 1979, 170–208.

YASSIF, E., עֲקֵדַת־יִצְחָק. *The sacrifice of Isaac.* Studies in the development of a literary tradition, Makor, Jerusalem, 1978.

ZEMUDI, J., המאבק הפנימי בסיפור העקדה, Beth Mikra 30, 102 (1984f.) 382–387.

ZUYDEMA, W., Isaac à nouveau sacrifié [in Roš hašanah], Foi et Vie 81, 1 (1982) 34–51.
– *Isaak wird wieder geopfert.* Die ›Bindung Isaaks‹ als Symbol des Leidens Israels. Versuche einer Deutung, Neukirchen-Vluyn, 1987.

14. Prophetische Opferkritik

BOEKKER, H. J., Überlegungen zur Kultpolemik der vorexilischen Propheten, in *Die Botschaft und die Boten.* Festschrift H.-W. Wolff, hrg. von J. Jeremias & L. Perlitt, Neukirchen-Vluyn, 1981, 169–198.

BOGGIO, G., 'Io detesto le vostre feste, Parole di Vita 31 (1986) 19–25.

BROWN, J. P., The sacrificial cult and its critique in greek and hebrew (I), Journal of Semitic Studies 24 (1979) 159–173.

CELADA, B., Perfil del sacerdote en el Antiguo Testamento. Concomitancias o antagonismos con el profeta. Estima y desestima, Cultura Bíblica 28 (1971) 290–297.

DE MOOR, J. C., The sacrifice which is an abomination to the Lord, in *Loven en geloven.* Festschrift N. H. Ridderbos, Ton Bolland, Amsterdam, 1975, 211–226.

DE SIVATTE, R., ›No soporto vuestras fiestas.‹ Cuando la fe se desentiende de la justicia, Sal Terrae 77 (1989) 683–693.

HALPERN, B., משמעות הקרבנות בנבואה ובהלכה, Beth Mikra 32 (1986f.) 358–363.

LUKAS, M., The prophets and a cult, in *Some aspects of biblical man's worship of God,* hrg. von K. Luke, Jeevadhara 3, Allepey, 1973, 132–141.

MORLA ASENSIO, V., El verbo 'sh ›ofrecer‹ en la estructura literaria de Os 9, 1–7, Estudios Bíblicos 47 (1989) 119–129.

ROCCO, B., La μάννα di Baruch 1, 10, Bibbia e Oriente 11 (1969) 273–277.

SCHÜNGEL-STRAUMANN, H., Kritik des Jahwekultes bei den Schriftpropheten, Diakonia 4 (1969) 129–138.

SCHWAGER, R., Christ's death and the prophetic critique of sacrifice, Semeia 33 (1985) 109–123.

SODEN, W. (von), Die »Sündenlast« in Hosea 14, 3, Zeitschrift für Althebraistik 2 (1989) 91f.

STENDEBACH, F. J., Kult und Kultkritik im Alten Testament, in *Zum Thema: Kult und Liturgie,* hrg. von N. J. Frenkle, u.a., Katholisches Bibelwerk, Stuttgart, 1972, 41–63.

WÜRTHWEIN, G., Zur Opferprobe Elias I Reg 18, 21–39, in *Prophet und Prophetenbuch.* Festschrift O. Kaiser, hrg. von V. Fritz, Beiheft zur Zeitschrift für die Alttestamentliche Wissenschaft 185, De Gruyter, Berlin – New York, 1989, 277–284.

ZENGER, E., Ritus und Rituskritik im Alten Testament, Concilium [Einsiedeln/ Köln] 14 (1978) 93–98.

15. Jes 52, 13–53, 12

BATTENFIELD, J. R., Isaiah LIII 10. Taking an ›if‹ out of the sacrifice of the Servant, Vetus Testamentum 32 (1982) 485.

BLOCHER, H., *Songs of the Servant.* Isaiah's good news, Inter-Varsity, London – Downers Grove IL, 1975.

CLINES, D. J. A., *I, he, we and they.* A literary approach to Is 53, Journal for the Study of the Old Testament. Supplement 1, Sheffield, 1976.

COLLINS, J. J., The suffering servant. Scapegoat or example?, Proceedings of the Irish Biblical Association 4 (1980) 59−67.

DIEBNER, B., 'ašām (Jes 53, 10) und amnos (Jes 53, 7 LXX); ein Nachtrag, Dielheimer Blätter zum Alten Testament 16 (1982) 49−67.

DUARTE LOURENÇO, J., *Humilhação no judaismo antigo,* Diss. Studii Biblici Franciscani, Jerusalem, 1985.

ELLIGER, K., Jes 53, 10: alte crux − neuer Vorschlag, Mitteilungen des Instituts für Orientforschung 15 (1969) 228−233.

FEUILLET, A., Les poèmes du Serviteur, in *Études d'exégèse et de théologie biblique,* Gabalda, Paris, 1975, 119−179.

FOHRER, G., Stellvertreter und Schuldopfer in Jes 52, 13−53, 12 vor dem Hintergrund des Alten Testaments und des Alten Orients, in *Das Kreuz Jesu,* hrg. von G. Fohrer, u. a., Forum 12, Vandenhoeck & Ruprecht, Göttingen, 1969, 7−31.

FRANCO, E., La morte del Servo sofferente in Is. 53, in *Gesù e la sua morte.* Atti della XXVII Settimana Biblica, Associazione Biblica Italiana (1982), Paideia, Brescia, 1984, 219−236.

GERLEMAN, G., Der Gottesknecht bei Deuterojesaja, in *Studien zur alttestamentlichen Theologie,* Schneider, Heidelberg, 1980, 38−60.

GRELOT, P., *Les poèmes du serviteur.* De la lecture critique à l'herméneutique, Lectio Divina 103, Cerf, Paris, 1981.

GÜNTHER, H., *Gottes Knecht und Gottes Recht.* Zum Verständnis der Knecht-Gottes-Lieder, Oberurseler Hefte 6, Oberursel, 1976.

HAAG, E., Das Opfer des Gottesknechts (Jes 53, 10), Trierer Theologische Zeitschrift 86 (1977) 81−98.

HAAG, H., *Der Gottesknecht bei Deuterojesaja,* Erträge der Forschung 233, Wissen-schaftliche Buchgesellschaft, Darmstadt, 1985.

KLEINKNECHT, K. T., *Der leidende Gerechtfertigte.* Die alttestamentlich-jüdische Tradi-tion vom ›leidenden Gerechten‹ und ihre Rezeption bei Paulus, Wissenschaftliche Untersuchungen zum Neuen Testament 2, 13, Mohr, Tübingen, 1984.

KÜHN, R., Leid als besondere Glaubenssituation des Menschen und Jahwes Zuspruch im Alten Testament, Wissenschaft und Weißheit 45 (1982) 97−130.

LANGDON, R., *The 'Ebed Yahweh and Jeremiah,* Diss. Southern Baptist Theological Seminar, 1980.

LINDSEY, F. D., Isaiah's songs of the servant. IV: The career 52, 13−53, 12, Bibliotheca Sacra 139 (1982) 312−329.

− The career of the servant in Isaiah 52, 13−53, 12, Bibliotheca Sacra 140 (1983) 21−39.

− *The Servant Songs.* A study in Isaiah, Moody, Chicago, 1985.

LJUND, I., *Tradition and interpretation.* A study of the use and application of formulaic language in the so-called Ebed YHWH-psalms, Coniectanea Biblica, Old Testament 12, Gleerup, Lund, 1978.

MARTIN-ACHARD, R., Trois études sur Isaïe 53, Revue Théologique et Philosophique 114 (1982) 159−170.

MURRAY, H., An approach to the fourth servant song (Isa 52, 13−53, 12), Compass 13, 2 (1979) 43−46.

OLLEY, J. W., Notes on Isaiah XXXII 1, XLV 19. 23 and LXIII 1, Vetus Testamentum 33 (1983) 446−453.

PAGE, S. H. T., The Suffering Servant between the Testaments, New Testament Studies 31 (1985) 481−497.

PAVONCELLO, N., L'esegesi rabbinica del cap. 53 di Isaiah, in *Gesù e la sua morte*. Atti della XXVII Settimana Biblica, Associazione Biblica Italiana (1982), Paideia, Brescia, 1984, 237−251.

PAYNE, D. F., The servant of the Lord. Language and interpretation [Is 52, 13−53, 12], Evangelical Quarterly 43 (1971) 131−143.

− Recent trends in the study of Isaiah 53, Irish Biblical Studies 1 (1979) 3−18.

REITERER, F. V., Stellvertretung − Leid − Jenseitshoffnung. Die Botschaft des vierten Gottesknechtliedes (Jes 52, 13−53, 12), Heiliger Dienst 36 (1982) 12−32.

REMBAUM, J. E., The development of a Jewish exegetical tradition regarding Isaiah 53, Harvard Theological Studies 75 (1982) 289−311.

RUPPERT, L., *Der leidende Gerechte*. Eine motivgeschichtliche Untersuchung zum Alten Testament und zwischentestamentlichen Judentum, Forschung zur Bibel 5, Echter − Katholisches Bibelwerk, Würzburg − Stuttgart, 1972.

− Le serviteur souffrant, Concilium [Paris] 119 (1976) 63−72.

− Schuld und Schuld-Lösen nach Jesaja 53, in *Schulderfahrung und Schuldbewältigung*. Christen im Umgang mit der Schuld. Bochum-Seminar 1979f., hrg. von G. Kaufmann, Schriften zur Pädagogik und Katechetik 31, Schöningh, Paderborn, 1982, 17−34.

RUPRECHT, E., *Die Auslegungsgeschichte zu den sogenannten Gottesknechtliedern im Buche Deuterojesaja unter methodischen Gesichtspunkten bis zu Bernhard Duhm*, Diss. Heidelberg, 1972.

SORG, T., Stellvertretung (Jes 52, 13−53, 12), Theologische Beiträge 16 (1985) 251−255.

STECK, O. H., Aspekte des Gottesknechts in Deuterojesajas »Ebed-Jahwe-Lieder«, Zeitschrift für die Alttestamentliche Wissenschaft 96 (1984) 372−390.

SWARZENTRUBER, A. O., *The servant songs in relation to their context in Dt-Is*. A critique of contemporary methodologies, Diss. Princeton University, 1970.

WELSHMAN, H., The atonement effected by the Servant. Is 52, 13−53, 12, Biblical Theology 23 (1973) 46−49.

WHYBRAY, R. N., *Thanksgiving for a liberated prophet*. An interpretation of Isaiah chapter 53, Journal for the Study of the Old Testament. Supplement 4, Sheffield, 1978.

ZIMMERLI, W., Zur Vorgeschichte von Jes 53, in *Studien zur alttestamentlichen Theologie und Prophetie,* Kaiser, München, 1974, 213−221.
(> Vetus Testamentum Supplementum 17 (1969) 236−244.)

16. Biblische Umwelt

ALTENMÜLLER, H., Opfer, in *Lexikon der Ägyptologie,* Bd. 4, 28, hrg. von W. Helck, u. a., Harrassowitz, Wiesbaden, 1981, 579−596.

DEVRIES, L. F., Cult stands. A bewildering variety of shapes and sizes, The Biblical Archaeology Review 13 (1987) 27−37.

FRITZ, V., Die Bedeutung von *ḥammān* im Hebräischen und von *ḥmn'* in den palmyrenischen Inschriften, Biblische Notizen 15 (1981) 9−20.

GALBIATI, G., Sacralità e valore del sangue nei costumi e nelle credenze del Vicino Oriente antico, Ricerche Bibliche e Religiose 17 (1982) 316−345.

HENNINGER, J., Die unblutige Tierweihe der vorislamischen Araber in ethnologischer

Sicht, in *Arabica Sacra*. Aufsätze, Orbis Biblicus et Orientalis 40, Vandenhoeck & Ruprecht – Universitätsverlag, Göttingen – Freiburg in der Schweiz, 1981, 254–274. (< Paideuma 4 (1950) 179–190.)

HUROWITZ, A., Isaiah's impure lips and their purification in light of mouth purification and mouth purity in Akkadian sources, Hebrew Union College Annual 60 (1989) 39–89.

KOCH, K., Alttestamentliche und altorientalische Rituale, in *Hebräische Bibel und ihre zweifache Nachgeschichte*. Festschrift R. Rendtorff, hrg. von E. Blum, Neukirchener Verlag, Neukirchen-Vluyn, 1990, 75–86.

LUKE, K., The sacred and the profane in Mesopotamia, Jeevadhara 17 (1987) 101–112.

LÜLING, G., Das Passahlamm und die altarabische ›Mutter der Blutrache‹, die Hyäne, Zeitschrift für Religions- und Geistesgeschichte 34 (1982) 130–147.

MENDENHALL, G. E., The worship of Baal and Asherah. A study in the social bonding functions of religious systems, in *Biblical and related studies presented to S. Iwry*, hrg. von A. Kort & S. Morschauser, Eisenbrauns, Winona Lake IN, 1985, 147–158.

MILLER, P. D., Prayer and sacrifice in Ugarit and Israel, in *Text and context*. Festschrift F. C. Fensham, hrg. von W. Claassen, Sheffield, 1988, 139–155.

OLYAN, S. M., *Asherah and the cult of Yahweh in Israel*, Society of Biblical Literature, Monograph Series 34, Scholars, Atlanta, 1988.

RIES, J. (Hrg.), *L'expression du sacré dans les grandes religions*, Bd. 1: Proche-Orient ancien et traditions bibliques, Centre d'Histoire des Religions, Louvain-la-Neuve, 1978.

SCHEID, J., Sacrifice et banquet à Rome. Quelques problèmes, Mélanges de l'École française de Rome 97 (1985) 193–206.

SEGAL, P., Further parallels between the priestly literature in the Bible and the Hittite instructions for Temple servants, Shnaton 7–8 (1983–84) 265–268.

TARRAGON, J.-M. (de), *Le culte à Ugarit*. D'après les textes de la pratique en cunéiformes alphabétiques, Cahiers de la Revue Biblique 19, Gabalda, Paris, 1980.

WRIGHT, D. F., *The disposal of impurity*. Elimination rites in the Bible and in Hittite and Mesopotamian literature, Society of Biblical Literature, Dissertation Series 101, Scholars, Atlanta, 1987.

17. Melchisedek

ALVES DE SOUSA, P. G., Melquisedec y Jesucristo; estudio de Gen 14, 18 y Ps 110, 4 en la literatura patristica hasta el siglo III, Augustinianum 22 (1982) 271–284.

CASALINI, N., Melchisedek prototipo di Cristo, Studii Biblici Franciscani Liber Annuus 34 (1984) 149–190.

DELCOR, M., Melchisedech from Genesis to the Qumran texts and the Ep. to the Hebrews, in *Etudes bibliques et orientales de religions comparées*, Brill, Leiden, 1979, 444–464.
(< Journal for the Study of Judaism 2 (1971) 115–135.)

ELLINGWORTH, P., Just like Melchizedek, The Bible Translator 28 (1977) 236–239.

FEUILLET, A., Une triple préparation du sacerdoce du Christ dans l'Ancien Testament (Melchisédec, le Messie du Ps 110, le Serviteur d'Is 53). Introduction à la doctrine sacerdotale de l'Épître aux Hébreux, Divinitas 28 (1984) 103–136.

FITZMYER, J. A., »Now this Melchizedek«, Catholic Biblical Quarterly 25 (1973) 305–321.

GIANOTTO, C., La figura di Melchisedek nelle tradizioni giudaica, cristiana e gnostica (sec. II a.C. – sec. III d.C.), in *Storia dell'esegesi giudaica e cristiana antica.* Atti del 1° seminario, Idice-Bologna 27–29 ott. 1983, hrg. von P. C. Bori & M. Pesce, Annali di Storia dell'Esegesi 1, Dehoniane, Bologna, 1984, 137–152.

HORTON, F. L., *The Melchisedek tradition.* A critical examination of the sources of the first five centuries A.D. and in the Epistle to the Hebrews, Society for the New Testament Studies, Monograph Series 36, Cambridge U. P., London – New York, 1976.

LONGENECKER, R., The Melchizedek argument of Hebrews. A study in the development and circumstantial expression of New Testament thought, in *Unity and diversity in New Testament Theology.* Festschrift G. E. Ladd, hrg. von R. A. Guelich, Eerdmans, Grand Rapids, 1978, 161–185.

MARSHALL, J. L., Melchizedek in Hebrews, Philo and Justin martyr, in *Studia Evangelica VII.* Papers presented to the Fifth International Congress on Biblical Studies held at Oxford, 1973, Texte und Untersuchungen, Geschichte der altchristlichen Literatur 126, Berlin, 1982, 339–342.

PAUL, M. J., The order of Melchizedek (Ps 110, 4 and Heb 7, 3), Westminster Theology Journal 49 (1987) 195–211.

POVEROMO, R. J. / DINTER, P. E., Melchizedek at Qumran, Dunwoodie Review 11 (1971) 24–45.

ROBINSON, S. E., The apocryphal story of Melchizedek, Journal for the Study of Judaism 18 (1987) 26–39.

SPICQ, C., Melchisédech et l'Ép. aux Hébreux. Le sacerdoce de la Nouvelle Alliance, Esprit et Vie 87 (1977) 206–208.

WILLI, T., Melchisedek. Der alte und der neue Bund im Hebräerbrief im Lichte der rabbinischen Traditionen über Melchisedek, Judaica 42 (1986) 158–170.

18. Qumran

ALLISON, D. C., The silence of angels. Reflections on the songs of the sabbath sacrifice, Revue de Qumran 13 (1988) 189–197.

BAUMGARTEN, J. M., 1) Sacrifice and worship among the Jewish sectarians of the Dead Sea (Qumran) scrolls / 2) The Essenes and the Temple: A reappraisal, in *Studies in Qumran law,* Studies in Judaism in Late Antiquity 24, Brill, Leiden, 1977, 40–56 / 57–74.
(1) < The Harvard Theological Review 46 (1953) 141–159.)
– The Qumran sabbath shirot and rabbinic merkabah traditions, Revue de Qumran 13 (1988) 199–213.

BECKWITH, R. T., The Qumran calendar and the sacrifices of the Essenes, Revue de Qumran 7, 28 (1971) 587–591.

CANTRELL, V. C., *The concept of holiness in Essene literature,* Diss. Boston University Graduate School, 1967.

DEASLEY, A. R. G., *The idea of perfection in the Qumran texts,* Diss. Manchester, 1971f.

Delcor, M., Repas cultuels esséniens et thérapeutes. Thiases et ḥaburoth, Revue de Qumran 6, 3 (1968) 401–425.

– Réflexions sur la fête de la Xylophorie dans le Rouleau du Temple et les textes parallèles, Revue de Qumran 12 (1987) 561–569.

Dupont-Sommer, A., Culpabilité et rites de purification dans la secte juive de Qumran, in *Proceedings of the XIth international congress of the international association for the history of religions*, 2, Brill, Leiden, 1968, 78–80.

Fujita, S., *The Temple theology of the Qumran sect and the book of Ezekiel: their relationship to Jewish literature of the last two centuries B. C.*, Diss. Princeton Theological Seminar, 1970.

Garnet, P., *Atonement ideas in the Qumran scrolls*, Diss. McGill University, National Library of Canada, Ottawa, 1971.

– Atonement constructions in the Old Testament and the Qumran scrolls, The Evangelical Quarterly 46 (1974) 131–163.

– *Salvation and atonement in the Qumran scrolls*, Wissenschaftliche Untersuchungen zum Neuen Testament 2, 3, Mohr, Tübingen, 1977.

Haag, H., Kult, Liturgie und Gemeindeleben in Qumran, Archiv für Liturgiewissenschaft 17f. (1976) 222–239.

Harrison, R. K., The rites and customs of the Qumran sect, in *The scrolls and Christianity,* hrg. von M. Black, SPCK, London, 1969, 23–36. 109.

Hoenig, S. B., Qumran rules of impurities, Revue de Qumrân 6, 24 (1969) 559–567.

Janowski, B. / Lichtenberger, H., Enderwartung und Reinheitsidee. Zur eschatologischen Deutung von Reinheit und Sühne in der Qumrangemeinde, Journal of Jewish Studies 34 (1983) 31–62.

Klinzing, G., *Die Umdeutung des Kultus in der Qumrangemeinde und im Neuen Testament,* Studien zur Umwelt des Neuen Testament 7, Vandenhoeck & Ruprecht, Göttingen, 1971.

Maier, J., Zu Kult und Liturgie der Qumrangemeinde, Revue de Qumran 14 (1990) 543–586.

Reeves, J. C., What does Noah offer in 1 QapGen X, 15?, Revue de Qumran 12 (1986) 415–419.

Schiffman, L. H., Exclusion from the sanctuary and the city of the sanctuary in the Temple Scroll, Hebrew Annual Review 9 (1985) 301–320.

Sen, F., Qumran frente al Templo de Jerusalén, Cultura Bíblica 26 (1969) 96–105.

Smith, M. S., Biblical and Canaanite notes to the Songs of the Sabbath Sacrifice from Qumran, Revue de Qumran 12 (1987) 585–588.

Thiering, B., Suffering and ascetism at Qumran as illustrated in the Hodayot, Revue de Qumrân 8, 31 (1974) 393–405.

Welshman, F. H., *An examination into the ideas of atonement presented in the priestly and prophetic writings of the Old Testament and in the Qumran literature,* Diss. Queen's University of Belfast, 1971–72.

Wise, M. O., A new manuscript join in the ›festival of wood offering‹ (Temple Scroll XXIII), Journal of the Near Eastern Studies 47 (1988) 113–121.

19. Frühjudentum

ARRANZ, M., La liturgie pénitentielle juive après la destruction du Temple, in *Liturgie et rémission des péchés*. Conférences Saint-Serge, XXe Semaine d'Études Liturgiques. Paris 2–5 juillet 1973, Edizione Liturgiche, Roma, 1975, 39–55.

BAIER, W., Liturgie und Kult in der frühjüdischen und frühchristlichen Umwelt (etwa 200 vor bis 200 n. Chr.), Archiv für Liturgiewissenschaft 13 (1971) 282–295. 14 (1972) 218–252.

– Liturgie und Kult in der frühjüdischen und frühchristlichen Welt und Umwelt (etwa 200 v. – 200 n. Chr.) (Literaturbericht), Archiv für Liturgiewissenschaft 16 (1974) 206–244.

BAUMGARTEN, A. I., *Korban* and the Pharisaic *paradosis*, The Journal of the Ancient Near Eastern Society 16f. (1984f.) 5–17.

BLOCH, A. P., *The biblical and historical background of the Jewish holy days,* Ktav, New York, 1978.

BRONNER, L., Sacrificial cult among Egyptian but not Babylonian exiles – why?, Dor le Dor 9 (1980f.) 61–71.

CHARBEL, A., »Shelamim« nei documenti di Elefantina, Bibbia e Oriente 12 (1970) 91–94.

EISSFELDT, O., מַרְזֵחַ und מַרְזְחָא. »Kultmahlgenossenschaft« im spätjüdischen Schrifttum, in *Kleine Schriften,* Bd. 5, Tübingen, 1973, 134–142. Taf. VIII, 2.

GLATZER, N. N., The concept of sacrifice in post-biblical judaism, in *Essays in Jewish thought,* Judaic Studies 8, University of Alabama, 1978, 48–57.

GOLDBERG, A., Service of the Heart; liturgical aspects of synagogue worship, in *Standing before God.* Studies on prayer in Scriptures and in Tradition. Festschrift J. Oesterreicher, hrg. von A. Finkel & L. Frizzel, Ktav, New York, 1981, 195–211.

HEINEMANN, J. / THOMA, C., Ressemblances et différences dans la liturgie. 1) Structure et contenu de la liturgie juive / 2) Structure et contenu de la liturgie chrétienne, Concilium [Tours/Paris] 98 (1974) 41–48 / 49–53.

HENNIG, J., Die Liturgie und das Judentum (Literaturbericht), Archiv für Liturgiewissenschaft 16 (1974) 542–556.

– Liturgie und das Judentum, Archiv für Liturgiewissenschaft 24 (1982) 113–130.

McNAMARA, M., Jewish Liturgy and the New Testament, The Bible Today 33 (1967) 2324–2331.

NEWSOM, C., *Songs for the Sabbath sacrifice*, Atlanta, 1985.

PETUCHOWSKI, J. J., Jüdische Liturgie? ›Liturgie‹ im christlichen und jüdischen Sprachgebrauch, Judaica (1985) 99–107.

– Some laws of Jewish liturgical development, Judaism 34 (1985) 312–326.

PUECH, E., Notes sur le manuscrit des Cantiques du Sacrifice du Sabbat trouvé à Massada, Revue de Qumran 12 (1987) 575–583.

SABOURIN, L., The temple and the cult in late Judaism, Religious Studies Bulletin 1 (1981) 33–37.

SLOYAN, G. S., Jewish ritual of the first century a.C. and Christian sacramental behavior, Biblical Theology Bulletin 15 (1985) 98–103.

STERN, J., Modes of reference in the rituals of Judaism, Religious Studies 23 (1987) 109–128.

STOECKLE, L., *La spiritualité du »juste persécuté et exalté« dans les élites juives et judéo-*

chrétiennes depuis l'ère prémaccabéenne jusqu'à la fin du siècle apostolique, Diss. Strasbourg, 1972−73.

20. Menschenopfer

DAY, J., *Molech: a god of sacrifice in the Old Testament,* University of Cambridge Oriental Publications 41, Cambridge − New York − New Rochelle, 1989.

DERCHAIN, P., Les plus anciens témoignages de sacrifices d'enfants chez les Sémites occidentaux, Vetus Testamentum 20 (1970) 351−353.

GOLLING, R., *Zeugnisse von Menschenopfern im Alten Testament,* Diss. Ost-Berlin, 1975.

GREEN, A. R. W., *The role of human sacrifice in the ancient Near East,* Diss. American Schools of Oriental Research, Scholars Press, Missoula, 1975.

HEIDER, G. C., *The cult of Molek.* A reassessment, Journal for the Study of the Old Testament. Supplement Series 43, Sheffield, 1985.

JAROS, K., *Die Stellung des Elohisten zur kanaanäischen Religion,* Orbis Biblicus et Orientalis 4, Vandenhoeck & Ruprecht − Universitätsverlag, Göttingen − Freiburg in der Schweiz, 1974, 283−349 (Kap. 7: Das Menschenopfer).

KAISER, O., Den Erstgeborenen deiner Söhne sollst du mir geben. Erwägungen zum Kinderopfer im Alten Testament, in *Denkender Glaube.* Festschrift C. H. Ratschow, hrg. von O. Kaiser, De Gruyter, Berlin − New York, 1976, 24−48.

KOGAN, M., קרבן אדם. Menschenopfer, אנציקלופדיה מקראית 7 (1976) 251−253. 717.

LUST, J., The cult of Molek/Milchom. Some remarks on G. H. Heider's monograph, Ephemerides Theologicae Lovanienses 63 (1987) 361−366.

MACCOBY, H., *The sacred executioner.* Human sacrifice and the legality of guilt, Thames & H., London, 1983.

SANDEVOIR, P., Molok, in *Catholicisme hier aujourd'hui demain,* Bd. 9, 2, hrg. von G. Mathon, u. a., Letouzey & Ané, Paris, 1980, 502.

SOGGIN, J. A., A proposito di sacrifici di fanciulli e di culto dei morti nell'Antico Testamento, Oriens Antiquus 8 (1969) 215−217.

(> Engl.: Biblica et Orientalia 29 (1975) 84−87.)

WEINFELD, M., Moloch, cult of, Encyclopaedia Judaica 12 (1971) 230−233.

− המול בישראל ורקעה עבודת. The Molch cult in Israel and its backgroud, Proceedings of the World Congress of Jewish Studies 5 (1971) 37−61. 152 (hb.). 227f. (engl.).

− The worship of Molech and of the Queen of Heaven and its background, Ugarit-Forschungen 4 (1972) 133−158.

(*Rez.:* M. SMITH, A note on burning babies, Journal of the American Oriental Society 95 (1975) 477−479.)

21. Opfer neutestamentlich im Allgemeinen

BARTH, M., Sakral und Profan, Reformatio 24 (1975) 228−242.

BOUYER, L., Liturgie juive et liturgie chrétienne, Istina 18 (1973) 132−146.

CAVALLETTI, S., Liturgie juive − liturgie chrétienne, Sidic 6, 1 (1973) 4−25.

DALY, R. J., *The origins of the christian doctrine of sacrifice,* Fortress, Philadelphia, 1978.

DERRETT, J. D. M., Clean and unclean animals (Acts 10, 15; 11, 9). Peters pronouncing power observed, The Heythrop Journal 29 (1988) 205–221.

GRABNER-HAIDER, A., Zur Kultkritik im Neuen Testament, Diakonia 4 (1969) 138–146.

HAHN, F., *Der urchristliche Gottesdienst,* Stuttgarter Bibelstudien 41, Katholisches Bibelwerk, Stuttgart, 1970.

– Das Verständnis des Opfers im Neuen Testament, in *Das Opfer Jesu Christi und seine Gegenwart in der Kirche.* Klärungen zum Opfercharakter des Herrenmahles, hrg. von K. Lehmann & E. Schlink, Dialog der Kirchen 3, Herder – Vandenhoeck & Ruprecht, Freiburg i. B. – Göttingen, 1983, 51–91.

KELLY, J. J., The sense of the Holy, Theological Digest 22 (1974) 133–135.

KERTELGE, K., Die ›reine Opfergabe‹ – zum Verständnis des Opfers im Neuen Testament, in *Freude am Gottesdienst.* Aspekte ursprünglicher Liturgie. Festschrift J. G. Plöger, hrg. von J. Schreiner, Katholisches Bibelwerk, Stuttgart, 1983, 347–360.

MATUS, T., Il sacrificio dell'uomo cosmico: un simbolo religioso nell' induismo e nella Bibbia, Vita Monastica 30, 127 (1977) 242–289.

McNAMARA, M., Liturgische Versammlung und Gottesdienst bei den Christen der Frühzeit, Concilium [Einsiedeln/Köln] 5 (1969) 84–91.

RIJK, C. A., Liturgie juive – liturgie chrétienne. Importance des relations judéo-chrétiennes pour la liturgie chrétienne, Sidic 6, 1 (1973) 26–32.

ROLOFF, J., Der frühchristliche Gottesdienst als Thema der neutestamentliche Theologie, Jahrbuch für Liturgie und Hymnologie 17 (1972) 92–99.

– θυσιαστήριον, in *Exegetisches Wörterbuch zum Neuen Testament,* Bd. 2, 3f., hrg. von H. Balz & G. Schneider, 1980, 405–407.

THYEN, H., θυσία, in *Exegetisches Wörterbuch zum Neuen Testament,* Bd. 2, 3f., hrg. von H. Balz & G. Schneider, 1980, 399–405.

VELLANICKAL, M., Jesus and the Jewish worship, in *Some aspects of biblical man's worship of God,* hrg. von K. Luke, Jeevadhara 3, Allepey, 1973, 142–161.

WILLIAMS, D. L., The israelite cult and the christian worship, in *The use of the Old Testament in the New and other essays.* Festschrift W. F. Stinespring, hrg. von J, M, Erfird, Duke University Press, Durham, 1972, 110–124.

YOUNG, F. M., *The use of sacrificial ideas in greek christian writers from the New Testament to John Chrysostom,* Patristic Foundation, Philadelphia, 1979.

22. Das Opfer Christi

ALONSO DIAZ, J., El sacrificio existencial y el sacrificio ritual en Cristo y en su sacerdote, Sal Terrae 60 (1972) 739–765.

– La vida y muerte de Jesús dentro del esquema de pensamiento del sacrificio, Cultura Bíblica 30 (1973) 67–86.

ALVES, M. I., A morte de Cristo à la luz da figura do Servo de Jahvé, Didaskalia 14 (1984) 157–168.

BADER, G., Jesu Tod als Opfer, Zeitschrift für Katholische Theologie 80 (1983) 411–431.

– *Symbolik des Todes Jesu,* Hermeneutische Untersuchungen zur Theologie 25, Mohr, Tübingen, 1988.

BIAGI, R., Il sacrificio di Cristo, Sacra Doctrina 29 (1984) 29–41. 110–129. 378–391.

- Finalità e perpetuità del sacrificio di Cristo, Sacra Doctrina 30 (1985) 155−167.

BLOESCH, D. G., Sin, atonement, and redemption, in *Evangelicals and Jews in an age of pluralism.* Derrfield Trinity Conference 1980, Baker, Grand Rapids, 1984, 163−182.

BOUWMAN, G., Lijden en offer. Een exegetische bijdrage over de verlossingsdaad van Christus, Tijdschrift voor Geestelijk Leven 33 (1977) 34−50.

BREUNING, W., Wie kann man heute von ›Sühne‹ reden?, Bibel und Kirche 41, 2 (1986) 76−82.

BUTTE, A., La mise à mort du Christ est-elle oui ou non sacrificielle?, Etudes Théologiques et Religieuses 57 (1982) 267f.

CAREY, G. L., The lamb of God and atonement theories, Tyndale Bulletin 32 (1981) 97−122.

CHENDERLIN, F. P., Old Testament sacrificial memorial and Calvary, The Bible Today 59 (1972) 684−690.

CRUMPLER, F. H., *The invincible cross.* A rediscovery of the meaning of atonement, Word, Waco, 1977.

DILLON, R. J., The psalms of the suffering just in the accounts of Jesus' Passion, Worship 61 (1987) 430−440.

DOLFE, K. G., The greek word of ›blood‹ and the interpretation of Acts 20, 28, Svensk Exegetisk Arbok 55 (1990) 64−70.

FERM, D. W., Honest to Jesus. Jesus as the prophet of sacrificial love, Christian Century 89 (1972) 332−335.

FERNANDES, A. J. C. da Cruz, *Sanguis Christi.* Ricerca del senso e dell'ambito sacrificale di questa espressione neotestamentaria alla luce del concetto e dell'uso ebraico del sangue, Segretariato per la Stampa dei Missionari del Preziosissimo Sangue, Roma, 1971.

FINKENZELLER, J., Jesu Tod als stellvertretender Sühnetod für unsere Sünden, Katechetische Blätter 109 (1984) 594−600.

FRYER, N. S. L., The meaning and translation of *hilastērion* in Romans 3, 25, Evangelical Quarterly 59 (1987) 99−116.

GAAR, F., Das Menschenopfer in der Religionsgeschichte und das Selbstopfer Jesu Christi als die sichtbare Gestalt von Gnade und Heil, in *Mysterium der Gnade.* Festschrift J. Auer, hrg. von H. Rossmann, u. a., Pustet, Regensburg, 1975, 51−64.

GHIBERTI, G., Il modello del ›giusto sofferente‹ nella passione di Gesù, in *La storiografia della Bibbia.* Atti della XXVIII Settimana Biblica 1984, Dehoniane, Bologna, 1986, 153−168.

GNILKA, J., *Jesu ipsissima mors.* Der Tod Jesu im Lichte seiner Martyriumsparänese, Eichstätter Hochschulreden 38, Minerva, München, 1983.

GOPPELT, L., Geschichtlich wirksames Sterben. Zur Sühnewirkung des Kreuzes, in *Gesetz, Tod und Sünde in Luthers Auslegung des 90. Psalms.* Festschrift H. Thielicke, hrg. von B. Lohse, u.a., Mohr, Tübingen, 1968, 61−68.

GREENWOOD, D., Jesus as *hilastērion* in Rom 3, 25, Biblical Theology Bulletin 3 (1973) 316−322.

HELM, P., The logic of limited atonement, Scottish Bulletin of Evangelical Theology 3, 2 (1985) 47−54.

HENGEL, M., The expiatory sacrifice of Christ, Bulletin of the John Rylands Library 62 (1980) 454−475.

HINLICKY, P. R., Christ was made to be sin − atonement today, Currents in Theology and Mission 14 (1987) 177−184.

HOFFMANN, N., *Sühne.* Zur Theologie der Stellvertretung, Horizonte NF, Johannes, Einsiedeln, 1981.

HOOKER, M. D., Interchange and suffering, in *Suffering and martyrdom in the New Testament.* Studies presented to G. M. Styler by the Cambridge New Testament Seminar, hrg. von W. Hornbury & B. McNeil, Cambridge, 1981, 70–83.

HORVATH, T., *The sacrificial interpretation of Jesus' achievement in the New Testament.* Historical development and its reasons, Philosophical, New York, 1979.

HÜNERMANN, P., Die Passion Jesu als Heilszuspruch, in *Heilkraft des Heiligen,* hrg. von J. Sudbrack, u. a., Herder, Freiburg i. B., 1975, 78–101.

JÜNGEL, E., Das Opfer Jesu Christi als Sacramentum et Exemplum, Diakonie (1986f.) 6–25.

KESSLER, H., Erlösung als Befreiung? Inkarnation, Opfertod, Auferweckung und Geistgegenwart Jesu im christlichen Erlösungsverständnis, Theologisches Jahrbuch (1977f.) 183–196.
(< Stimmen der Zeit 129 (1974) 3–16.)

KNOCH, O., 1) Zur Diskussion über die Heilsbedeutung des Todes Jesu: Sind wir durch den Tod Jesu befreit aus Entfremdung, Zwang und Unrecht oder erlöst von Sünde, Satan und Tod? / 2) Die Heilsbedeutung des Todes Jesu. Was ist der überzeitliche Sinn der soteriologischen Aussagen: Fluch, Sühneopfer, Lamm Gottes, Lösegeld bzw. Loskauf, Versöhnung, Heiligung u. a., Theologisch-praktische Quartalschrift 124 (1976) 3–14 / 221–236.

KOEMAN, P., Verzoend door Christus. Over Verzoening door voldoening, Reformatiereeks 9, Kok, Kampen, 1983.

LANGKAMMER, H., Jes 53 und 1 Petr 2, 21–25. Zur christologischen Interpretation der Leidenstheologie von Jes 53, Bibel und Liturgie 60 (1987) 90–98.

LAWS, S., *In the light of the Lamb.* Imagery, parody, and theology in the Apocalypse of John, Good News Studies 31, Glazier, Wilmington DE, 1988.

LEANEY, A. C. R., The Akedah, Paul and the atonement; or, is a doctrine of the atonement possible?, in *Studia Evangelica VII.* Papers presented to the Fifth International Congress on Biblical Studies held at Oxford, 1973, Texte und Untersuchungen, Geschichte der altchristlichen Literatur 126, Berlin, 1982, 231–240.

LÉON-DUFOUR, X. (Hrg.), *Mort pour nos péchés.* Recherche pluridisciplinaire sur la signification rédemptrice de la mort du Christ, Faculté Universitaire Saint Louis de Bruxelles, Bruxelles, 1976.

LIGHTNER, R. P., *The death Christ died.* A case for unlimited atonement, Regular Baptist Press, Des Plaines (Ill.), 1967.

LITWAK, K. D., The use of quotations from Isaiah 52, 13–53, 12 in the New Testament, Journal of the Evangelical Theological Society 26 (1983) 385–394.

MALDONADO, L., El sacrificio de la muerte de Jesús como redención, in *La violencia de lo sagrado.* Crueldad »versus« oblatividad o el ritual del sacrificio, Sígueme, Salamanca, 1974, 196–221.

McDONALD, H. D., *The atonement of the death of Christ in faith, revelation and history,* Baker, Grand Rapids, 1985.

McGRATH, A., The moral theory of atonement. An historical and theological critique, Scottish Journal of Theology 38 (1985) 205–220.

MERKLEIN, H., Der Tod Jesu als stellvertretender Sühnetod, Bibel und Kirche 41, 2 (1986) 68–75.

MIAN, F., ›Nostra Pasqua, infatti, fu immolato Cristo‹ (1 Cor. 5, 7), Renovatio 22 (1987) 297–299.

MOLL, H., Das Opfer Jesu Christi und seine Gegenwart in der Kirche bei den griechischen Apologeten des zweiten Jahrhunderts, in *Praesentia Christi.* Festschrift J. Betz, hrg. von L. Lies, Patmos, Düsseldorf, 1984, 118–130.

MOLTMANN, J., Die Verwandlung des Leidens. Der dreieinige Gott und das Kreuz, Evangelische Kommentare 5 (1972) 713–717.

NEIE, H., *The doctrine of atonement in the theology of Wolfhart Pannenberg,* Theologische Beiträge Töpelmann 36, De Gruyter, Berlin, 1978.

NSHUE UTWANGA, *Esquisse d'une réflexion théologique sur l'interprétation sacrificielle de la mort rédemptrice de Jésus.* Essai d'approche exégétique sur le symbolisme du sang dans la pensée chrétienne, Diss. Bruxelles, 1986.

O'COLLINS, G., The blood of Christ, Tablet 241 (1987) 419f.

PACKER, J. J., What did the cross achieve? The logic of penal substitution, Tyndale Bulletin 25 (1976) 3–45.

PASTOR-RAMON, F., ›Murió por nuestros pecados‹ (1 Cor 15, 3; Gal 1, 4). Observaciones sobre el origen de esta fórmula en Is 53, Estudios Eclesiásticos 61 (1986) 386–393.

RAHNER, K., Versöhnung und Stellvertretung. Das Erlösungswerk Jesu Christi als Grund der Vergebung und Solidarität unter den Menschen, Geist und Leben 56 (1983) 98–110.

REITERER, F. V., ›Er liebt uns und hat uns von unseren Sünden erlöst durch sein Blut‹. Vorbemerkungen zur zentralen Stellung des Blutes in der Bibel und christlichen Erlösungstheologie, Heiliger Dienst 37 (1983) 16–32.

ROBECK, C. M., What is the meaning of *hilastērion* in Rom 3, 25?, Studies in Biblical Theology 4, 1 (1974) 21–36.

ROBINSON, W. C., Affirmations of the atonement in current theology, Christianity Today 11 (1967) 545–547. 594–596.

ROLOFF, J., ἱλαστήριον, in *Exegetisches Wörterbuch zum Neuen Testament,* Bd. 2, 3f., hrg. von H. Balz & G. Schneider, 1980, 455–457.

SCHENKER, A., Substitution du châtiment ou prix de la paix? Le don de la vie du Fils de l'homme en Mc 10, 45 et par. à la lumière de l'Ancien Testament, in *La Pâque du Christ mystère de salut.* Festschrift F.-X. Durwell, hrg. von M. Benzerath & A. Schmid, Lectio Divina 112, Cerf, Paris, 1982, 75–90.

SCHNACKENBURG, R. / KNOCH, O. / BREUNING, W., Ist der Gedanke des Sühnetodes Jesu der einzige Zugang zum Verständnis unserer Erlösung durch Jesus Christus?, Quaestiones Disputatae 74 (1976) 205–211. 211–214. 214–230.

SCHREITER, R. J., *In water and in blood.* A spirituality of solidarity and hope, Crossroad, New York, 1988.

SHELTON, R. L., A covenant concept of atonement, Westminster Theology Journal 19, 1 (1984) 91–108.

SIEGEL, S., Sin and atonement, in *Evangelicals and Jews in an age of pluralism.* Derrfield Trinity Conference 1980, Baker, Grand Rapids, 1984, 183–195.

SLUSSER, M., Primitive Christian soteriological themes, Theological Studies 44 (1983) 555–569.

SPIAZZI, R., Il sangue di Cristo, sacramento della nostra redenzione, Sangue Prezioso della Nostra Redenzione 55 (1969) 3–64.

STUHLMACHER, P., Warum mußte Jesus sterben?, Theologische Beiträge 16 (1985) 273–285.

SURIN, K., Atonement and Christology, Neue Zeitschrift für systematische Theologie und Religionsphilosophie 24 (1982) 131–149.

TULL, J. E., *The atoning gospel*, Mercer University, Macon GA, 1982.

VAN BAAL, J., A neglected crux in the interpretation of the sacrifice of Christ, Nederlands Theologisch Tijdschrift 37 (1983) 242–246.

VAN CANGH, J. M., »Mort pour nos péchés selon les Écritures« (1 Cor 15, 3b). Une référence à Is 53?, Revue Théologique de Louvain 1 (1970) 191–199.

VASILIJ, Erzbischof von Brüssel, The atonement of Christ on the cross and in the resurrection, The Journal of the Moscow Patriarchate (1973) 67–74.

VOGLER, W., Jesu-Tod – Gottes Tat? Bemerkungen zur frühchristlichen Interpretation des Todes Jesu, Theologische Literaturzeitung 113 (1988) 481–492.

WAGNER, G.,Le scandale de la Croix expliqué par le chant du Serviteur d'Ésaïe 53. Réflexion sur Philippiens 2/6–11, Études théologiques et Religieuses 61 (1986) 177–187.

WALLACE, R., *The atoning death of Christ*, Crossway, Wetchester IL, 1981.

WEISER, A., Der Tod Jesu und das Heil der Menschen, Bibel und Kirche 41, 2 (1986) 60–67.

WENZ, G., *Christus für uns gestorben?* Eine systematisch-theologische Rekonstruktion der Geschichte christlicher Versöhnungslehre in der Neuzeit, Hab.-Diss. München, 1980.

WHITCOMB, J. C., Christ's atonement and animal sacrifices in Israel, Grace Theological Journal 6 (1985) 201–217.

WILL, J. E., *Passion as tragedy*. The problem of redemptive suffering in the Passion, Diss. Claremont, 1985.

YOUNG, F. M., *Sacrifice and the death of Christ*, SPCK, London, 1975.

YOUNG, N. H., ›Hilaskesthai‹ and related words in the New Testament, Evangelical Quarterly 55 (1983) 169–176.

23. Abendmahl

AGNEW, M. B., *The concept of sacrifice in the eucharistic theology of D. M. Baillie, T. F. Torrance and J. J. von Allmen*, Diss. of the Catholic University of America, 1972.

ALONSO-SCHÖKEL, L., *Meditaciones bíblicas sobre la Eucaristía*, Ritos y Símbolos 21, Sal Terrae, Santander, 1986.

ALLMEN, J. J. (von), Il carrattere sacrificale della Cena, Teologia del Presente 1,4 (1971) 34–43.

BACH, D., Sacrifice et eucharistie: pour une relecture oecuménique des textes d'institution de la Cène, Revue d'Histoire et de Philosophie Religieuses 59 (1979) 519–527.

BALTHASAR, H. U. (von), Die Messe, ein Opfer der Kirche?, Theologisches Jahrbuch 13 (1970) 183–220.

– Das eucharistische Opfer, Communio [deutsch] 14 (1985) 193–195. 236–241.

BÄTZING, G., *Die Eucharistie als Opfer der Kirche nach Hans Urs von Balthasar*, Kriterien 74, Johannes, Einsiedeln, 1986.

BEN-CHORIN, S., Ostern-Pessach-Auferstehung, Liturgie und Mönchtum 42 (1968) 28–32.

Bermejo, A. M., The propitiatory nature of the eucharist: an inquiry into the early sources, Indian Journal of Theology 21 (1972) 133–169.

Bokser, B., Was the Last Supper a passover seder?, Bible Review 3, 2 (1987) 24–33.

Brown, D. J., The Eucharist as sacrifice, The Reformed World 39 (1986f.) 706–711.

Bruce, F. F., Altar, New Testament, in *The Interpreter's Dictionary of the Bible.* Supplementary Volume, Nashville, 1976, 19–20.

Brunner, P., Die Bedeutung des Altars für den Gottesdienst der christlichen Kirche, Kerygma und Dogma 20 (1974) 218–244.

Buchrucker, A.-E., Abendmahl und Opfer. Zum gegenwärtigen Gespräch über den Opfercharakter des Abendmahles, Lutherische Theologie und Kirche 8 (1984) 149–170.

Cazelles, H., Eucharistie, bénédiction et sacrifice dans l'Ancien Testament, La Maison-Dieu 123 (1975) 7–28.

Chauvet, L. M., La dimension sacrificielle de l'Eucharistie, La Maison-Dieu 123 (1975) 47–78.

Chevalier, M. A., La prédication de la Croix par la célébration de la Cène, Études Théologiques et Religieuses 45 (1970) 381–388.

Coventry, J., The Eucharist and the sacrifice of Christ, One in Christ 11 (1975) 330–341.

Dacquino, P., Il sacerdozio della nuova alleanza alla luce del sacrificio eucaristico, Rivista Biblica 19 (1971) 137–163.

Della Torre, L., Eucaristia e sacrificio; legittimità e senso del linguaggio sacrificale, Rivista Pastorale di Liturgia 18, 101 (1980) 25–32.

Dussaut, L., *L'Eucharistie, pâques de toute la vie.* Diachronie symbolique de l'Eucharistie, Lectio Divina 74, Cerf, Paris, 1972.

Emker, E., ›Das ist mein Blut des Bundes‹. Das Passahmahl Jesu, Entschluß 40, 3 (1985) 10–13.

Extremeño, C. G., La Eucaristía, memorial del sacrificio de la Cruz, Studium 17 (1977) 263–305.

Feneberg, R., *Christliche Passafeier und Abendmahl.* Eine hermeneutische Untersuchung der neutestamentlichen Einsetzungsberichte, Studien zum Alten und Neuen Testament 27, Kösel, München, 1971.

Feuillet, A., L'Eucharistie, le Sacrifice du Calvaire et le Sacerdoce du Christ d'après quelques données du quatrième Évangile. Comparaison avec les Synoptiques et l'Épître aux Hébreux, Divinitas 29 (1985) 103–149.

Gamber, K., *Sacrificium laudis.* Zur Geschichte des frühchristlichen Eucharistiegebets, Studia patristica et liturgica (Liturgisches Institut Regensburg) 5, Kommissionsverlag F. Pustet, Regensburg, 1973.

– *Sacrificium Missae.* Zum Opferverständnis und zur Liturgie der Frühkirche, Studia patristica et liturgica 9, Kommissionsverlag F. Pustet, Regensburg, 1980 (mit Bibliographie).

– *Opfer und Mahl.* Gedanken zur Feier der Eucharistie im Geist der Kirchenväter, Studia patristica et liturgica 8, Kommissionsverlag F. Pustet, Regensburg, 1982.

Gelli, M., Luce biblica sulla pasqua cristiana, Parole di Vita 11 (1966) 102–111.

Giavini, G., Fate questo in memoria di me: l'eucharistia come memoriale, Parole di Vita 18 (1973) 333–341.

Gilsdorf, B. W., *Rabbinic blood theology.* Partial background to the eucharistic cup formula, Diss. Saint Louis University, 1973.

GROH, J. E., The Qumran meal and the last supper, Concordia Theological Monthly 41 (1970) 279−295.

HAAG, H., Das christliche Pascha, Theologische Quartalschrift 150 (1970) 289−298.

− *Vom alten zum neuen Pascha.* Geschichte und Theologie des Osterfestes, Stuttgarter Bibelstudien 49, Katholisches Bibelwerk, Stuttgart, 1971.

HALS, R. M., The concept of sacrifice as background for the eucharist, Lutheran Quarterly 26 (1974) 174−188.

HENRICI, P., ›Tut dies zu meinem Gedächtnis‹. Das Opfer Christi und das Opfer der Gläubigen, Communio [deutsch] 14 (1985) 226−235.

HORVATH, T., Prolegomenon to a theology of sacrifice, in *Word and Spirit.* Festschrift D. M. Stanley, hrg. von J. Plevnik, Regis College Press, Willowdale (Ont.), 1975, 349−370.

JEREMIAS, J., Ist das Dankopfermahl der Ursprung des Herrenmahls?, in *Donum gentilicium.* Festschrift D. Daube, hrg. von E. Bammel, u. a., Clarendon − Oxford University Press, London − New York, 1978, 64−67.

JILEK, A., Diakonia im Herrenmahl. Sinndeutung des Opfergangs aus der Stiftung der Eucharistie, Liturgisches Jahrbuch 36 (1986) 46−57.

KAISER, E. G., *The everlasting covenant: theology of the precious blood,* Messenger, Carthagena (Ohio), 1968.

KILMARTIN, E. J., Sacrificium laudis. Content and function of early eucharistic prayers, Theological Studies 35 (1974) 268−287.

KILPATRICK, G. D., Eucharist as sacrifice and sacrament in the New Testament, in *Neues Testament und Kirche.* Festschrift R. Schnackenburg, hrg. von J. Gnilka, Herder, Freiburg i. B., 1974, 429−433.

KRETSCHMAR, G., Christliches Passa im 2. Jh. und die Ausbildung der christlichen Theologie, Recherches de Science Religieuse 60 (1972) 287−325.

LE DÉAUT, R., The eucharist − a paschal meal, Doctrine and Life 19 (1969) 136−145. 188−196. 240−251.

LE GALL, R., La structure de la rencontre eucharistique, Revue Thomiste 82 (1982) 415−435.

MELLO, A., Questa è la nuova alleanza nel mio sangue. Tesi sull'unità dell'antica e della nuova Alleanza, Studi Ecumenici 5 (1987) 209−220.

MOLL, H., *Die Entwicklung der Eucharistie als Opfer.* Eine dogmengeschichtliche Untersuchung vom Neuen Testament bis Irenäus von Lyon, Theophaneia 26, Hanstein, Köln − Bonn, 1975.

NICOLAU, M., Nueva Pascua de la Nueva Alianza, Studium, Madrid, 1974.

ORBE, A., Cristo, sacrificio y manjar, Gregorianum 66 (1985) 185−238.

PETZOLD, H., Die eschatologische Dimension der Liturgie in Schöpfung. Inkarnation und Mysterium paschale, Kyrios 12 (1973) 67−95.

POWER, D., Words to crack. The uses of ›sacrifice‹ in eucharistic discourse, in *Living bread, saving cup.* Readings on the Eucharist, hrg. von R. K. Seasoltz, Liturgical, Collegeville MN, 1982, 157−175. (< Worship 53 (1979) 386−404.)

PUGLISI, J. F., Riparazione e teologia eucaristica, in *La Sapienza della Croce oggi,* Bd. 1: La Sapienza della Croce nella rivelazione e nell'ecumenismo, Elle Di Ci, Leumann (Torino), 1976, 633−641.

RAMOIS-LISSON, D., Tipologías sacrificiales-eucaristicas del Antiguo Testamento en la epístola 63 de San Cipriano, Augustinianum 22 (1982) 187−197.

RATZINGER, J., Opfer, Sakrament und Priestertum in der Entwicklung der Kirche, Catholica 26 (1972) 108–125.

SALADO MARTINEZ, D. M., La simbólica del banquete memorial; hacia una interpretación más coherente de la sacrificialidad eucaristica, Ciencia Tomista 105 (1978) 225–278.

SCHENKER, A., *Das Abendmahl Jesu als Brennpunkt des Alten Testaments.* Begegnung zwischen den beiden Testamenten – eine biblische Skizze, Biblische Beiträge 13, Schweizerisches Katholisches Bibelwerk, Freiburg in der Schweiz, 1977.

SCHLINK, E., Kult, Opfer, Abendmahl. Theologische Überlegungen über ihren Zusammenhang, Zeitwende 46 (1975) 86–98.

SERRANO, V., *La Pascua de Jesús en su tiempo y en el nustro;* apéndice con la Haggadah de Pesah, Madrid, 1978.

STEMBERGER, G., Pesachhaggada und Abendmahlsberichte des Neuen Testaments, Kairos 29 (1987) 147–165.

STEVENSON, K., L'offrande eucharistique; la recherche sur les origines établit-elle une différence de sens?, La Maison-Dieu 154 (1983) 81–106.

TILLARD, J. M. R., Le pain et la coupe de réconciliation, Concilium [Tours/Paris] 61 (1971) 35–57.

– Vocabulaire sacrificiel et eucharistie, Irénikon 53 (1980) 145–174.

VERHEUL, A., L'Eucharistie mémoire, présence et sacrifice du Seigneur d'après les racines juives de l'eucharistie, Questions Liturgiques 69 (1988) 125–154.

WEGMAN, H. A. J., ›Wij gedenken de dood van de Heer‹; enige gedachten over de eucharistie als offer, Tijdschrift voor Theologie 21 (1981) 48–62.

WENZ, G., Die Lehre vom Opfer Christi im Herrenmahl als Problem ökumenischer Theologie, Kerygma und Dogma 28 (1982) 7–41.

24. Hebräerbrief

BACHMANN, M., Hohepriesterliches Leiden. Beobachtungen zu Hebr 5, 1–10, Zeitschrift für die Neutestamentliche Wissenschaft 78 (1987) 244–266.

BÉNÉTREAU, S., La mort du Christ selon l'épître aux Hébreux, Hokhma 39 (1988) 25–47.

BERÉNYI, G., La portée de διὰ τοῦτο en He 9, 15, Biblica 69 (1988) 108–112.

BORKERT, D. T. / PULLIAM, K. R., The blood of Christ, Calvary Baptist Theological Journal 3, 2 (1987) 1–11.

BROOKS, W. E., The perpetuity of Christ's sacrifice in the Ep. to the Hebrews, Journal of Biblical Literature 89 (1970) 205–214.

BRYS, B., Jesus, the High Priest of the New Law, in *Some aspects of biblical man's worship of God,* hrg. von K. Luke, Jeevadhara 3, Allepey, 1973, 162–171.

CAMACHO, H. S., The altar of incense in Hebrews 9, 3–4, Andrews University Seminary Studies 24 (1986) 5–12.

CASALINI, N., I sacrifici dell'antica alleanza nel piano salvifico di Dio secondo la lettera agli Ebrei, Rivista Biblica 35 (1987) 443–464.

– *Dal simbolo alla realtà.* L'espiazione dall'Antica alla Nuova Alleanza secondo Ebr 9, 1–14. Una proposta esegetica, Studium Biblicum Franciscanum 26, Franciscan Printing Press, Jerusalem, 1989.

DUNKEL, F., Expiation et jour des expiations dans l'épître aux Hébreux, Revue Réformée 33 (1982) 63–71.

GALOT, J., Le sacrifice rédempteur du Christ selon l'Épître aux Hébreux, Esprit et Vie 89 (1979) 369–377.

GILES, P., *Jesus the High Priest in the Epistle to the Hebrews and the fourth gospel*, Diss. Manchester, 1973–74.

HOFIUS, O., Inkarnation und Opfertod Jesu nach Hebr 10, 19f., in *Der Ruf Jesu und die Antwort der Gemeinde*. Exegetische Untersuchungen. Festschrift J. Jeremias, hrg. von E. Lohse, u. a., Vandenhoeck & Ruprecht, Göttingen-Zürich, 1970, 132–141.

HUGUES, P. E., The blood of Jesus and his heavenly priesthood in Hebrews, Bibliotheca Sacra 130 (1973) 99–109. 195–212; 131 (1974) 26–33.

JEREMIAS, J., Hebr. 10, 20: τοῦτ ἔστιν τῆς σαρκός αὐτοῦ, Zeitschrift für die Neutestamentliche Wissenschaft 62 (1971) 131.

JOHNSSON, W. G., *Defilement and purgation in the Book of Hebrews*, Diss. Vanderbilt University, 1973.

KLAUCK, H.-J., Thysiastērion in Hebr 13, 10 und bei Ignatius von Antiochien, in *Francescani In Terra Santa*. Studia hierosolymitana III nell'ottavo centenario (1182–1982), hrg. von G. Bottini, Studii Biblici Franciscani 30, Jerusalem, 1982, 147–158.

LARA RAMON, R., ¿Qué significa ›comer de nuestro propiciatorio‹? Lectura de Hebreos 13, 7–17, Cultura Bíblica 37 (1980) 113–135.

LEVORATTI, A. J., ›Tu no has querido sacrificio ni oblación‹. Salmo 40, 7, Hebreos 10, 5, Revista Bíblica 48 (1986) 1–30. 63–87. 141–152.

LIGHTFOOT, N. R., The saving of the Saviour: Hebr 5, 7ff., Restoration Quarterly 16, 3 (1973) 166–173.

MAOZ, B., The use of the Old Testament in the Letter to the Hebrews, Mishkan 3 (1985) 46–63.

MCNICOL, A. J., *The relationship of the image of the Highest Angel to the High Priest concept in Hebrews*, Diss. Vanderbilt University, 1974.

MCRAY, J., Atonement and apocalyptic in the Book of Hebrews, Restoration Quarterly 23 (1980) 1–9.

MORA, G., Ley y sacrificio en la carta a los Hebreos, Revista Catalana de Teologia 1 (1976) 1–50.

NICOLAU, M., La oblación sacerdotal de Jesucristo según la carta a los Hebreos, in *Ministerio y carisma*. Homenaje a J. M. García Lahiguera, Facultad de Teología San Vicente Ferrer, núm. extraord., Valencia, 1975, 53–67.

RADCLIFFE, T., Christ in Hebrews. Cultic irony, New Blackfriars 68 (1987) 494–504.

RANDALL, E. L., The altar of Hebr 13, 10, Australasian Catholic Record 46 (1969) 197–208.

ROLOFF, J., Der mitleidende Hohepriester. Zur Frage nach der Bedeutung des irdischen Jesus für die Christologie des Hebräerbriefes, in *Jesus Christus in Historie und Theologie*. Festschrift H. Conzelmann, hrg. von G. Strecker, Mohr, Tübingen, 1975, 143–166.

SCHILDENBERGER, J., Relatio inter sacrificium crucis et sacrificium Missae illustrata ex ultima Coena Domini et Ep. ad Hebr., Semana Española de Teologia 26 (1969) 49–54.

SCHLOSSER, J., La médiation du Christ d'après l'épître aux Hébreux, Revue de Sciences Religieuses 63 (1989) 169–181.

SWETNAM, J., *Jesus and Isaac*. A study of the Epistle to the Hebrews in the light of the Aqedah, Analecta Biblica 94, Roma, 1981.

TETLEY, J., The priesthood of Christ in Hebrews, Anvil 5 (1988) 195–206.

THOMPSON, J. W., Hebrews 9 and hellenistic concepts of sacrifice, Journal of Biblical Literature 98 (1976) 567–578.

THURÉN, J., *Das Lobopfer der Hebräer*. Studien zum Aufbau und Anliegen von Hebräerbrief 13, Acta Academiae Åboensis, ser. a: Humaniora 47, 1, Åbo Akademi, Åbo, 1973.

VANHOYE, A., Le Christ, grand-prêtre selon Héb. 2, 17–18, Nouvelle Revue Théologique 91 (1969) 449–474.

– *Le Christ est notre prêtre*. La doctrine de l'Epître aux Hébreux, Supplément à Vie Chrétienne 118, Prière et Vie, Toulouse, 1969.

– Sacerdoce du Christ et culte chrétien selon l'épître aux Hébreux, Christus 28, 110 (1981) 216–230.

– Esprit éternel et feu du sacrifice en He 9, 14, Biblica 64 (1983) 262–274.

– Sangue di Cristo e Spirito Santo nell'Epistola agli Ebrei, Il Segno 23, 4 (1983) 126–128.

– L'oblation sacerdotale du Christ dans l'épître aux Hébreux, Didaskalia 14 (1984) 11–29.

VERRECCHIA, J.-C., *Le Sanctuaire dans l'épître aux Hébreux,* Diss. de la Faculté Protestante de Stasbourg, 1981.

WENTLING, J. L., An examination of the role of Jesus as High Priest at the end of the first century, Proceedings of the Eastern Great Lakes and Midwest Bible Societies 5 (1985) 136–144.

WILLIAMSON, R., Hebrews 4, 15 and the sinlessness of Jesus, The Expository Times 86 (1974f.) 3–8.

YOUNG, N. H., τοῦτ᾽ ἔστιν τῆς σαρκός αὐτοῦ (Hebr. 10, 20): apposition, dependant or explicative?, New Testament Studies 20 (1973f.) 100–104.

– The Gospel according to Hebrews 9, New Testament Studies 27 (1980f.) 198–210.

25. Opfer der Christen

ADAM, A., Christlicher Gottesdienst und persönliches Opfer, in *Freude am Gottesdienst.* Aspekte ursprünglicher Liturgie. Festschrift J. G. Plöger, hrg. von J. Schreiner, Katholisches Bibelwerk, Stuttgart, 1983, 361–370.

ANDERSON, M. / CULBERTSON, P., The inadequacy of the Christian doctrine of atonement in light of levitical sin offering, Anglican Theological Review 68 (1986) 303–328.

BARCIAUSKAS, R. C., ›Redemption through suffering‹. The task of human freedom in the writings of A. N. Whitehead and Paul Ricoeur and the implications for a Christian soteriology, Diss. Fordham, New York, 1983.

BEALE, G. K., The Old Testament background of reconciliation in 2 Corinthians 5–7 and its bearing on the literary problem of 2 Corinthians 6, 14–7, 1, New Testament Studies 35 (1989) 550–581.

CLEMENTS, K. W., Atonement and the Holy Spirit, Expository Times 95 (1983f.) 168–171.

DALY, R. J., The New Testament concept of christian sacrificial activity, Biblical Theology Bulletin 8 (1978) 99–107.

– Opfer und Heilspräsenz. Systematische Erwägungen zum Wesen des christlichen Opfers, in *Praesentia Christi*. Festschrift J. Betz, hrg. von L. Lies, Patmos, Düsseldorf, 1984, 172–179.

EVANS, C., Romans 12, 1–2. The true worship, in *Dimensions de la vie chrétienne (Rom 12s.)*, hrg. von L. De Lorenzi, Abbazia S. Paulo, Roma, 1979, 7–33.

FERGUSSON, E., Spiritual sacrifice in early christianity and its environment, in *Aufstieg und Niedergang der römischen Welt,* II: Principat, Bd. 23, 2, hrg. von H. Temporini & W. Haase, De Gruyter, Berlin – New York, 1980, 1151–1189.

FOLSEY, W. D., *The meaning of expiation today*, Diss. Pont. Univ. S. Tommaso, Roma, 1982.

FÜGLISTER, N., *Gottesdienst am Menschen*. Zum Kultverständnis des Neuen Testaments, Salzburger Universitätsreden 46, Pustet, Salzburg-München, 1973.

GORRINGE, T., *Redeeming time*. Atonement through education, Darton-LT, London, 1986.

HEELER, D. L., *A relational view of the atonement*. Prolegomenon to a reconstruction of the doctrine, Diss. Graduate Theological Union, Berkeley, 1984.

MAHER, M., Christian life and liturgy, Religious Life Review 26, 124 (1987) 46–52.

MARTIN, R. P., *Worship in the earliest Church,* Eerdmans, Grand Rapids, 1975.

MOULE, C. F. D., The sacrifice of the people of God, in *Essays in New Testament interpretation,* Cambridge, 1982, 187–297.

(> D. Paton (Hrg.), *The parish communion today,* 1962, 78f.)

MUSHOLT, S., Life as celebrating a spiritual sacrifice, The Bible Today 74 (1974) 88–94.

NICOLAS, M.-J., Le sens chrétien du sacrifice, Vie Spirituelle 133 (1979) 351–374.

ROETZEL, C. J., Sacrifice in Romans 12–15, Word and World 6 (1986) 410–419.

SELL, A. P. F., Agape, atonement and christian ethics, Downside Review 91 (1973) 83–100.

SLENCZKA, R., Opfer Christi und Opfer der Christen, in *Das Opfer Jesu Christi und seine Gegenwart in der Kirche*. Klärungen zum Opfercharakter des Herrenmahles, hrg. von K. Lehmann & E. Schlink, Dialog der Kirchen 3, Herder – Vandenhoeck & Ruprecht, Freiburg i. B. – Göttingen, 1983, 196–214.

STUHLMACHER, P., Das Opfer Christi und das Opfer der Gemeinde, in *Das Opfer Christi und das Opfer der Christen*. Siebtes theologisches Gespräch zwischen Vertretern der Russisch-Orthodoxen Kirche und der evangelischen Kirche in Deutschland vom 6. bis 10. Juni 1976, Arnoldshain, Ökumenische Rundschau Beiträge 34, Lembeck, Frankfurt a. M., 1979.

TRIACCA, A. M., Martirio: significato salvifico-sacramentario della sua »δύναμις-virtus«, Salesianum 35 (1973) 247–300.

Verzeichnis der Mitarbeiter

MARX, ALFRED

geboren 1943. Er ist Dozent und Forscher an der Protestantischen Theologischen Fakultät der Universität Straßburg. Seine Lehrfächer sind biblisches Hebräisch und Altes Testament. Seine Forschungsarbeiten behandeln vor allem Opfer und andere Riten religiösen Charakters. Zur Zeit beendet er eine Monographie, welche pflanzliche Opfergaben diskutiert. *Veröffentlichungen:* »Le sacrifice israélite de 1750 à nos jours. Histoire de la recherche«; »Formes et fonctions du sacrifice à YHWH d'après l'Ancien Testament«; Artikel über das Opfer.

LOHFINK, NORBERT SJ

geboren 1928. Professor für Exegese des Alten Testamentes an der Philosophisch-theologischen Hochschule Sankt Georgen, Frankfurt a.M. Hauptarbeitsgebiete: Deuteronomische Literatur, Kohelet, Psalmen. Er war Mitglied des »Hebrew OT Text Project« der »United Bible Societies«, ist Gründer der Reihen »Stuttgarter Bibelstudien« und »Stuttgarter Biblische Aufsatzbände« und Mitherausgeber des »Jahrbuchs für Biblische Theologie«. *Letzte Bücherveröffentlichungen:* »Lobgesang der Armen«, »Der niemals gekündigte Bund«, »Studien zum Deuteronomium und zur deuteronomischen Literatur« I und II, »Die Väter Israels im Deuteronomium«.

SCHENKER, ADRIAN OP

geboren 1939 in Zürich. Doziert Exegese und Theologie des Alten Testamentes an der Universität Freiburg in der Schweiz. Er war Mitarbeiter am »Hebrew OT Text Project« der »United Bible Societies« und ist jetzt Koordinator des Editionskomitees der »Biblia Hebraica Quinta Editio«. *Veröffentlichungen:* u.a: »Versöhnung und Sühne. Wege gewaltfreier Konfliktlösung im Alten Testament mit einem Ausblick auf das Neue Testament«; »Versöhnung und Widerstand« (SBS 139); »Text und Sinn im Alten Testament« (OBO 103) (gesammelte Aufsätze).

PÉTER-CONTESSE, RENÉ

geboren 1934 in Bevaix (Schweiz). Als Gemeindepfarrer, Mitarbeiter der »Alliance Biblique Universelle« im Bereich der Bibelübersetzung und als Professor für klassisches Hebräisch am kantonalen Gymnasium von Neuchâtel tätig. *Veröffentlichungen:* Mitarbeiter für die »Traduction de l'Ancien Testament en français courant« (1982); Verfasser oder Mitverfasser von vier Kommentaren, welche für Übersetzer der Bibel bestimmt sind: Leviticus (1985), Daniel (1986), Obadja und Micha (1988), Rut (1991); Verfasser eines Kommentars über Leviticus 1–16 (im Druck).

KELLER, CARL-A.

geboren 1920. 1946 bis 1952 Missionar in Südindien; 1956 bis 1974 Professor für Altes Testament an der Universität Lausanne; 1966–1987 Professor für Religionswissenschaft. *Veröffentlichungen:* u.a.: »Das Wort ›OTH‹ als ›Offenbarung Gottes‹. Eine philosophischtheologische Begriffsuntersuchung zum Alten Testament«, »Die Vedantaphilosophie und die Christusbotschaft«, Kommentare über Joel, Obadja, Jona, Nahum, Habakuk und Zefanja (CAT). Er war Mitarbeiter an der *Traduction oecuménique de la Bible;* mehrere Artikel in *BHH* und *THAT,* Aufsätze auf den Gebieten der Bibel- und Religionswissenschaft.

DELCOR, MATHIAS

geboren 1920. Ancien pensionnaire de l'Institut de France à l'École biblique et archéologique française de Jérusalem; ancien directeur d'études de l'École Pratique de Hautes Études (à la Sorbonne) (département des sciences religieuses), à la chaire »Les religions des sémites occidentaux et la Bible hébraïque«.
Veröffentlichungen: u. a.: Kommentare zu Daniel und den kleinen Propheten (in Zusammenarbeit mit Alfons Deissler); »Les hymnes de Qumran. Traduction et commentaire«; »Le testament d'Abraham. Introduction, traduction du texte grec et commentaire de la version grecque longue suivis de la traduction des Testaments d'Abraham, d'Isaac et de Jacob d'après les versions orientales«; zahlreiche Artikel, welche größtenteils gesammelt sind in »Religion d'Israël et Proche Orient ancien«, »Études bibliques et orientales de religions comparées«, »Environnement et tradition de l'Ancien Testament« (Alter Orient und Altes Testament, 1990).

ROSSET, VINCENT

geboren 1961 in Paris. Seit 1987 Dipl.-Assistent an der theologischen Fakultät der Universität Freiburg in der Schweiz; dipl. in französischer Literatur.

Autorenregister

Bibelstellenregister

Forschungen zum Alten Testament

Herausgegeben von Bernd Janowski und Hermann Spieckermann

Band 1

Reinhard Gregor Kratz

Kyros im Deuterojesaja-Buch

Redaktionsgeschichtliche Untersuchungen zu Entstehung und Theologie
von Jes 40–55

Die hier vorgelegte Analyse der Kyros-Texte und der literarischen Kontexte im
Dtjes-Buch macht deutlich, daß es sich dabei weder um eine nur zufällige Sammlung von Einzelworten, noch um eine einheitliche, planvoll durchgestaltete Komposition handeln kann. Vielmehr wird schon in den Kyros-Texten eine literarische
Schichtung wahrgenommen, die sich auf verschiedenen Ebenen durch das ganze
Buch hindurch verfolgen läßt.

1991. X, 254 Seiten. Leinen.

Band 2

Rolf P. Knierim

Text and Concept in Leviticus 1:1–9

A Case in Exegetical Method

This book is a methodologically oriented case study. It focuses on the relationship
between a text's explicit statement and the inexplicit conceptual presuppositions
beneath its surface which are operative in it and govern it.
While meant to be exemplary for the applied approach, the selection of Leviticus
1:1–9 yields specific results about this text which in significant ways differ from and
exceed currently available studies.

1992. VII, 125 Seiten. Leinen.

Band 3

Studien zu Opfer und Kult im Alten Testament

Herausgegeben von Adrian Schenker

1992. VIII, 162 Seiten. Leinen.

Band 4

Odil Hannes Steck

Gottesknecht und Zion

Gesammelte Aufsätze zu Deuterojesaja

Zwei herausragenden Themen im zweiten Teil des Jesajabuches Jes 40 – 55 (66) ist
dieses Buch gewidmet: den sogenannten ›Gottesknechtsliedern‹ und den Texten
von der Frau Zion. Die beiden Aufsätze zu den ›Gottesknechtsliedern‹ machen
einen neuen Vorschlag, welche Aspekte die Darstellung von Handeln und Ergehen
des Knechts in den Texten bestimmen. In den sechs Aufsätzen zu den Ziontexten
erarbeitet der Autor, daß die Aussagen von der Frau Zion in Deuterojesaja am
ehesten als Redaktionstexte zu verstehen sind, in denen das Ergehen der Stadt und
Stadtbewohner besonders bedacht ist. Im abschließenden Aufsatz erörtert Odil
Hannes Steck methodisch das Problem der Zurückführung der Zion-Aussagen auf
einen Propheten Deuterojesaja oder erst auf Redaktionen.

1992. XI, 230 Seiten. Leinen.

J. C. B. Mohr (Paul Siebeck) Tübingen